·工程建设理论与实践丛书·

CHENGSHI GUIDAO JIAOTONG GONGCHENG GUIHUA YU JIANSHE

# 城市轨道交通工程规划与建设

杜国涛　王远回　李　磊　主编

华中科技大学出版社
http://press.hust.edu.cn
中国·武汉

# 内 容 简 介

本书全面、系统地介绍了城市轨道交通工程的基础理论与关键技术,涵盖线网规划、建设规划、线路详细规划三大核心体系及车站建造、隧道掘进、轨道铺设等施工工艺。通过深圳地铁线网规划实例,深入阐释客流预测、线网架构设计与方案评估方法,结合广州供电局轨道交通 13 号线二期凰岗停车场项目输电线路迁改工程,系统剖析盾构隧道施工等工程技术要点。内容覆盖规划编制全流程,从规模测算、多交通系统衔接到无砟轨道结构选型、无缝线路应力控制等专项技术均有详述,并融入现代城市发展中的环境协调与创新实践内容。本书兼具学术性与应用性,既可为高校轨道交通专业的师生提供教学参考,也可助力规划设计、施工管理等领域的从业人员提升专业能力,对完善城市立体交通体系、推动智慧城市建设具有重要指导意义。

**图书在版编目(CIP)数据**

城市轨道交通工程规划与建设 / 杜国涛,王远回,李磊主编. -- 武汉 : 华中科技大学出版社,2025. 4. -- ISBN 978-7-5772-1805-2

Ⅰ. U239.5

中国国家版本馆 CIP 数据核字第 2025WJ8254 号

## 城市轨道交通工程规划与建设

杜国涛　王远回　李　磊　主编

Chengshi Guidao Jiaotong Gongcheng Guihua yu Jianshe

策划编辑:周永华

责任编辑:周永华

封面设计:张　靖

责任监印:朱　玢

出版发行:华中科技大学出版社(中国·武汉)　　电话:(027)81321913
　　　　　武汉市东湖新技术开发区华工科技园　　邮编:430223

录　　排:华中科技大学惠友文印中心

印　　刷:武汉科源印刷设计有限公司

开　　本:787 mm×1092 mm　1/16

印　　张:18.75

字　　数:367 千字

版　　次:2025 年 4 月第 1 版第 1 次印刷

定　　价:98.00 元

华中出版

# 编　委　会

# 前言 | Preface

党的十八大以来,通过深入实施城市公共交通优先发展战略,加快推进国家公交都市建设,各地公共交通服务水平不断提升,具体表现为:在技术装备水平方面,城市公共交通车辆装备进一步提档升级,车载视频监控和无障碍设备快速普及;在智能化发展方面,各地积极通过电子站牌、手机应用程序等,向乘客提供公共交通实时信息查询、线路查询等服务;在适老化服务方面,许多城市持续优化公共交通适老化无障碍出行服务的"硬设施"和"软环境"。城市公共交通的快速发展,有效保障了广大人民群众安全便捷出行,为城市经济社会发展提供了有力支撑。

城市轨道交通规划是城市交通规划的重要组成部分,它支持城市交通规划的实施和发展,有助于实现城市总体规划的目标。通过合理的轨道交通规划,可以优化城市交通网络、减少交通拥堵、提高出行效率,从而促进城市的整体发展。城市轨道交通建设不仅在缓解交通压力、促进经济发展、改善环境和提升居民生活质量方面具有重要意义,还通过创新与发展不断适应现代城市的发展需求。

本书主要阐述了城市轨道交通规划与建设相关内容,对城市轨道交通工程进行了介绍,并结合深圳轨道交通规划对我国城市轨道交通规划编制体系(线网规划、建设规划和线路详细规划)进行深入分析;结合广州供电局轨道交通 13 号线二期凰岗停车场项目输电线路迁改工程,对城市轨道交通建设中的区间盾构隧道施工内容进行详细阐述。

本书选取的深圳市轨道交通规划案例具有典型性,对目前城市转型发展背景下的城市轨道交通规划具有借鉴意义。深圳市轨道交通线网规划(2007 版)是深圳在城市转型背景下编制的,目的是充分发挥轨道交通规划对城市发展的引导作用,促进城市发展转型,该规划也是深圳第一次将轨道交通线网规划作为专项规划,与城市总体规划同步开展研究,规划提出的发展理念、功能层次、规划方案等内容奠定了深圳轨道交通建设发展和已运营网络的基础;《深圳市城市轨道交通第四期建设规划(2017—2022 年)》是深圳在国家推动区域协调发展和加快培育发展现代化都市圈背景下编制的,规划方案统筹考虑了轨道交通引导外部圈层发展、提升深圳辐射带动能力,有力支撑深圳都市圈形成等需求。这两个规划方案对明确深圳轨道交通发展方向,并为其注入可持续发展动力具有重大指导作用。目前我国诸多大城市也面临新形态下的转型发展问题,轨道交通建设如何契合城市发展需求是需要重点关注的问题之一。深圳作为先行发展的城市之一,其建设对于其他城市来说具有借鉴和参考意义。其轨道交通线网发展脉络同样可为其他城市的轨道交通发展提供有益借鉴。

全书内容共 8 章,分别为:绪论、城市轨道交通线网规划、城市轨道交通建设规划、城市轨道交通线路详细规划、城市轨道交通车站施工、城市轨道交通区间隧道施工、城市轨道交通无砟轨道施工和城市轨道交通无缝线路施工。本书适合城市轨道交通等专业的师生阅读,也可为从事城市轨道交通规划与建设的一线工作人员提供借鉴和参考。

鉴于编者专业知识和经验存在不足,加之编写时间仓促,本书不可避免有疏漏之处,敬请广大读者批评指正,不胜感谢!

# 目 录 | **Contents**

# 第 1 章

## 绪 论

# 1.1 城市轨道交通工程概述

**1. 城市轨道交通的定义**

《城市轨道交通工程项目规范》(GB 55033—2022)将城市轨道交通定义为"采用专用轨道导向运行的城市公共客运交通系统"。

根据交通运输部公布的运营数据,截至 2023 年 12 月,我国 31 个省(自治区、直辖市)和新疆生产建设兵团共有 55 个城市开通运营城市轨道交通线路 306 条,运营里程 10165.7 km。

**2. 城市轨道交通的优缺点**

与其他交通方式相比较,城市轨道交通具有突出的优势,主要体现在运能大、速度快、能耗低、污染少、可靠性高、舒适性好和占地面积小等方面。

城市轨道交通虽然有许多优点,但在具体的发展过程中存在建设投资巨大、线路建成后不易调整、运营成本高、经济效益有限等局限性。

**3. 城市轨道交通的类型**

依据中国城市轨道交通协会发布的《城市轨道交通分类》(T/CAMET 00001—2020),城市轨道交通按照系统制式划分为地铁系统、市域快轨系统、轻轨系统、中低速磁浮交通系统、跨座式单轨系统、悬挂式单轨系统、自导向轨道系统、有轨电车系统、导轨式胶轮系统、电子导向胶轮系统十类,各类型的技术特征宜符合表 1.1 的规定。

**表 1.1　按系统制式划分的城市轨道交通分类及技术特征**

| 分类名称 | 技术特征 | | | | |
| --- | --- | --- | --- | --- | --- |
| | 运输能力/<br>(人次/h) | 设计最高<br>速度/(km/h) | 路权形式 | 敷设方式 | 车辆类型 | 列车最大<br>长度/m |
| 地铁系统 | ≥30000 | 80~120 | 全封闭 | 地下或地上 | A、$A_s$、B、$L_b$ 型车 | 185 |
| 市域快轨系统 | ≥10000 | 120~200 | 全封闭 | 地上为主 | 市域 A、市域 $A_s$、市域 B、市域 D 型车 | 185 |
| 轻轨系统 | 15000~30000 | 80~120 | 全封闭 | 地上为主 | B、C、$L_c$ 型车 | 100 |
| | 10000~15000 | 70 | 部分封闭 | 地上为主 | C、$L_c$ 型车 | 75 |

续表

| 分类名称 | 技术特征 | | | | | |
|---|---|---|---|---|---|---|
| | 运输能力/<br>（人次/h） | 设计最高<br>速度/(km/h) | 路权形式 | 敷设方式 | 车辆类型 | 列车最大<br>长度/m |
| 中低速磁浮<br>交通系统 | 10000～30000 | 80～200 | 全封闭 | 高架为主 | 短定子直线异<br>步电机磁浮车辆、<br>长定子直线同<br>步电机磁浮车辆 | 120 |
| 跨座式<br>单轨系统 | 10000～30000 | 80～120 | 全封闭 | 高架为主 | 单轨 A、单轨 B、<br>市域单轨车 | 120 |
| 悬挂式<br>单轨系统 | 5000～15000 | 60～80 | 全封闭 | 高架为主 | 悬挂式单轨车辆 | 75 |
| 自导向<br>轨道系统 | 5000～20000 | 60～80 | 全封闭 | 高架为主 | 自导向轨道车辆 | 75 |
| 有轨电车<br>系统 | 5000～12000 | 60～70 | 开放式或<br>部分封闭 | 地面为主 | 钢轮钢轨低地板车辆 | 75 |
| | | | | | 胶轮车辆 | 60 |
| 导轨式<br>胶轮系统 | 5000～12000 | 60～80 | 全封闭 | 高架为主 | 胶轮车辆 | 75 |
| 电子导向<br>胶轮系统 | 5000～12000 | 60～70 | 开放式或<br>部分封闭 | 地面为主 | 胶轮车辆 | 60 |

（1）地铁系统。

地铁，又称为"地下铁道"，其原始含义是修建在地下隧道中的铁路。随着地下铁道的发展，其线路不再局限于布置在地下隧道中，根据需要也可以布置在地面或采用高架的方式敷设，但城区内的线路还是以地下敷设为主。

一般情况下，线路全封闭，可实现信号控制的自动化，适用于客运量较大的城市中心区域。

（2）市域快轨系统。

市域快轨系统适用于城市区域内重大经济区之间中长距离的客运交通。市域快轨交通列车主要在地面或高架桥上运行，必要时也可采用隧道。由于市域快轨系统线路长、站间距大，可选用运行速度在 120 km/h 以上的快速专用列车。

（3）轻轨系统。

轻轨的原始含义是车辆运行的线路所使用的钢轨比重型地铁所使用的钢轨轻。轻轨的钢轨较轻,其整体的技术标准低于地铁,运输能力也远远小于地铁。早期的轻轨系统一般直接由旧式有轨电车系统改建而成。在 20 世纪 70 年代后期,一些国家开始修建全新的现代轻轨系统,使得轻轨系统的行车速度、舒适程度得到了很大的提升。

轻轨系统主要在城市地面或高架桥上运行,线路采用地面专用轨道或高架轨道,遇繁华街区也可进入地下或与地铁接轨。轻轨主要用于连接市区与郊区,构建市区与重点郊区之间的大运能通道。

(4)中低速磁浮交通系统。

中低速磁浮交通系统利用电磁力将车辆悬浮于导轨上,采用直线电机牵引驱动,具有爬坡能力强、转弯半径小、噪声低、列车加速及制动性能好、乘坐舒适等特点。线路多采用高架敷设方式,适用于城市群区域快线或城市机场、旅游、产业园区等专用线,是一种新型的轨道交通系统。

(5)跨座式单轨系统和悬挂式单轨系统。

从构造形式上看,跨座式单轨系统和悬挂式单轨系统都属于单轨系统。

单轨系统是车辆或列车在单一轨道梁上运行的城市客运交通系统。单轨系统的线路通常采用高架结构,车辆则大多采用橡胶轮胎。单轨系统的主要使用范围:城市道路高差较大、道路半径小、线路地形条件较差的地区;旧城改造已基本完成,而城市道路又比较窄的地区;客流集散点的接驳线路;市郊与市区之间的联络线;旅游区域内景点之间的联络线、旅游观光线路等。

跨座式单轨系统是列车跨坐在轨道梁上运行;悬挂式单轨系统则是列车悬挂在轨道梁下运行。

(6)自导向轨道系统。

自导向轨道系统是一种车辆采用橡胶轮胎在专用轨道上运行的系统。自导向轨道系统是一种中运量轨道运输系统,由于其列车沿着特制的导向装置行驶,车辆运行和车站采用计算机控制,可实现全自动化和无人驾驶,通常在繁华市区可采用地下线路,在市区边缘或郊外宜采用高架线路。自导向轨道系统适用于城市机场线或城市中客流相对集中的点对点运营线路,必要时中间可设少量停靠站。

(7)有轨电车系统。

有轨电车系统是使用电车牵引、轻轨导向、1～3 辆编组运行在城市路面线路上的轨道交通系统。有轨电车的轨道主要敷设在城市道路路面上,车辆与其他地面交通混合运行,根据街道条件,又可分为混合车道、半封闭专用车道(在道路平交道口处,采用优先通行信号)和全封闭专用通道(在道路平交道口处,采用立体交叉方式通过)。

（8）导轨式胶轮系统。

导轨式胶轮系统是一种采用橡胶车轮，具备在专用线路上网络化灵活运营组织的能力，对建筑和环境友好的低运量轨道交通系统。

（9）电子导向胶轮系统。

电子导向胶轮系统是一种通过电子导向约束、全电力驱动、控制车辆在预设的虚拟轨道上运行的轨道交通系统，采用具备主动防护功能的电子导向胶轮列车。

**4. 轨道交通的发展方向**

（1）建设模式选择多样化。

现阶段，城市轨道交通的类型日趋多样化，除地铁外，许多城市开始将目光转向建设成本更低的轻轨交通。未来约几十年将是我国城市轨道交通建设的繁荣时期，我国的城市轨道通车里程将不断增加。

（2）技术优化。

随着城市轨道交通系统技术的不断进步，一方面，地区多样化需求提高了城市轨道交通的适用性、运行效率和服务水平；另一方面，技术进步也使得城市轨道交通的建设成本有所降低，城市对轨道交通类型的选择余地也越来越大。

（3）投资多元化，经营市场化。

在城市轨道交通发展之初，其投资主体比较单一，有的由私人主体来投资，有的由政府财政直接投资。随着轨道交通规模的扩大，为了解决资金问题和提高轨道交通的运营效率，很多城市轨道交通都由政府和社会资本共同投资。除此之外，经营方式有的采取完全的国有经营模式，有的采取市场化经营模式。目前，许多城市充分发挥市场作用以提高轨道交通的运行效率，在轨道交通运营上引入市场机制已成为一种发展趋势。

（4）管理法治化。

由于社会和经济条件的限制，轨道交通的法治化管理起初并不够完善。现在，很多城市轨道交通实行全面法治化管理以规范各方行为和维护各方利益，以法治化的管理来保障轨道交通持续、稳定和高效运行。轨道交通的全面法治化管理将是世界轨道交通发展的重要方向。

# 1.2　城市轨道交通工程规划与建设概述

**1. 我国城市轨道交通规划编制体系**

（1）线网规划。

城市轨道交通线网规划编制是指对城市轨道交通系统的长远发展进行总体设计，包括对城市轨道交通线网的整体布局、功能定位、建设时序等方面的规划。它是城市综合交通规划的重要组成部分，旨在指导城市轨道交通的近期建设和长远发展。

（2）建设规划。

城市轨道交通建设规划编制的主要内容是确定近期建设的线路、线路建设的时序、线路修建的必要性、敷设方式、车站布设、车辆段选址、工程筹划等。建设规划须上报国家发展改革委审查，联合住房城乡建设部会签，最后由国家发展改革委批复并报国务院备案，才能开始后续工作。

（3）线路详细规划。

轨道交通线路详细规划编制主要明确轨道交通功能定位、线站位及敷设方式、枢纽换乘布局、车辆基地选址等规划方案，协调其与各类国土空间管控要素、城市规划及土地利用、市政基础设施等的关系，为工程建设的开展预控空间实施条件，发挥承接线网规划、支撑建设规划、指导工程设计、服务规划管理、引导和协调轨道交通规划建设与沿线城市关系的作用。

**2．我国城市轨道交通工程规划存在的问题**

（1）规划不协调。

虽然我国于 1989 年颁布了《中华人民共和国城市规划法》（2008 年《中华人民共和国城乡规划法》施行，《中华人民共和国城市规划法》同时废止），但是由于城市轨道交通规划起步较晚，城市轨道交通规划不协调的问题依旧存在，很多城市轨道交通规划存在控制力不足、规划方案频繁变动等问题，建设成本居高不下。

（2）城市轨道交通与城市发展协调互动不够。

城市轨道交通是一种与城市发展关系十分密切的交通方式，能够引导和支持城市发展，优化城市结构布局，其规划属于城市规划的专项计划。由于城市轨道交通具有运输量大、不可逆和修建周期长等特征，其规划理念和方法与传统道路系统规划存在本质的区别。但是，现有的大部分规划成果却往往偏重交通属性，对其与城市其他要素的关系考虑不够，还没有准确把握其与城市整体发展的互动作用规律，造成城市轨道交通与城市空间结构、城市发展方向等方面出现不协调，城市轨道交通发展目标与城市总体发展目标出现偏离的现象时有发生。

（3）对城市规划理论方法和体系认识不充分。

城市轨道交通规划涉及多个方面的内容，不仅要制定方法和评价标准，还要在网络规划、制式选择及土地规划等方面进行控制。除此之外，还要对车辆协调、枢纽进行通盘考虑，实现城市与交通系统的协调发展。对规划理论方法和体系认识不充分，会影响规划方案的科学性和可操作性。

（4）客流预测结果和实际运营客流量具有较大差异。

客流预测是影响城市轨道交通规划和建设的主要指标。客流预测结果和实际运营客流量不符，可能导致人们对城市交通规划不认可。从我国轨道交通发展过程来看，我国最早采用客流转移法预测客流量，现在多用四阶段法预测客流量。但是由于对四阶段法理解不同，所以构建的出行方式划分模型会有很大差异，同时与我国城市发展和交通出行特征也具有很大差异，从而影响了城市轨道交通规划的发展。

**3. 城市轨道交通工程施工的一般方法与选择**

城市轨道交通工程施工方法有很多，常见的有明挖法、盖挖法、盾构法、浅埋暗挖法和其他特殊施工方法等，下面对其进行简要介绍。

（1）明挖法。

明挖法包括敞口明挖法、基坑设置有支护结构的明挖法等。

敞口明挖法：在地面建筑物稀少、交通不繁忙、施工场地较大、结构物埋深较浅的地段及城市轨道交通干线出入地面的区段采用敞口明挖法。

基坑设置有支护结构的明挖法：在施工场地较小、土质自立性差、地下水丰富、建筑物密集、结构物埋深较深时采用基坑设置有支护结构的明挖法。

（2）盖挖法。

城市轨道交通线路在城市道路下面通过，当允许短期封闭地面交通时，可采用盖挖法施工。在短期封闭地面交通期间，进行连续墙和钻孔灌注桩作业，开挖和修筑结构顶板，随即回填，恢复地面交通，然后转入地下作业，开挖基坑，修筑楼板和底板，利用隧道两侧的出入口和通风道出土、进料。

（3）盾构法。

在城市轨道交通线路穿越古河道地段，围岩结构松散、饱水、呈流塑或软塑状态等工程地质条件较差的地段，采用盾构机施工。盾构机是在钢壳体保护下掘进的一种设备，它由刀盘、刀具旋转切削地层，采用螺旋输送机或泥水管道运送渣土，在壳体内拼装预制管片，依靠液压千斤顶推进，是机电一体化的高科技设备。

（4）浅埋暗挖法。

浅埋暗挖法是在新奥法基础上发展起来的施工方法，一般应用于埋深较浅的隧道。施工时先用小导管注浆加固土层，分部开挖，架钢筋格栅拱、喷混凝土施工初次衬砌，然后做防水层，最后用模注混凝土做二次衬砌。

（5）其他特殊施工方法。

随着技术水平提高，设备不断完善，在一些特殊地段可采用冻结法、化学注浆等方法加固围岩；当隧道穿过建筑物时也可采用基底托换等方法；为处理好地下水问题可采用降水深层回灌等施工技术。这些技术都已在轨道交通施工中得到应用,并取得了一定的成果。

由于城市轨道交通工程施工有其自身的特殊性,所以在选择施工方法时,不仅要从工程地质、水利水文、地形地貌、沿线地下环境等处着眼,还要认真研究其对地面建筑、道路、城市交通、环境保护的影响,确定施工队伍的施工机具、施工技术和施工能力可保证按期、安全、高质量地完成建设任务。总的原则是所选用的工程施工方法应尽量减少对城市居民生活的干扰,施工成本低,能确保施工安全、质量和工期。

# 第 2 章
# 城市轨道交通线网规划

# 2.1 城市轨道交通线网规划概述

## 2.1.1 线网规划的必要性

2014 年 11 月 20 日,《住房城乡建设部关于加强城市轨道交通线网规划编制的通知》(建城〔2014〕169 号)发布,提到要"充分认识做好线网规划编制工作的重要性和紧迫性"。

线网规划是指导城市轨道交通近期建设和长远发展的重要依据,是城市综合交通体系规划的组成部分,是城市总体规划的专项规划。及时组织和科学编制线网规划,并将线网规划的主要内容纳入城市总体规划和控制性详细规划,有利于促进城市轨道交通建设与土地开发时序、强度相匹配,优化城市空间布局,引导城市合理发展;有利于控制城市轨道交通投资规模,依法保障城市轨道交通工程实施,提高城市轨道交通建设的综合效益。要充分认识加强线网规划编制工作的重要性和紧迫性,重视和加强线网规划编制工作,加强线网规划实施管理,促进城市轨道交通和城市可持续发展。

## 2.1.2 线网规划的特点

城市轨道交通线网规划具有如下特点。

(1)线网规划是综合的专业交通规划之一,同时又是城市综合交通体系规划的延续和补充。城市轨道交通规划和建设均会对城市规划格局产生相当程度的影响,因此线网规划既有相对的独立性,又要与城市的总体规划有机地融为一体。

(2)线网规划的研究工作涉及城市规划、交通工程、建筑工程及社会经济等多个专业。各专业既相互紧密联系又彼此独立,因此整体研究方法是一个包含多项子方法的集合体系。

(3)线网规划作为一项复杂的系统工程,除本身各子系统具有复杂的关系外,各种外界的影响因素和边界条件也会对线网规划产生不同程度的影响。因此,不能把线网作为一个孤立的系统来进行规划,而是既要重视其自身的建设运行机制,又要注重其与外部环境及各影响因素的协调。

线网规划是涉及多专业、多系统的集成化过程,依靠某一项理论来指导整个研究过程是不现实的。线网规划是一项探索性很强的工作,其关键在于探索合适的技术路线,将各子系统的研究有机地结合为一个整体。

## 2.1.3　线网规划的目标与原则

### 1.　线网规划的目标

（1）协调好交通需求与供给之间的关系。

交通需求是指人和物出于各种目的以各种方式进行空间移动的要求。交通供给是指为了满足各种交通需求所提供的基础设施和服务。人们的交通行为，实际上是交通需求和交通供给这一对矛盾因素平衡下的状态。当交通需求大于交通供给时将产生交通拥挤，而当交通需求远小于交通供给时又会造成资源浪费。城市轨道交通系统规划应较好地满足城市交通需求并适度预留发展空间，协调好交通需求与交通供给之间的关系，这也是发展城市轨道交通的基本要求。

（2）实现城市土地规划发展目标。

城市轨道交通作为城市客运的骨干系统，其建设将影响城市土地发展的空间方向和功能水平，因此轨道交通系统对城市土地开发具有强大的刺激作用。为此，城市总体规划中的发展目标需要轨道交通系统规划的支持。这些发展目标主要包括城市土地发展方向和结构形态、城市功能的改造（如旧城改造、新区发展）等。

（3）实现交通战略目标。

作为城市客运骨干系统，城市轨道交通将从根本上改变城市交通系统的格局和结构。轨道交通线网必须在布局、规模、能力上与城市综合交通体系相协调，在总体上符合城市交通发展战略，促进城市交通战略目标的实现。

### 2.　线网规划的原则

城市轨道交通线网规划的编制应以城市总体规划为依据，充分考虑城市内诸多因素的约束与支持，并遵循以下几个方面的基本原则。

（1）可持续发展原则。

城市可持续发展应重视公共交通发展，公共交通首选轨道交通。城市轨道交通规划作为未来城市轨道交通发展的指南针，必须符合可持续发展的原则，以最少的自然资源为代价来换取最大的社会效益。

（2）协同性原则。

城市交通规划必须与城市社会经济发展规划相适应，城市轨道交通规划也不例外，应与社会经济协同发展。与此同时，城市轨道交通规划还应与国家的路线、方针、政策，尤其是城市发展方针、目标相一致；与城市总体规划、土地利用规划、产业布局规划相一致，并应该结合地方特色，统筹兼顾；注重保护历史文物、城市传统风貌和自然景观等。

（3）整体性原则。

城市轨道交通是城市交通这个大系统的子系统，城市交通系统最优化就是各种运输方式合理配置，协调发展，最终达到满足城市居民出行需求的目的。因此应将城市交通系统作为一个整体，在城市总体交通规划的基础上，结合各种交通运输方式的发展规划制定城市轨道交通的发展规划。

（4）动态性原则。

城市的发展是动态的，城市交通的发展也是动态的。随着世界范围内城市化进程的加快，以及社会经济的发展和科技进步，各种现代化交通工具应运而生，从而拓宽了城市交通的发展空间。动态的发展需要动态的规划来适应，一成不变的静态交通规划是不符合科学发展观的，也不能适应现代化城市发展的需要。

（5）客观性原则。

规划必须客观，要采用科学的理论和方法来指导规划工作。城市轨道交通规划应反映客观事实，提出未来城市交通发展模式和方向。

（6）可操作性原则。

规划的目的是实施。轨道交通规划既要满足社会经济发展的需要，又受建设能力的制约，应在两者之间寻求一个平衡点，以保证规划是在最大可能实现的前提下对需求的适应。

（7）经济性原则。

轨道交通建设投资巨大，这在一定程度上要求政府投入大量的人力、物力和财力来建设轨道交通。城市轨道交通规划应本着经济、节约的原则，最大限度地挖掘交通潜力，有步骤、有目的地在财力允许的基础上逐步建设轨道交通网络，而不能不顾经济实力盲目发展。

# 2.2　城市轨道交通线网规划的内容和依据

## 2.2.1　线网规划的内容

线网规划的主要内容有以下几个方面。

### 1. 必要性研究

必要性研究是根据城市的远期总体发展规划，论证城市是否需要发展城市轨道交通系统。由于一些城市总体规划的规划期不足 30 年，因此在进行城市轨道交通线网规划研究之前,需要进行城市发展战略研究及城市综合交通战略研究,以此作为城市轨道交通线网规划分析论证的基础。

城市轨道交通系统不仅需要庞大的初期建设投资,而且运营维护成本很高;如果没有足够的客流需求,轨道交通系统的正常运营可能面临巨额的亏损。当然,论证城市轨道交通的必要性是以社会效益为依据的。目前,多数国家的城市轨道交通系统是需要运营补贴的,但是它们在城市发展及城市综合交通系统中产生了远高于所需运营补贴的效益,这样的轨道交通系统是必要的。

**2. 线网规模研究**

城市轨道交通线网规模是指线网的总长度及其线路的数量。不同的线网规模对线网结构、线路走向及其功能等方面有不同的要求。

为了使城市轨道交通线网规划具有稳定性、科学性和前瞻性,决策者和建设者必须充分考虑城市轨道交通可持续发展的远期甚至远景要求,如充分考虑我国城镇化发展对城市人口规模与分布的影响,充分考虑小汽车发展对城市交通道路网的容量、尾气排放限制的影响,充分考虑在远景城市规模下节约使用交通用地和能源的综合交通客运结构。

**3. 线网结构研究**

城市轨道交通线网结构是指线网的形态结构,主要是指中心城区线网的形态结构,如网格式、放射式、环形放射式等。线网结构对线网工程造价、客运效率和城市形态发展等有很大的影响。

**4. 线路规划**

线路规划包括线路走向、车站分布、线路敷设方式等。城市轨道交通线路技术标准较高,车站规模较大,在城市中调整位置比较困难。因此,在轨道交通线网规划阶段需要进行较细致的线路规划。

对于线路走向,一般应结合城市道路网和客流流向情况,沿城市主干道和主客流方向敷设线路,要尽量经过大的客流集散点,如商业中心、文化娱乐中心、对内对外交通枢纽和大的居民住宅区等。在确定线路起始点位置时,要预留向城市周围重要城镇延伸的可能性,以适应城市发展的远景需要。尤其对一个发展潜力较大的城市,一定要注意将线网设计成开放式的,而不是封闭式的,即线网中的线路端点要根据城市规划需要设计成可向外伸展的形式,而不是往里收缩的形式。

车站分布的工作内容是确定线路中车站的间距及具体位置。车站分布一般和线路走向的选定工作同时进行。车站位置不当或技术条件不合适常会引起线路的改变,所以在规划线网时,要将两者紧密结合、相辅相成才能选出好的线位与站位。

线路敷设方式是指线路位于地面、地上（高架）或地下（隧道）。它不仅影响线路工程造价，而且会对线路可实施性、实施后的运营维护成本及城市环境等造成很大影响。高架线土建工程造价一般是地下线的1/3～1/2，并且由于不需要通风、照明（白天）、排水提升设备等，可节省大量的能耗和运营维护管理费用。但高架线可能会对环境、景观等方面产生不利影响，在规划设计中应进行认真处理。只要处理得当，高架线会给城市增添动景并增加许多新景点，对景观起到画龙点睛的作用；对环境产生的振动、噪声等污染，也不会超出国家规定的环境保护标准。随着城市中高密度建筑群的增多，在线网规划阶段需要更加注重线路敷设方式规划。否则，规划线路会难以实施，并且一条线路的调整可能影响整个线网的合理性及运营效率。

**5．联络线规划**

在城市轨道交通线网中，一些高密度运营的线路多数是独立运行的，与其他线路不互通。为了便于线网形成有机的整体，在编制线网规划时，一定要认真规划联络线的分布位置，以便线网各条线路建成后，能机动灵活地调运线网中各线路上的车辆，不然将使线网的完整性产生无法弥补的缺陷。

所谓联络线，主要是指两条正线间的连接线，其主要用途有以下几种。

（1）运送厂修（大修）车辆。一条线的车辆大修任务一般不会太多，为了节省工程投资和运营成本，并充分发挥工厂设备的作用，一个城市往往只设置一处修理厂。该厂一般都设在第一条修建的线路的车辆段内，其他各线需要厂修的车辆，可通过联络线运往工厂（车间）修理，所以各线联络线的分布，要有利于便捷地向修理厂运送车辆。

（2）走行运营车辆。由于城市用地原因，当根据有关规定，经过论证认为可在两条或两条以上线路中只设一个车辆段时，每天由车辆段向各线收发列车，除需通过车辆段出入各线外，往往还需经过联络线进出各线。

（3）运送新车辆。由多条线组成的线网，往往不可能每条线的车辆段都能设置铁路专用线与地面铁路连接。当某线车辆段因离地面铁路较远，或因修建难度大、耗资大，或因技术原因不能与地面铁路接轨时，线路上所需的新车辆要通过其他有铁路专用线的车辆段及两正线间的联络线运送。当然，在条件允许的情况下，经技术经济分析比较确定合理时，也可通过公路运送新车辆。

（4）同一期工程跨线修建时，两线间需设置联络线，近期作正线使用。如北京地铁一期工程苹果园站至北京站线路，其中苹果园站至复兴门站是线网中1号线的西段，复兴门站至北京站是2号线环线的内环。一期工程修建时，在南礼士路站至长椿街站间设置一双联络线作为正线运行，直至环线建成贯通，两线各自独立运营以后，联络线才停止作正线使用。

（5）特殊用途的联络线。如根据战备等要求设置的联络线。

### 6．车辆段与其他基地规划

车辆是城市轨道交通系统中运送乘客的交通工具，在整个系统中占有很重要的位置。为了保证车辆能在线路上正常运行，安全、快捷、舒适地运载乘客，满足城市交通的运营需求，要经常对它进行维修保养。

车辆段是车辆的维修保养基地，也是车辆停放、运营、检查、整备和修理的管理单位。若运行线路较长（超过 20 km 时），为了有利于运营和分担车辆段的检修工作，可在线路的另一端设停车场，负责部分车辆的停放、运营、检查和整备工作。当技术经济合理时，也可以两条或两条以上线路共设一个车辆段。

城市轨道交通系统除设有车辆保养基地外，还有综合维修中心、材料总库和职工技术培训中心等基地，有条件时应尽量将它们与车辆段规划在一起。

### 7．线网建设顺序

线网结构、线路走向和车站分布等确定后，要根据城市客运交通需求、城市新建与改建计划、工程实施难易程度及工程投资情况等因素确定线路建设的顺序。对近期修建的线路，有条件时还可进行工程投资匡算和经济分析工作，以供决策部门制定建设规划时参考。

与城市道路网规划比较，城市轨道交通线网规划的研究内容虽有相同之处，如线网规模、线网结构和线网建设顺序等，但更多的是不同之处。这不仅表现在需要增加线路规划、联络线规划和车辆段规划等内容，而且体现在轨道交通线网规划的专业性、网络关联性和线网的稳定性等方面。具体体现在以下几个方面。

（1）城市轨道交通系统技术标准高，线路走向及场站位置选择较困难。城市轨道交通系统具有较大的运能，对线路、车站的技术要求也较高。例如，平面曲线半径一般在 250 m 以上，线路在城市区域转向就会产生许多拆迁工程；坡度一般在 3% 以下，线路出入口附近会有较长的过渡段，对横向道路交通有一定的影响；普通中间站的长度一般在 100 m 以上，且多为高站台，其位置选择已经不易，一些多线立体交会的换乘站、占地规模大的停车场和车辆段等场站的选址更加困难。

（2）城市轨道交通系统建设涉及的专业多，且部分专业与乘客的关系密切，考虑不周将会直接影响使用效果。例如，车站上不仅要设乘降车需要的站台，而且还需设置大型供电设备、运营控制管理设备等；换乘站的出入口、换乘通道及车站周围接驳交通设施的规划设计将直接影响乘客换乘的便捷性；如果规划线路很长，则需要考虑提供平行大站快车的可能，需要在部分车站规划越行线及道岔咽喉区；不同线路之间需要考虑在合适的地点设置联络线;等等。如果此类内容在线网规划阶段未做考虑,则在线路建成后改建十分困难;即使勉强改建,其功能会受到一定程度的影响,工程费用也可能显著增加。

(3)城市轨道交通系统的类型众多,各类系统的运能级别与技术要求相差很大。例如,根据现行的城市快速轨道交通工程项目建设标准,采用 A 型车的线路运能可达 5 万~7 万人次/h,相应的平面最小曲线半径为 300~350 m,而采用 C 型车的线路运能只有1 万~3 万人次/h,相应的平面最小曲线半径为 50~100 m。又如,开行独轨车、磁浮车的轨道线路结构等与轮轨系统差异很大,它们的线路规划原则与轮轨系统也有所不同。

(4)对城市发展的影响更为深远。城市轨道交通车站聚集的人流量比常规公交车站要大得多,尤其在多线交叉的换乘枢纽处更是如此。由于轨道交通客流比较集中,因而对商业、土地、住宅等方面的增值有持久的、巨大的影响。从东京、纽约等大城市的发展状况看,轨道交通车站及枢纽附近一般都高楼林立、商业繁华,土地价格很高。

(5)对城市中心区线网规模、线网结构规划的稳定性要求很高。城市道路网的规划可以每隔 10~20 年分期规划,各期路网规划实施后道路衔接比较容易。而城市轨道交通项目由于体量大、线路标准高、多为地下或高架工程等,改建或扩建十分困难。如果初期规划考虑不周,则可能出现换乘不便、部分区段过于拥挤、线网运营效率低等问题。因此,城市轨道交通建设客观上需要充分论证城市轨道交通线网的规模与结构。

(6)具有可操作性的城市轨道交通线网规划,与城市轨道交通近期(首期项目建成后第 10 年)建设规划及一系列专项规划是相互关联的。这些专项规划包括换乘枢纽规划、车辆段及停车场规划、供电系统规划、控制中心规划等。例如,停车场的位置将决定线路的起终点位置,换乘站的位置及布局形式会影响相关线路的走向,线路的实施顺序会影响到相关线路的连接方向等。而道路网的建设顺序很少会影响到道路网规划。

正因为城市轨道交通项目的建设具有网络关联性,所以国家发展改革委在审批城市轨道交通项目之前,首先要审核城市轨道交通近期建设规划,而该规划又依赖于科学合理的城市轨道交通线网规划,因此,城市轨道交通线网规划是城市轨道交通项目建设的基础和前提。我国的城市轨道交通建设实践也多次证明,不考虑线网的轨道交通线路建设必然会产生大量废弃工程。

## 2.2.2 线网规划的依据

线网规划的依据主要包括城市总体规划,城市综合交通规划,城市经济、建筑和人口发展水平,地形地貌和实际运营需求等。

### 1. 城市总体规划

线网规划应与城市总体规划相协调,确保线网规划与城市发展目标一致,并为未来的发展预留空间。

**2．城市综合交通规划**

线网规划需要符合城市综合交通规划，确保与其他交通方式有效衔接和便捷换乘。

**3．城市经济、建筑和人口发展水平**

线网规划需要考虑城市的经济总量、建筑行业和人口总量的变化，确保线网规划能够满足城市发展的需求。

**4．地形地貌**

线网规划过程中要充分考虑城市的地形与地貌，城区线路尽可能沿城市干道敷设，以降低施工难度和成本。

**5．实际运营需求**

线网规划不仅要满足城市主干客流需求，还要考虑与其他交通方式的衔接，提高乘客换乘的便捷性，并兼顾整个线网客运量负荷的均衡。

# 2.3　城市轨道交通线网规划方法

## 2.3.1　面点线要素层次分析法

城市轨道交通线网往往是一个覆盖面积达数百平方千米的庞大而复杂的系统，所以线网构架方案研究必须分类、分层进行，如可以按照"面""点""线"3 个不同的类别及层次展开研究。

"面"的分析针对整体形态控制，协助拟定城市轨道交通线网基本构架。"点"的分析即线网服务对象的甄选，是进行城市大型客流集散点分析。"线"的分析即交通走廊分析，是进行线网内各线路可能性路径分析。

面点线要素层次分析法以城市结构形态和客流需求的特征分析为基础，充分注意定性分析和定量分析相结合，快速轨道工程与交通需求预测相结合，静态与动态相结合，近期与远景相结合，经多方案比较得出结论，如图 2.1 所示。

**1．"面"的分析**

在进行线网构架方案研究时，"面"这一层次的因素是构架模型和形态的决定性因素，这些因素包括城市地位、规模、形态、对外衔接、自然条件、土地利用格局、线网作用和地位、交通需求、线网规模等。

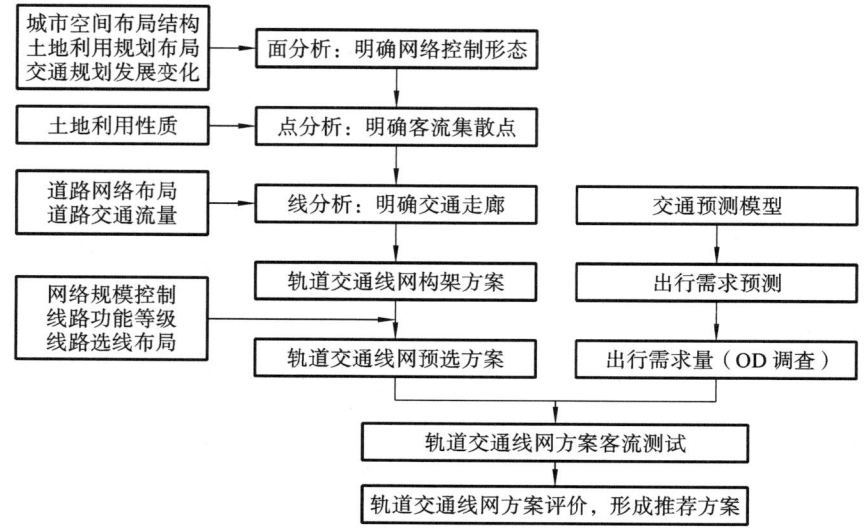

**图 2.1　面点线要素层次分析法**

注：OD 为 origin destination 的缩写，即起讫点

### 2. "点"的分析

客流集散点，即客流发生点、吸引点和客流换乘点，是轨道交通设站服务、吸引客流的地点。在进行轨道交通线网规划时，将主要的客流集散点连接起来，有助于轨道交通吸引客流，便于居民出行。

### 3. "线"的分析

"线"的分析是研究道路交通网络，即城市客流流经的路线，尤其是主要交通走廊，是选择线路走向的基本依据。城市道路网的布局会影响线路走向和线网构架形式。"线"的分析重点，就是寻找主客流方向及交通走廊，并将城市内大客流集散点串联起来。轨道交通线路走向与主客流方向一致，可增加乘客的直达性，既方便乘客，又可提高轨道交通的经济效益。

轨道交通线网是未来承担城市客流的主通道，其建设对于地面用地已十分紧张的城市而言有着重要的意义。这类城市依靠在地面道路上安排大量的常规公交线路，或通过增加道路和路网密度来实现大运量客运是非常困难的。而轨道交通系统具有大容量、快速运输的特点，能较好地解决上述问题。城市主要客流流经路线总是沿道路网络分布，而主干道往往又是城市主要客流交通走廊，同时主干道施工条件一般较好，是轨道交通的首选通道。

上述线网规划方法的优点是能够充分利用规划人员的经验，便于从总体上把握线网构架。其缺点是过分依赖经验,对未来客流需求特点的反映和把握不够确切。

## 2.3.2　网络设计法

城市土地利用和产业结构调整等,最终反映在现在和将来的交通需求分布特征上。网络设计法正是基于这一点开发出的高效率确定线网规划方案的方法。这一方法既很好地兼顾了满足交通需求和引导城市发展的双重功能,又避免了过分依赖经验。

本方法的要点是根据城市居民的交通需求特点,基于近期最大限度满足干线交通需求,远期合理引导城市结构和交通结构,进行初期、近期和远期交通需求空间分布特点的量化分析,并结合定性分析与经验,提出若干轨道交通线网规划方案,如图 2.2 所示。

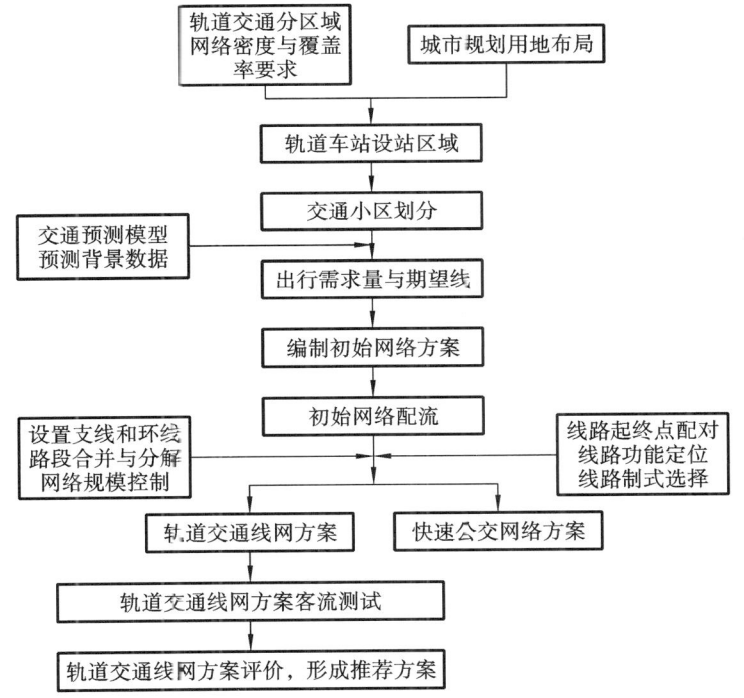

**图 2.2　网络设计法**

具体做法是在交通分区形心网或道路网上进行交通分配,按照确定的原则绘制流量图,根据流量图确定主客流方向,然后沿主客流方向布线,提出若干线网规划方案。

网络设计法的分析结果既反映了大的客流集散点、客流集中的线路,也反映了现在与将来的土地利用状况,对整个城市的全面分析与功能引导。需要注意的是,不同发展阶段的城市对分析结果的利用思路不同。结构稳定、土地利用基本定型的城市,主要依据现状交通分布特性规划轨道交通线网;结构不稳定,正处于土地利用调整期的城市,主要依据未来交通分布特征规划轨道交通线网。

网络设计法的提出基于对决定轨道交通线网的主要因素的分析，客观上同面点线要素层次分析法的思路异曲同工，不同的是大大降低了对经验的过分依赖，减少了面点线要素层次分析法过大的工作量。

### 2.3.3　功能层次叠加法

轨道交通不同层次的功能是通过组织具有不同运行速度、停站间距等特征的列车运行实现的。功能层次是将对轨道交通的要求在网络方案中实现的重要纽带，也是构筑轨道交通线网方案的基础。功能层次叠加法就是从功能层次角度，分析各区域对各层次轨道交通的需求，并以此为基础分别制定各功能层次的网络方案，最后经叠加、比选形成整体网络方案。

**1. 具体内容**

（1）根据城市在城市群、都市圈中的定位及所处发展阶段引申出的城市发展目标，结合轨道交通发展理念与某一功能层次定位，提出该功能层次线路的发展目标及策略；在分析相应区域各类客运交通相对优势的基础上，以可达性、覆盖范围为指标，提出该层次线路的速度目标值、站间距等特征值。

（2）根据该功能层次的站点辐射范围划分交通分区，将相邻分区形心相连得到虚拟网，并以该功能层次的机动化出行 OD 矩阵对虚拟网进行配流，根据虚拟网配流的结果，得到该功能层次的网络控制形态及运能要求。

（3）通过该功能层次的客流集散点、通道分析，结合速度目标值、站间距、网络控制形态及运能要求，得到该功能层次线路网络初始方案。

（4）针对每一通道，考虑通道条件、运营组织难度、各功能层次运能要求、覆盖范围、节约土地资源、环保等因素，结合不同区域网络规模、密度分析，确定不同功能层次线路的分离或组合（共轨或共通道）设置，形成线路网络初步方案。

（5）进行客流测试、方案评价及调整，形成推荐网络方案。

深圳轨道交通规划中采用的功能层次叠加法如图 2.3 所示。

**2. 方法特点**

功能层次叠加法有以下特点。

（1）突出功能层次的重要意义。功能层次是联系规划理念与规划方案的纽带，因此针对每一功能层次进行初始方案规划，并将速度目标值、站间距等指标作为方案不可分割的一部分，然后将各功能层次初始方案进行组合，得到整体网络方案。

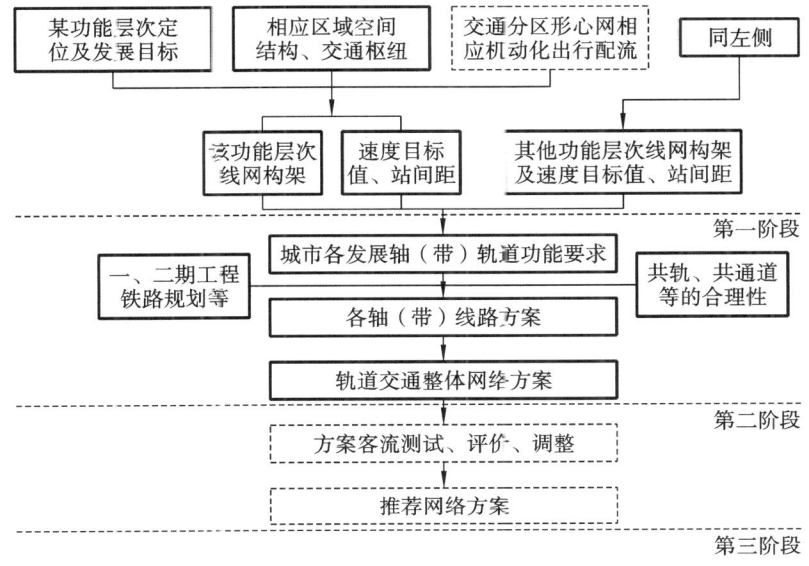

**图 2.3　深圳轨道交通规划中采用的功能层次叠加法**

（2）考虑线路的运行方式。组合各功能层次初始方案时，在满足功能、运能等要求的前提下，充分考虑不同功能等级线路的共轨、共通道、支线运行等方式，使网络方案更紧凑、更经济合理。

（3）体现以轨道交通为主导的交通一体化理念，如通过分析轨道交通与其他客运交通方式的优势，得出轨道交通线路的速度目标值、站间距等指标。

（4）以某一功能层次的机动化出行 OD 矩阵对相应虚拟网进行配流，得到该功能层次的网络控制形态，与以往通过定性分析得到网络形态相比，结果更精确可靠。

# 2.4　城市轨道交通线网客流预测

## 2.4.1　客流预测的特点与难点

客流预测是确定项目涉及的各部分的建设规模、设计合理的运营模式、准确把握预期运营效益的基础。客流预测结果直接关系到城市轨道交通的建设投资、运营效率和经济效益。

### 1. 客流预测的特点

轨道交通客流预测的特点主要体现在以下 5 个方面。

（1）客流预测工作所涉及的客流特征内涵多，它们对后续的工程设计与可行性论证具有重要作用。如果某些预测工作过于粗糙，对客流特征内涵的分析不足，则难以指导相关工作，如行车交路设计和项目运营的经济性研究等。

（2）作为一种公共出行方式，轨道交通最显著的特征是准时性，因此，线网的规模对客流增长有着巨大的影响。换言之，网络规模对线路的客流可能具有倍增效果，即轨道交通网络所覆盖的区域与其他传统出行方式的客流吸引范围显著不同。在客流预测工作中，应充分注重这种"网"和"线"的关系，全面把握客流的总量和增长规律。

（3）轨道交通是城市交通中运能最大的一种交通出行工具，也是承载人口密集的城市中心区通勤交通的主要手段。客流预测需要更加注重客流的峰谷特征，包括一日内的峰谷特征、高峰小时内的峰谷特征、一周内不同日的客流波动性及一年内重要节假日期间的客流特征等。这些预测结果将为全面、细化系统设计方案，完善运营组织方案及进行能力储备研究提供有力支撑。

（4）由于预测时间长，涉及范围广，轨道交通客流预测的关联因素更多，客流预测结果的敏感性分析工作内涵更广、难度更大、要求更严格。

（5）由于轨道交通项目的重要性，在许多阶段均需要进行论证，每个阶段的客流预测都是不可缺少的，同时对不同阶段的客流预测也有不同的要求。例如，在线网规划阶段，要满足线网规模论证、线网主骨架构建、换乘节点布局、线路起讫点及线路组合关系论证的要求。在线网建设规划阶段，要满足建设必要性论证、建设规模及时序论证、近期建设项目选择论证的要求。在可行性研究阶段，要满足线路方案比选，工程规模、建设标准、运行方案（行车组织）确定及经济与财务评价的要求。在工程建设阶段，要满足线路、车站、车场、换乘设施、行车组织、财务评价等工程设计的要求。在招商运营阶段，要满足招标文件提出的各项相关要求（主要是初期、近期客流效益与风险分析）。这些差异增加了轨道交通客流预测工作的难度。

**2. 客流预测的难点**

轨道交通客流预测工作确实存在一些困难，典型的问题包括以下 5 个方面。

（1）时间跨度大。轨道交通的远期预测年份按规定为开通后第 25 年，而多数城市该年的基础数据很难获取，所做的客流预测具有很多不确定性，对高速发展变化的城市尤其如此。

（2）轨道交通客流预测涉及的因素多，既包括土地规划及实施进程的影响（相关地区开发的成熟程度及其进程差异）、交通政策的影响（票价调整管理政策等）、运营服务水平的影响（发车间隔、拥挤程度等），也包括各类交通方式间运营协调程度的影响（其他交通方式是否承担了为作为"骨干"的轨道交通网络进行客流集疏的工作）等。

（3）一般预测过程采用的预测方法、技术流程及预测模型实际上并没有针对轨道交通客流预测的特点设计，因而在实际预测时会存在这样或那样的问题。

（4）对轨道交通线路甚至线网客流增长规律还缺乏深入研究，而这些工作需要建立在后评估工作的基础上。

（5）目前轨道交通客流预测工作及预测成果报告的编制尚无规范约束。根据轨道交通项目建设的需要，客流预测主要服务于 5 个不同阶段，即线网规划阶段、线网建设规划阶段、可行性研究阶段、工程建设阶段和招商运营阶段。

## 2.4.2　线网客流预测内容

线网规划阶段的客流预测应为论证城市轨道交通建设必要性、确定线网总体规模、评价线网规划方案、研究分期建设时序、控制城市轨道交通设施用地等提供依据。线网规划阶段的客流预测年限应与线网规划的年限一致。线网规划阶段客流预测的主要内容如下。

### 1. 城市交通需求分析

城市交通需求分析是分析交通出行总量、出行时空分布、交通方式结构、客流走廊与量级，以及有无城市轨道交通对城市交通系统的影响等。

### 2. 线网比选方案客流预测

预测各比选方案的城市轨道交通出行总量、出行分担率、日客流总量、线网负荷强度、平均乘距、换乘客流量和换乘系数、主要客流走廊、高峰小时断面客流量及分布等。

### 3. 线网推荐方案客流预测

预测线网推荐方案中各条城市轨道交通线路的日客运量、负荷强度、平均运距和高峰小时单向最大断面客流量等。

## 2.4.3　线网客流预测方法

自 20 世纪 70 年代交通规划技术传入我国以来，运用定量的方法进行科学预测已成为规划的主要手段。在早期，由于轨道交通线网路线简单及技术不完善，轨道交通客流预测模式的基本思路是将公交客流量按一定的比例转移到轨道交通上去，再适当地考虑诱增交通量。由于这种预测模式原理过于简单，考虑因素较少，因此精度较低。此种模式目前仅在运用其他模式预测后用于比较验证或作为定性分析的辅助手段，以及对某条轨道线路的预测。

欧美发达国家在 20 世纪 50 年代为了满足城市交通规划与建设的需要开始研究新

的预测模式,到了 20 世纪 70 年代已经基本形成很有代表性的四阶段法,按照交通生成预测、交通分布预测、交通方式划分和交通分配来分析城市现状与未来的交通状况。这类模型对远期总体规划较适用,现已广泛应用于交通规划工作中。

随着研究的发展,这类预测模型也广泛用于城市轨道交通客流预测当中。该模式结合土地利用规划分析城市轨道交通客流,能较好地反映城市远期客流的分布且精度相对较高,至今仍是城市轨道交通客流预测的主流模式。

目前我国城市轨道交通客流预测方法(模式)主要可以分为以下三类。

**1. 不基于现状轨道交通客流分布的预测方法**

该方法的主要思路为:将相关公交线路的现状客流量向轨道交通线路转移,得到虚拟的基年轨道交通客流量,然后按照相关公交线路客流的历史资料和增长规律,确定轨道交通客流量的增长率,推算远期轨道交通需求客流量;或者将公交预测数据直接转换为远期城市轨道交通客流量,得到虚拟的基年轨道交通客流量(图 2.4)。具体做法是在现状公交网络的基础上,搭建一个包括待建城市轨道交通线路在内的初期综合交通网络;通过现状公交网络建立综合网络分配模型并标定相关参数,以初期公交和初期轨道交通网络为基础进行流量分配,对结果进行分析和校正;通过校正的模型和参数继续推算近期、远期站间 OD 矩阵及相关预测结果,采用的方法主要为趋势外推法。在确定轨道交通客流增长率时可采用指数平滑法、多元回归法等方法。

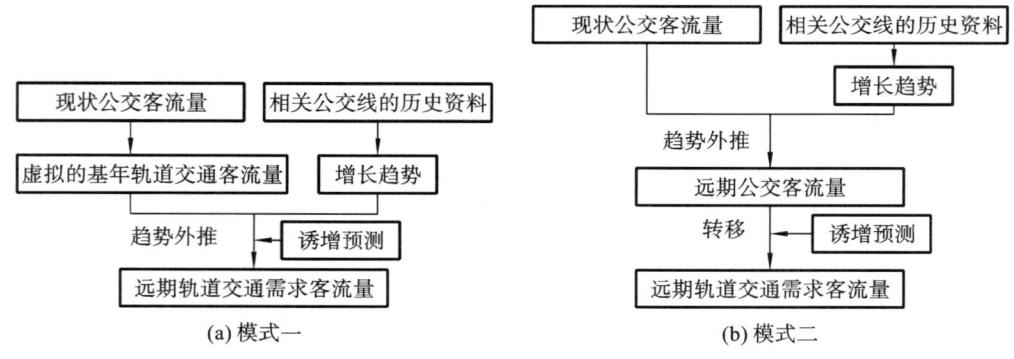

(a) 模式一                                (b) 模式二

**图 2.4　不基于现状轨道交通客流分布的预测方法**

该模式属于早期采用的模式,受原理的限制,以现状公交客流量为预测基础,对远期交通特征的反映较为片面,仅仅考虑了公交系统内部的转移交通量,无法全面地考虑城市用地规模、交通设施、出行结构改变的影响,因此精度较低。由于该方法操作简单,所以目前常在运用其他模式预测后用于比较验证或作为定性分析的辅助手段。

**2. 基于现状轨道交通客流分布的预测方法**

该方法的主要思路为：通过居民出行调查，掌握现状全方式出行分布，在此基础上预测未来年的全方式出行分布，然后通过出行方式划分和交通分配预测得到轨道交通的站间 OD，即可计算出轨道交通客流量。

基于上述理论的城市轨道交通客流预测四阶段法已得到广泛的应用。该方法结合土地利用规划分析城市轨道交通客流，能较好地反映城市远期客流的分布，且精度相对较高，缺点主要在于对数据要求高、操作复杂。此类预测模式是轨道交通客流预测的主流模式。

城市轨道交通作为联系城市内部及周边地区的快速客运系统，是城市化进程中解决城市交通问题的重要措施和手段。由于轨道交通具有快速、高效、舒适的特点，其产生及发展必然会使得城市交通出行分布形态和交通结构发生变化。另外，目前中国大多数城市仍处于成长期，虽然其组团结构不会发生根本变化，但轨道交通影响区内很多交通小区的用地性质、人口和就业岗位数量将有较大的变化。随着交通的发展、城市其他中心的形成及发展中心的转移，将逐渐形成组团带状形态。单纯的公交统计资料已经无法表征这些变化。未来城市的交通方式构成与城市土地利用形态、产业布局、社会经济等诸多因素有关，因此构建未来城市交通方式的合理结构必须考虑城市总体规划及其他交通方式。城市轨道交通是城市公共客运交通的有机组成部分，轨道交通功能的充分发挥有赖于常规公交的支持。轨道交通对客流量的吸引受公交发展水平及服务水平的制约。轨道站点是城市的客流集散点，也是不同交通方式的换乘点。因此在预测轨道交通线网客流量时，必须从城市全方式的出行分布形态（OD 分布）出发，从根本上把握城市客流的主流和方向，使得预测既符合交通需求分析一般技术方法的要求，又体现出轨道交通吸引和组织客流的技术特点。

上面介绍的四阶段法在出行方式划分阶段就划分出了轨道交通方式的 OD 量，再在独立轨道线网上进行分配，这样势必会减弱或忽视轨道交通与其他交通方式（特别是其他公交类交通方式）之间的联系。为弥补传统简单四阶段法的这一不足，国内外学者进行了大量的研究与实践，近年来已经提出了基于竞争分配的四阶段法预测思路，如图 2.5 所示。

基于竞争分配的四阶段法建立在四阶段法的基础上，首先进行全方式的客流产生和分布预测，但在方式划分和路径选择时考虑了轨道交通方式与城市中其他交通方式存在合作竞争的关系。方式划分时先通过预划分（分层次策略性交通方式划分）得到公交类 OD 矩阵（公交类一般包括地铁、常规公交、铁路等），然后在一个综合路网（包括步行网、道路网、地铁网、常规公交网、铁路网等）上进行竞争分配（利用联合方式构建交通分配模型），最后得到所要的结果。

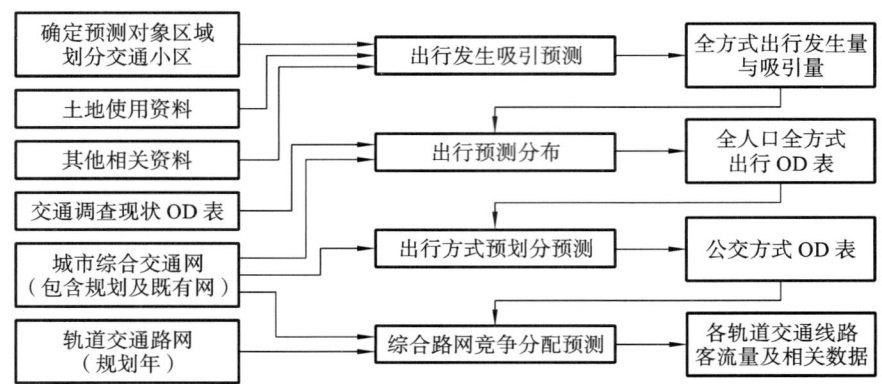

**图 2.5　基于竞争分配的四阶段法预测思路**

### 3. 非集计模型

由于四阶段法缺少明确的行为假说，特别是模型系统本质上并非有关个体行为，即它与个体出行行为并不一致，针对其不足，一些专家提出了非集计模型。

非集计模型又称"交通特征模型"，它是以实际产生交通活动的个体为单位，对个体是否出行、去何处、利用何种交通工具及选择哪条路线等活动分别进行预测，并按出行分布、交通方式和交通线路分别进行统计，得到交通需求总量的一类模型。这一模型在理论上利用了现代心理学的成果，引入了随机效用的概念，其核心是效用最大化理论。它着眼于研究出行者个体的出行行为。非集计模型相比传统模型的优势是有明确的行为假说、模型的一致性好、模型标定所需调查样本少、模型有较好的时间和地区可转移性等。

## 2.4.4　线网客流预测指标

客流预测工作的成果体现为客流预测指标，它们为建设项目的分析与评价提供了依据。根据城市轨道交通项目建设的特点，需求预测需要提供的输出指标可以概括为以下5 个方面。

### 1. 需求总体指标

一般城市轨道交通建设项目需求预测的总体指标分为总量和平均运距两方面。总量是指轨道交通在某一时间段内承担的需求的数量规模，一般通过日均人次数或线路平均负荷强度[万人次/(km·d)]来刻画。平均运距是指乘客在该线路上乘坐的平均距离，有时也用平均站数来评价。

需求总体指标预测一般需要参考上位规划（包括城市总体规划、城市近期建设规划、城市土地利用规划、控制性详细规划、国民经济发展规划、城市综合交通规划）及最近的出行调查。

一般来说，城市轨道交通预测的远期年限要大于各上位规划的规划期，换言之，远期预测存在一定的数据盲区（可能达 10 年及以上），这一阶段的预测实际上存在基础调查缺失的问题。因此，城市轨道交通的需求预测可以用"发展趋势主导近期预测，规划与战略引导远期预测"来描述，即远期的需求预测更多地依靠预测者对城市发展大战略的把握。

总量预测阶段需要考虑的主要因素包括城市人口规模、就业岗位及其分布、人均出行率、城市土地开发水平、人均生产总值或收入水平、综合交通网络建设水平和常规公交的发展水平等。相关调查表明，我国各城市人均出行率为 1.84～3.06 次/d。经济发展、机动车拥有量及人口规模均对人均出行率有一定影响，但没有普遍规律可以遵循，需要根据城市历年的发展和调查数据具体分析。从综合交通结构来看，城市越大，公交发展空间越大。不过，城市公交全日出行比重达到 50% 及以上是比较困难的。

城市轨道交通的客流一般有个培育的过程，开通初期客流受票价与服务水平影响较大。最近的经验表明，客流也与公共交通，尤其是轨道交通网络规模及接续设计有关。轨道交通网络对新线的客流吸引力有倍增的作用，不过这一规律较难在预测阶段把握。从客流增长来看，培育期过后的客流年均增长率将有所下降。

城市轨道交通工程属于百年工程，系统一般需要一次建成或建设时有所预留，否则很难在发展中扩展。远景年需求是直接决定系统建设规模的依据，因此，应将远景年需求规模作为重点来研究。

轨道交通客流总量一般按初期、近期和远期三个年限提出，其分析一般要纳入城市综合交通系统中来开展。其具体内容包括以下几方面。

（1）不同时期轨道交通客流占全市总出行量的比重。

（2）轨道交通工程项目建设对全市公交出行比例提高的贡献。

（3）轨道交通工程项目建设对提高全市公交出行效率（如时耗降低与拥挤缓解）的贡献。

（4）轨道交通工程项目建设对优化交通环境的贡献。

除了提供分年限的预测结果，城市轨道交通客流预测实际上还包括以下内容：平日（周一至周五）客流量；周末（周六与周日）客流量；其他节假日客流量。

提供上述预测结果对于做好城市轨道交通系统开通后的客流组织工作和更好地满足出行需求具有重要意义。

对轨道交通网络来说，客流预测的总体指标还包括全网换乘系数，即平均每次出行乘坐地铁线路的条数。全网换乘系数可以通过全网总乘车人次数与全网出行量之比来计算。

在对客流总量预测结果的分析与评估中,要注意以下两点。

(1)对一条轨道交通线路的客流与轨道交通线网客流总量的分析。每条轨道交通线路的出行需求规模与其本身在线网中的功能定位是分不开的,预测时应该结合城市发展规划以及该线路在整个轨道交通线网中的功能与定位,一方面仔细审核各线路日运量之和与全网日运量控制总量是否吻合,另一方面保证该线路承担的客流量占全网客流总量的比例与其功能和定位契合。

(2)线路与线网客流强度的校核。不同城市轨道交通线网与线路的客流强度应与所在城市及区域的基本特征相合,因此,应全面分析每条线路的客流负荷强度以及全网的客流负荷强度。结合相关线路的定位,主干线客流强度应大于地位稍次的辅助线与郊区线客流强度。若出现特例,应做专门的分析及说明。

**2. 流量、流向指标**

一般运输系统服务于人与货物的位移。对城市轨道交通系统来说,主要服务对象是人,即主要满足人的位移需求。因此,需求预测工作需要明确出行需求的具体流量和流向,主要包括以下几方面的内容。

(1)站间 OD 分布表,主要包括城市轨道交通各站点之间的客流交换量,借此可以确定轨道交通的平均运距等指标。

(2)站点乘降总量,主要指各站点全日乘降总人数,为确定车站相关设施的建设规模提供依据。

(3)换乘站换乘量及其构成,主要指两条轨道交通线路交叉处车站的流量与流向。除站点乘降量外,还需要预测各线路上、下行不同方向之间的换乘量,如图 2.6 所示。

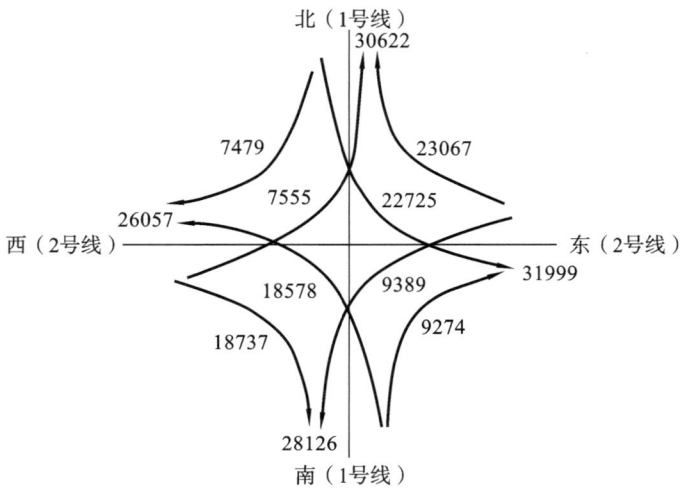

**图 2.6 某换乘站不同方向之间的客流量与流向(单位:人次/d)**

换乘客流的预测难度体现在两方面。一方面是路径选择预测较难,轨道交通线网比较完善时,乘客可选择的出行路径较多,乘客并不都是选择理想的最短路径,而可能按其偏好进行选择。因此,有效路径的判断存在不确定性。另一方面是换乘客流的空间高峰与时间高峰存在错位,即线路客流高峰时段与车站客流高峰时段的差异可能改变最终的叠加结果,目前很难区分。此外,两线上、下行方向客流的潮汐特点、两线列车运行间隔的不对称等对换乘客流参数选择也会产生影响,这些因素均可能增加换乘客流预测的误差。

### 3. 空间不均衡性指标

空间不均衡性指标是对城市轨道交通系统中具有空间差异的各部分进行设计的重要依据。尤其是对于线路较长、全线差异较大的轨道交通建设项目来说,做好空间不均衡性指标的预测和分析至关重要。

空间不均衡性指标主要包括以下三方面的内容。

(1)线路各区间断面客流量分布。

主要线路不同区间的断面客流量分布,一般来说需要区分不同预测年限与全日早、晚高峰期间断面客流量分布情况,这对于城市轨道交通系统能力的设计与计算来说具有重要参考价值,也是进行行车组织设计的基本依据。

(2)最大断面客流量。

线路的远期最大断面客流量是确定线路设计能力的重要依据,需要仔细分析。这个客流量也需要按全日以及早、晚高峰期分别预测。

此外,最大断面客流量指标还可以针对某些需要特殊考虑的设施或某些特殊的人群进行调整,如无障碍设施处的客流量等。

(3)特殊位置客流量。

特殊位置主要指地处大型客流集散点的轨道交通车站。这类集散点包括机场、铁路客运站、长途汽车站以及交通出行量较大的大型活动中心等。详细分析这些轨道交通车站的预测客流量,有利于提高建设工程的规划与设计质量,确保城市轨道交通开通后的运营服务水平。

空间不均衡性指标受城市轨道交通车站附近土地利用类型的影响较大。两端在郊区且穿越中心城区的轨道交通线路的客流往往呈现中间粗、两头细的“棒槌形”特征,而一端在郊区另一端在中心城区的线路的客流因早晚高峰可能表现出强烈的潮汐特征。

### 4. 时间不均衡性指标

城市轨道交通的服务重点之一是城市地区的通勤交通,因此,时间不均衡性指标是客流预测的关键。时间不均衡性指标主要为高峰小时系数。

高峰小时系数,是指某处一日内客流集中的某一个小时的客流量占该处全日客流量的比重,一般按早、晚高峰小时分别计算。该指标主要反映人员出行时间分布,与用地布局密切相关。高峰小时系数可以通过客运量高峰小时系数($B$)和单向最大断面客流量高峰小时系数($D$)来刻画,计算方式见式(2.1)和(2.2)。

$$B = \frac{高峰小时客运量}{年平均日客运量} \qquad (2.1)$$

$$D = \frac{高峰小时单向最大断面客流量}{全日单向最大断面客流量} \qquad (2.2)$$

在早、晚高峰,无论是车站客运量高峰小时系数还是断面客流量高峰小时系数,不同城市都有一些差异,在我国多数城市中,晚高峰系数低于早高峰系数。

对车站来说,其上、下行方向或者上、下客流量的高峰小时系数与全线总客流高峰小时系数以及最大断面客流量高峰小时系数一般是不同的。居住区附近的站点早高峰系数较大,呈现出工作客流的特点;中心区商业中心的站点客流呈现逐步累积的特点;市区线的高峰小时系数要低于郊区线的高峰小时系数。

断面高峰客流的预测主要采用高峰小时系数来推算。根据近年调查的运营数据,地面公交的高峰小时系数为 12%~20%,明显低于轨道交通的高峰小时系数(17%~24%)。图 2.7 为某城市轨道交通工作日和周末客流量的变化情况。

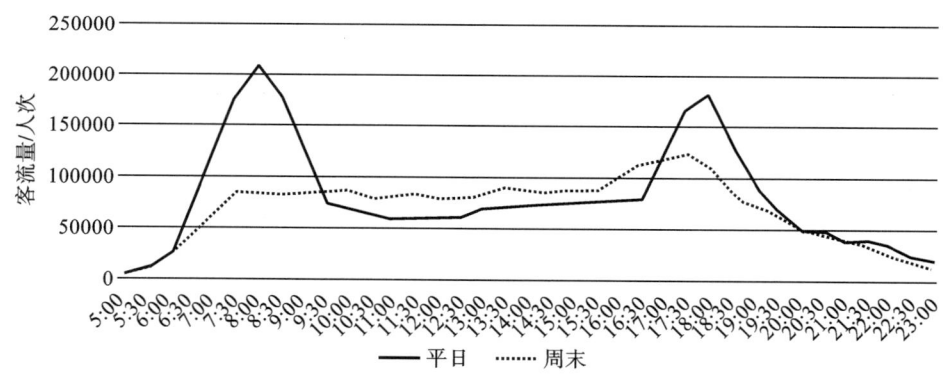

**图 2.7 某城市轨道交通工作日和周末客流量的变化情况**

### 5. 敏感性因素指标

由于预测过程中存在大量的不确定因素,因此需要对预测结果进行灵敏度分析。一般来说,城市轨道交通客流预测中的不确定因素主要来源于:预测环境不确定;预测的基础数据通常不完备,一些基础数据存在偏差;预测模型中选择的诸多参数是在假设条件下作出的;等等。

一般说来,敏感性分析的测试指标主要涉及全日客运量、高峰小时客运量、高峰小时单向最大断面客流量等,考虑的因素需要根据相关城市以及项目本身的具体情况来确定。例如,公交与轨道交通的票价、轨道交通与其他交通方式的换乘(协调)时间、轨道交通与地面公交的服务水平(间隔与负荷等)、出行者时间价值等均是经常选用的参考因素。

# 2.5　城市轨道交通线网合理规模的确定

## 2.5.1　影响线网合理规模的因素

规模从侧面体现系统所能提供的服务水平。它主要通过线网密度和系统能力输出来反映,其中系统能力输出又与系统的运营管理密切相关。

所谓合理规模,实际上就是合理的轨道交通供给水平。由于交通需求和交通供给之间存在动态平衡的过程,这里所提的合理是相对的,是在一定条件下达到预期目标。线网规模是否真正合理,最终应放入交通模型中进行需求和供给的动态检验。但在进行方案构架研究之前,应对线网规模进行约束,以使多个方案有可比较的基础。线网合理规模是可以进行静态计算的,在理论和实际应用中主要从交通需求、线网合理服务水平以及城市轨道交通运营公司经营规模的角度出发进行计算。

影响线网合理规模的因素主要有以下几个方面。

### 1. 城市交通需求

城市交通需求是居民对交通基础设施的需要程度。交通需求的大小,尤其是城市居民公共交通需求的大小,是城市轨道交通线网规模最直接和最具决定意义的影响因素。表征城市交通需求的指标有城市居民的出行强度、城市公共交通总出行量等。

### 2. 城市形态和用地布局

城市形态和用地布局是城市轨道交通规模的重要影响因素。城市形态有多种形式,分为带状、分散组团式、中心组团式等。不同的城市形态和用地布局决定了居民出行的空间分布,也就决定了城市轨道交通的几何空间形态、长度及规模。带状城市的主客流方向比较单一,主要沿着城市狭长带的方向分布,城市轨道交通也主要沿着此方向布设;分散组团式城市要求城市轨道交通将其各个组团紧密连接起来,以缩短组团之间的出行时间,使其成为一个整体;中心组团式城市的轨道交通多为放射状,如莫斯科就是典型的中心组团式城市,其城市轨道交通形式为环形加放射状。

**3. 国家与地方政府的发展扶持政策**

我国人多地少,能源短缺,大规模的基础设施建设项目多是由国家和当地政府共同出资兴建的,因此国家的政策导向对城市轨道交通规模有直接影响。例如,大力发展公共交通是我国的一项基本政策。

## 2.5.2　出行需求分析法

**1. 分担率法**

出行需求预测不仅是布置站场及布设路线的依据,也是确定城市轨道交通规模的重要依据。

先预测规划年限出行需求总量,然后根据拟订的线路客运密度确定所需的城市轨道交通线网规模,这种方法是按城市轨道交通承担出行的比例来确定出行需求的,故通常又称为"分担率法",具体见式(2.3)。

$$L = \frac{Q \cdot \alpha \cdot \beta \cdot k}{\gamma} \tag{2.3}$$

式中:$L$ 为线网长度,km;$Q$ 为线网出行需求总量,人次;$\alpha$ 为公共交通出行比例;$\beta$ 为城市轨道交通出行占公共交通出行的比例;$k$ 为城市轨道交通换乘系数;$\gamma$ 为轨道交通线路负荷强度[万人次/(km·d)]。

**2. 未来居民出行需求总量分析**

线网规划远景年限的出行需求总量,可以通过城市远景人口规模与人口出行强度来推算,见式(2.4)。

$$Q = m \cdot r \tag{2.4}$$

式中:$Q$ 为线网出行需求总量,人次;$m$ 为城市远景人口规模(含常住人口和流动人口),人;$r$ 为人口出行强度[次/(人·d)]。

**3. 交通方式结构分析**

交通方式结构的影响因素主要是居民出行特征、未来交通发展战略以及可能提供的交通方式。目前特大城市的交通发展战略基本都是建立以公交为主体,城市轨道交通为骨干,各种交通方式相结合的多层次、多功能、多类型的城市综合交通运输体系。

(1)公共交通方式出行占全方式出行的比例。

由于公共交通的客运效率比私人交通的高得多,公共交通在城市综合交通运输体系中占有明显的优势。

城市远景公共交通方式出行比例应根据城市未来的出行需求与供给平衡关系,通过适合城市特点的数学模型来进行测算。研究公共交通合理规模有助于匡算城市轨道交通的合理规模,如果事先给出公共交通的供给能力,科学预测就失去了基础。比较可行的办法是从分析城市居民出行特征入手,类比其他城市的情况,考虑到城市未来公共交通发展政策,以定性分析的方法进行估计。

与国外城市相比,我国大城市道路面积率低、人口密度大,优化交通结构是根本出路。目前我国多数城市交通结构不尽合理,最主要的反映就是公共交通比例过低。公交优先就是大力发展以城市轨道交通为骨干、常规公交为主体的公共交通系统,大城市公共交通的合理出行比例应在30%以上。

(2)城市轨道交通方式出行量占城市公共交通方式出行量的比例。

城市轨道交通出行量占城市公共交通出行量的比例,与城市道路网状况、常规公交网密度、常规公交服务水平,以及城市轨道交通线网密度、运送速度、车站分布有关。经验表明,国际化大城市远景年轨道交通承担的客运量与全市公共交通总客运量的比例应为 50%～55%。初、近期因线网处于建设期,其占公共交通客运量的比例目标可根据实际情况来设定。

## 2.5.3　线网密度分析法

根据城市发展、人口密度及就业岗位等因素,将研究范围划分为对轨道交通服务有不同要求的不同区域,针对不同的要求分析各分区的轨道交通线网理论合理密度,将各分区面积乘以理论合理密度再求和,即可得到城市轨道交通线网的理论合理规模,见式(2.5)。

$$L = \sum_{i=1}^{k} S_i m_i \tag{2.5}$$

式中:$L$ 为线网长度,km;$S_i$ 为第 $i$ 个分区的面积,km$^2$;$m_i$ 为第 $i$ 个分区的轨道交通线网理论密度,km/km$^2$;$k$、$i$ 为分区面积个数,$i=1$、2、3、…、$k$。

## 2.5.4　投资能力分析法

投资能力分析法是指依据规划期城市生产总值,由轨道建设资金占生产总值的合理比例和轨道交通建设平均造价计算线网长度,见式(2.6)。

$$L = \frac{G \times \alpha}{r + l} \tag{2.6}$$

式中:$L$ 为线网长度,km;$G$ 为规划期城市生产总值,亿元;$\alpha$ 为轨道交通建设资金与生产总值的合理比例;$r$ 为轨道交通建设平均造价,亿元/km;$l$ 为既有轨道交通线路长度,km。

### 2.5.5　建设能力分析法

建设能力分析法是指依据以往城市每年的轨道交通建设能力,类比其他城市每年的轨道交通建设规模,确定合理建设能力,结合规划期年限及既有轨道交通线路长度,计算线网长度,见式(2.7)。

$$L = J \times N + l \tag{2.7}$$

式中:$L$ 为线网长度,km;$J$ 为城市每年的轨道交通建设能力,km/年;$N$ 为规划期年限,年;$l$ 为既有轨道交通线路长度,km。

# 2.6　线网构架类型及规划方案形成

## 2.6.1　线网构架类型

一个城市一般有三条以上的轨道交通线路,这些线路相互组合,形成千姿百态的线网形态。城市轨道交通线网的线路越长、线路条数越多,所构成的线网形态就越复杂。

城市轨道交通线网构架(结构)主要取决于城市的地理形态(河流、山川等)、规划年城市用地布局、人口的分布与流向,同时主观决策因素也发挥着重要的作用。不同类型线网构架的共同的特点是:在城市的外围区,轨道交通线路呈放射状,密度较低,形成主要的交通轴;而在内城区,轨道交通线路密度较高,形成以三角形、四边形为基本单元的形态多样的网络结构。在这些网络结构中,较常见的是无环放射型线网、有环放射型线网和棋盘式线网。

#### 1. 无环放射型线网

无环放射型线网由若干穿过市中心的直线或从市中心发出的放射线构成,其原始形态如图 2.8 所示。

这种类型的线网可使整个区域至中心点的距离较短,因此线网中心点的可达性很好,市中心与市郊之间的联系非常方便,有利于市中心客流的集散,也方便市郊居民到市中心的工作、购物和娱乐出行,有助于保证市中心的活力。由于各条线路之间都相互交叉,任意两条线路之间均可实现直接换乘,因此线网连通性很好,线网任意两车站之间最多只需换乘两次。由于没有环线,市郊之间缺少直接的轨道交通联系,市郊之间的居民出行需要经过市中心的换乘站进行中转,绕行距离很长,或者需要通过地面交通方式来实现,交通联系很不方便,且这种不便程度会随着城市规模的扩大而增大。

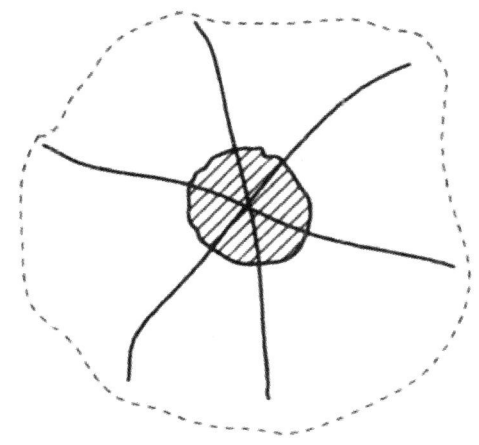

**图 2.8　无环放射型线网**

当三条及以上轨道交通线路在同一点交会时,其换乘站的设计、施工及运营都很困难,这种车站一般会在 4 层以上,旅客换乘不便,日常运营费用也高,同时庞大的客流也难以高效集散。因此,一般将市中心的一点交叉改为在市中心范围内的多点交叉,形成若干 X 形、三角形线路,这样既有利于换乘站的设计与施工,也有利于乘客的集散,还有利于扩大市中心的范围。

**2. 有环放射型线网**

有环放射型线网由穿越市中心的径向线及环绕市中心的环线共同构成,径向线的条数较多,走向多样,但都经过市中心。在一些轨道交通线网规模不是很大或建设期较短的城市中,环线一般只有一条;而在一些轨道交通线网规模较大、轨道交通发展比较成熟的城市,一般有两条或两条以上的环线。

有环放射型线网结构是在无环放射型线网结构的基础上加上环线形成的,是对无环放射型线网的改进,因而既具有无环放射型线网的优点,又克服了其周边方向交通联系不便的缺点,对城市居民的出行较为有利。当城市郊区发展成市区后,这种形式的线网便于扩展。莫斯科、巴黎等许多城市的轨道交通线网都采用了有环放射型线网。

**3. 棋盘式线网**

棋盘式线网是指主要由两组互相垂直的线路构成的网络,其特点是平行线路多、相互交叉次数少(图 2.9)。采用这种线网的城市有北京和墨西哥城等。

棋盘式线网适合市区呈片状发展、街道呈棋盘式布局的城市,其优点为:线网布线均匀,换乘节点能分散布置;线路顺直,工程易于实施。

该类型线网的不足是:线路走向比较单一,对角线方向的出行需要绕行,市中心与郊

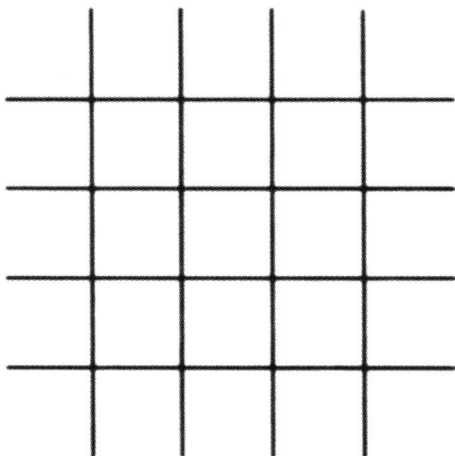

**图 2.9 棋盘式线网**

区之间的出行常需换乘;线网平行线路间联系不便,平行线路间的换乘比较麻烦,一般要换乘两次以上;当路网密度较小,平行线路之间间距较大时,平行线路间的换乘很费时,其客流换乘需要通过第三线来完成。

　　从对现代大城市车流和人流的分析可以看出,城市辐射方向(相对于市中心)的交通量最大。据此提出城市轨道交通线网的最佳形态,如图 2.10 所示。辐射路线若在市中心相交,为了避免市中心车站超载,各条辐射线的交叉点不应集中于一点,而应在若干个车站相交。在大城市里,当城市边缘地区人口稠密时,应采用环线。在选择轨道交通线网形态过程中要考虑线网交织的合理性,高效的轨道交通线网既要提供出行方向的多种选择,也需尽量降低出行者的换乘量。而任意一种线网形态是很难同时满足两方面要求的,大城市和特大城市功能结构复杂,轨道交通线网通常是由多种线网结构有机结合而成的。

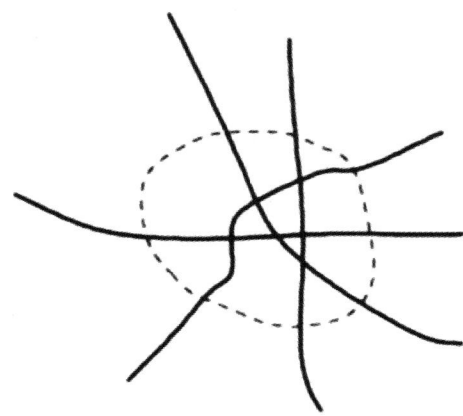

**图 2.10 城市轨道交通线网的最佳形态**

## 2.6.2　线网规划方案形成

### 1. 线网规划方案设计的原则

在确定城市轨道交通线网的合理规模后,需要确定线网构架方案。合理的线网构架是城市轨道交通线网可持续发展的前提。在设计轨道交通线网方案时,应充分考虑城市发展规划、规划区域的客流需求以及轨道交通运营特点,并遵循以下一般原则。

(1)线网规划要与城市发展规划紧密结合,并适当留有发展余地。

轨道交通线网规划是城市总体规划的重要组成部分。线网规划应与城市总体规划相配合,支持形成合理的城市结构,支持城市发展与城市结构调整战略目标的实现,并与城市的发展走廊相适应。应结合城市的地理结构、人文景观、城市人口规模、用地规模、经济规模和基础设施规模等来规划城市轨道交通线网。在制订轨道交通线网规划时,一定要根据城市规划发展方向并考虑向外延伸的可能性。而且线网规划要能够适应城市的未来发展,充分考虑土地利用和交通建设的相互影响,处理好满足需求和引导发展的关系。

(2)满足城市主干客流的交通需求。

建设轨道交通的根本目的是满足城市发展带来的现状与未来的交通需求,提高轨道交通分担率,调整城市结构与交通结构,解决交通拥挤、人们出行时间过长及乘车难等问题。因此,线网规划应重点研究城市土地利用形态、人口与产业分布特征、现在及未来路网客流分布特点,使城市轨道交通能够最大限度地承担交通需求大通道上的客流,提高轨道交通的分担率,这对提高快速轨道交通的社会效益、经济效益以及企业内部的财务效益也都是非常有益的。城市轨道交通能为居民提供优质的交通服务,尤其是对于中、远程乘客来说,轨道交通是能较好满足其出行需求的交通方式。

(3)规划线路要尽量沿城市干道布设。

城市干道尤其是主干道交通繁忙,是客流集中的地方,并且空间较宽阔,在工程实施时不但工程量较少,而且对居民的干扰也相对较小。在规划线路时要尽量沿城市干道布设,并且要以最便捷的线路连接大型交通枢纽(包括对外交通中心,如火车站、飞机场、码头和长途汽车站等)、商业中心、文化娱乐中心、大型居住小区等客流集散量大的场所,以减小线路的非直线系数和缩短居民的出行时间。

(4)线网中的线路布置要使线网密度适当、乘客换乘方便、换乘次数少。

居民出行最关心的是"时距"而不是"行距",尤其是对工作客流来说,他们考虑的主要问题不是出行距离的远近,而是一次出行要花多长时间。线网密度、换乘条件及换乘次数同出行时间关系极大,并且直接影响客流吸引力。根据国内外经验,两平行线间的距离在市区一般以 1400 m 左右为宜,同时要与街道布局相配合,除特殊情况外,两线间距最好不小于 800 m,且不大于 1600 m;在郊区,两线间距可适当增大。若乘客必须换乘,除在设计中创造方便的换乘条件外,最好实现一次换乘就能到达目的地,最多不要超过两次。当然,轨道交通是骨干交通,不可能覆盖全部的交通需求,最根本的还是要根据现状与未来的客流需求,在需要布设轨道交通线路的地方布设,切不可机械地依据线网密度来布设。

(5)城市常规公交网要与轨道交通线网衔接配合好,充分发挥各自的优势。

常规公交提供接近门到门的交通服务,若能与轨道交通合理衔接,既方便乘客,缩短出行时间,又便于轨道交通集散大量客流,充分发挥大运量的优势。同时,轨道交通线路端点处应尽量与市郊铁道相连接,不仅要考虑换乘方便,而且应考虑直通运行。在这方面,日本有非常成功的实践经验,如东京的地铁与市郊铁路制式相同,乘客不用换乘即可到达郊区的目的地。

(6)线网中各条规划线路上的客运负荷要尽量均匀。

要避免出现个别线路负荷过大或过小的现象,以提高运营效率和乘客乘坐舒适性。

(7)线网规划要与城市的性质、地貌和地形相联系。

在选择线路走向时,应考虑沿线地面建筑的情况,注意保护国家重点历史文物古迹和环境;应充分考虑地形、地貌和地质条件,尽量避开不良地质地段和重要的地下管线等构筑物,以利于工程实施和降低工程造价。

(8)环线的设置要因地制宜,不可生搬硬套。

环线的主要作用是减少不必要的到市中心换乘的客流,并使沿环线出行的乘客能直达目的地,提高可达性,因此环线能方便乘客换乘和减小市中心区客流压力。但一定要保证环线上日常有足够的客流量,因为环线客流负荷强度太小会影响运营效率和企业的经济效益。

**2. 线网构架方案设计的要素**

线网构架方案设计时,应考虑主要交通走廊、主要客流集散点和线网功能等级等要素。

(1)主要交通走廊。

主要交通走廊反映城市的主客流方向,可通过以下几种方法对其进行识别。

①经验判断法。

根据城市人口与岗位分布情况,设定影响范围,通过对线网覆盖率的判断来确定线路的走向。此法较为简单,只需将人口与岗位分摊到交通小区中并绘制出相应的人口与岗位分布图,在此图上根据经验判断画出线路走向。这种方法目前虽使用较多,但仅考虑了人口的分布情况,忽视了人员出行行为的不同。因此其结论可能与实际客流方向不完全吻合。

②出行期望径路图法。

通过规划年出行预测得到远期全人口、全方式 OD 矩阵;将远期 OD 矩阵按距离最短分配到远期道路网上得到出行期望径路图;按出行期望径路图上的交通流量选线,产生初始线网。

③两步聚类识别法。

先通过动态聚类,将所有的交通流量分成 20~30 个聚类中心,而后通过模糊聚类法,以不同的矩阵选择合适的分类,并进行聚类计算,最后可获得交通的主流向及流量,结合走廊布局原则及方法确定主要交通走廊。

④期望线网法。

这是法国 SYSTRA(赛思达)公司与上海市城市规划设计研究院合作进行上海城市轨道交通规划时采纳的方法。此法借助了上海交通设计有限公司(原名上海交通设计所)开发的交通预测模型,也可称为"蜘蛛网分配技术"。这里的期望线有别于城市交通规划中通常使用的期望线,更多地考虑了交通小区之间的路径选择,期望线网可以清晰地表达交通分区较细情况下理想的交通分布状况。它是连接各交通小区的虚拟空间网络,在该网络上采用全有全无分配法对公交 OD 矩阵进行分配,从而识别客流主流向,确定交通走廊。

(2)主要客流集散点。

主要客流集散点是在确定城市轨道交通线路骨架以后确定城市轨道交通线路具体走向的主要依据。客流集散点按照性质分为交通枢纽、商业服务中心、行政中心、文教设施、体育设施、旅游景点和中小型工业区等。

对轨道交通客流集散点的定量分析可以站在全方式 OD 矩阵的角度来进行,定性分析则主要是依照城市总体规划来分析主要客流集散点的分布特征,对定量分析结果进行补充。

(3)线网功能等级。

不同运量等级的客运走廊需要建设不同运量的城市轨道交通系统,而且对于城市不同地区,城市轨道交通在城市发展与支持社会经济活动中发挥的功能也不同。在轨道交通网络功能层次划分中正是根据这一特点确定轨道交通线路的服务水平与等级的。轨道交通线路按照功能层次可划分为市域快线、市区干线和市区辅助线。

**3. 线网构架方案设计的研究过程**

线网构架方案研究工作是从宏观分析逐层深入各专题定性、定量分析的探索过程,大致可分为以下几个阶段。

（1）第一阶段：方案构思。

根据线网规划范围与要求，分析城市结构形态与客流特征，进行"点""线""面"层次分析。通过现场勘探，广泛搜集资料，从宏观入手对线网方案进行初始研究，构思线网方案。这些方案除有各自的特点外，还有许多共性，成为线网构架方案研究的重要基础。

（2）第二阶段：归纳提炼。

对初始构思方案进行分类归纳后，又经内部筛选提炼，推出其中的部分方案，向各有关单位征求意见，并要求提出补充方案。经过以上筛选—方案补充—再筛选的提炼过程，形成基础方案。在这次筛选中，保留各种有较强个性的方案，合并共性方案，尽量全面听取各种思路和观点，形成代表不同政策倾向、不同线网构架特征和规模的方案。

（3）第三阶段：方案预选。

以基础方案为基础，以线网规划的技术政策和规划原则为指导，根据合理规模和基本构思要求，进一步选择几个典型的、不同线路走向和不同构架类型的方案，成为初步预选方案。

（4）第四阶段：预选方案分析与交通测试。

前几个阶段的方案深化以定性分析为主，从这一阶段开始需要通过定量分析对方案做进一步的论证，用交通模型进行测试，进入定性与定量分析相结合的系统分析阶段。

（5）第五阶段：调整补充预选方案，并选出候选方案。

预选方案各自存在优点和不足之处，需要进行优化完善。在此基础之上，还可以对方案进行补充。由于补充方案只是通过定性分析进行优化，其线网整体性能是否真正得到优化还是未知的，因此接下来要对补充方案进行同等条件下的交通测试，进一步通过定量分析论证，确认补充方案是优化方案，并推荐为候选方案。

（6）第六阶段：推荐最终方案。

在以上定性与定量分析基础上再采用线网方案评价系统，对预选方案进行分组评价、排序，推选出优化方案。

**4．线网构架方法**

线网构架受众多因素的影响，对这些因素进行归纳，并沿一定的思路将分析过程系统化，是保证线网构架科学合理的关键。关于线网构架方法，业内人士曾进行过大量探索工作，在规划实践中，构架研究是一项综合性很强的工作，许多影响因素很难量化。构架研究坚持定性分析与定量分析相结合、以定性分析为主的研究方法。所谓定性分析，主要是指对城市背景的深入分析、对方案工程问题的比较论证、对远景各种边界条件的合理判断等。所谓定量分析,主要是指利用先进的预测模型,对远景交通需求分布进行预测。因此,这种规划方法也被形象地描述为"规划师和模型师的有效结合"。其理论基础主要采自城市规划学和交通工程学中的相关理论。它既可避免主观臆断,又可避免过于依赖模型而失去对模糊边界条件的合理把握,比较符合我国的实际情况。

线网构架的基本思路:初始方案集生成—客流测试—方案评价—推荐线网方案的形成。目前国内形成了两种较典型的线网构架方法:一种是由北京城建设计研究总院(现北京城建设计发展集团股份有限公司)提出的"面点线要素层次分析法"(具体见上文2.3.1);另一种是中国城市规划设计研究院提出的"以规划目标、原则、功能层次划分为前导,以枢纽为纲、线路为目进行编织"的方法。

"以规划目标、原则、功能层次划分为前导,以枢纽为纲、线路为目进行编织"的方法也是定性分析与定量分析相结合的方式,由中国城市规划设计研究院在北京市城市轨道交通线网优化调整中加以应用,注重城市轨道交通对城市发展和土地开发的作用,以交通枢纽为节点,以现有和潜在的客运走廊为骨干,综合考虑城市轨道交通线网的功能层次划分,最终建立以枢纽为核心,功能层次分明的城市轨道交通网络。这种方法突出了枢纽类客运集散点的地位和作用,采用以枢纽为核心、"两两换乘"的设计方法实现线路之间的一次换乘,提高城市轨道交通线网的整体运输效率。通过在线网规划中采取换乘枢纽整体布局,实现城市轨道交通线网与城市其他交通系统的有效衔接,并将线网构建层次划分为外围层次和市区层次,由市域快线、市区干线、市区辅助线共同构筑网络状的城市快速轨道交通系统结构。

# 2.7　线网方案评价和可实施性

## 2.7.1　方案评价的准则

方案评价是城市轨道交通线网规划的关键环节,作为辅助决策的一种必备手段,其为决策过程的各种参与者(如规划师、决策者以及公众)进行决策提供现实依据和度量准绳。在最终的评优决策中,应对方案进行全面而系统的定性、定量分析,以确定轨道交通线网在规划布局上与城市布局、城市发展的适应情况,以及在等级、容量上与交通量的适应情况,从而选择出技术上先进、经济上合理、实施上可行的最优或最满意的方案。为了全面客观评价轨道交通线网规划方案,评价应遵循以下准则。

### 1. 方案整体的合理性

城市轨道交通线网规划方案必须在适当的原则下为规划区域范围和规划年限内的

出行需求提供充分的设施和服务,满足出行的高效性、安全性、方便性和可靠性要求。合理的轨道交通线网规划方案应具有良好的覆盖性和合理的线网结构,保证一定的客流量和运输效率,并在此基础上与其他交通系统有较好的协调及衔接。

**2. 与城市发展的协调性**

城市轨道交通线网规划应符合城市总体规划,符合城市用地发展方向,并与城市交通规划战略相吻合。通过轨道交通线网规划方案的实施,保证区域和城市总体规划所确定的社会经济发展、土地开发利用、环境保护、文化遗产保护等方面的目标顺利实现。

**3. 实施效果与可行性**

轨道交通线网规划方案的实施效果,既要在方案实施之前进行充分评估(叫作"事前考察"),也要在方案实施之后进行检验反馈(叫作"事后考察")。考察的内容通常包括线网规划方案实施后的服务效果、实施条件、经济效益、社会效益、环境效益等。

线网服务效果分为运营效果与运营效率。好的线网应承担较大的客运量和具有较好的服务水平,并具有较高的运营效率。线网的实施条件包括两个方面:轨道交通线路实施的工程难度较低;形成的近期线网结构及运营条件较好。线网实施的经济效益、社会效益、环境效益也是线网评价的重要方面,其中社会效益主要反映在轨道交通线网的修建给居民带来出行时间的节省、出行质量的提高以及对城市道路交通的改善等方面。值得注意的是,城市轨道交通是城市大型公益性基础设施,其建设不仅仅涉及技术分析过程,而且涉及各级决策过程,具有经济风险。

## 2.7.2 方案评价的工作流程

轨道交通系统属于涉及多层次、多因素、多目标的复杂系统,对这样一个复杂系统,仅考虑某一两个方面或靠人力分析是不够的,也是不充分的,应该运用科学的方法,从技术、经济、社会等多方面综合考虑该系统及其与周围环境的相互作用,从而对轨道交通线网规划的备选方案进行全面系统的定性分析和定量分析,衡量不同方案的相对价值,为轨道交通线网规划方案的选择提供科学的判别依据。

对轨道交通线网规划方案进行综合评价就是在各部分、各阶段、各层次子系统评价的基础上,谋求规划系统整体功能的"最优"调节。同时,在系统整体优化过程中,不断向决策者提供各种关联信息。综合评价是一项十分复杂而细致的工作,其工作流程如图2.11 所示。

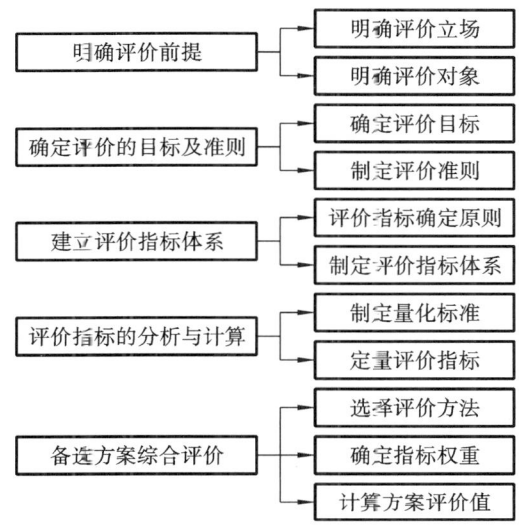

**图 2.11　综合评价工作流程**

### 1. 明确评价前提

首先须明确评价的立场,即要明确评价主体是规划者、出行者、运营者还是工程实施者,抑或是多者兼而有之,这关于评价目标与准则的确定、评价指标的选择都有直接的影响。轨道交通线网规划是为政府决策部门制定政策服务的,因此,评价必须以人民生活水平的提高、社会经济的发展、环境质量的改善以及资源的高效利用作为根本出发点。此外,还要明确评价的对象,即确定评价涉及的备选方案,其数量如何,每个备选方案具有什么样的特点与形成的背景。

### 2. 确定评价的目标及准则

一方面,要确定评价目标,这是评价的依据。综合评价从广义上说是对人类实践活动进行选择和优化的过程,它研究人们的实践活动与其宗旨和目标的接近程度及其所需付出代价的大小,进而指导人们优选、优化合适的行为决策。评价目标是分层次的,可分为总目标和具体目标。轨道交通线网规划方案综合评价的总目标应是整体评价备选方案并选择最佳方案,具体目标要根据方案的性质、范围、类型、条件等确定。

另一方面,要根据评价的目标确定评价的准则,也就是以什么样的标准去评价各个备选方案。评价准则可以说是评价目标的具体化,建立适宜的评价准则是实现评价目标的关键。同时,每一评价准则对应着一系列评价指标,确定评价准则也有助于指标层的明确分类。

### 3. 建立评价指标体系

建立合理的、科学的评价指标体系是评价分析研究的主要任务之一。综合评价指标体系通常具有多层次结构。评价指标确定之后，就要建立评价指标体系。

（1）评价指标确定原则。

评价指标的选取应遵循以下基本原则。

①科学性原则。

确立的评价指标必须科学地、合理地、客观地反映轨道交通系统的技术性能、经济效益和社会环境影响。指标选取既要全面化又要精炼化，指标数量既要能够反映评价方案，又要能保证计算简洁实用。在避免遗漏重要的敏感性指标的同时，还要注重不可过多地选择无关紧要的次要指标，否则会使整个指标体系过于复杂。

②可行性原则。

可行性主要体现在可比性和可测性两个方面。评价不是监测，监测只需对某一个体进行客观的描述，不涉及价值体系。而评价必须以价值为依据来考察不同个体之间、个体与标准之间的相对优劣。因此，评价必须在平等的、可比的价值体系下才能进行，否则就无法判断不同轨道交通线网规划方案的相对优劣。同时可比性必然要求可测性，应力争使指标定量化。对于定性指标，要能够界定评分标准；对于定量指标，要能够确定指标值。

③非重叠性原则。

指标体系要层次分明、结构清晰，指标之间要尽量独立，避免互相关联，造成冗余，对不可避免的重叠可从关联影响矩阵入手对权重进行修正。

（2）制定评价指标体系。

评价指标体系的制定一般采用专家咨询法（德尔菲法）。在初步建立城市轨道交通线网规划方案评价指标体系的基础上，设计出专家调查资料（包括指标体系说明、评分表、意见调查及意见反馈），以信函的方式向专家咨询。在分析专家反馈意见的基础上，吸取专家有益的建议并考虑操作的可行性，调整相关指标。若获得了满意结果，可不进行下一轮咨询。

### 4. 评价指标的分析与计算

对于每一个指标，首先必须确定相应的量化标准，即用什么样的变量来代表该指标并规定该指标的计算方法。每项评价指标都应有详细的量化标准，并对量化标准作恰当的说明。在确定评价指标的量化值时，对于可用货币、时间、材料等衡量的指标，可直接进行定量的分析计算，针对其对社会、自然环境等的影响进行评价；有些指标则只能先做定性分析,然后视具体指标的特点采用模糊定量或等级定量等方法,确定指标的量化值。

对于定量指标,不同评价指标往往具有不同的量纲和量纲单位,这样的情况会影响数据分析的结果。为了消除指标之间量纲不同的影响,需要进行数据的标准化处理,以解决数据指标之间的可比性问题。原始数据经过标准化处理后,各指标处于同一数量级,适合进行综合对比评价。

定量指标的类型一般包括:成本型(越小越好型)、效益型(越大越好型)、适中型(既不能太小又不能太大)、区间型(属性值在某一固定区间内为好型)。

**5. 备选方案综合评价**

首先,须确定综合评价方法,即根据各指标间的相互关系及其对总目标的贡献确定各项指标的合并计算方法。下层指标值要想复合成上层指标值需借助一定的合并规则,常用的有加法规则、乘法规则、指数运算规则、取大规则、取小规则、代换规则、定量规则等。各种规则还可和"权"配合使用。另外,也可以以上述规则为基础进行某种组合和修正,选取合并规则时应考虑指标的含义和相应的合并目的。

其次,根据各指标的重要性确定合并计算中相应的权重系数值。权重是评价指标与评价目标、评价系统之间的相对重要程度或者评价指标之间的相对重要程度。权重的确定对方案比较评价的意义重大,需要仔细分析,慎重进行。权重确定的方法大致可分为主观赋权法、客观赋权法和主客观赋权法。主观赋权法采取定性的方法,由专家根据经验进行主观判断而得到权重,然后对指标进行综合评估,可以充分利用专家的知识和经验合理地确定各属性权重的排序,不至于出现属性权重与属性实际重要程度相悖的情况,但评价结果具有较强的主观随意性。客观赋权法主要根据原始数据之间的关系来确定权重,权重客观性强,具有较强的数学理论依据,但这种赋权法没有考虑决策者的主观意向,确定的权重可能与人们的主观意愿或者实际情况不一致。主客观赋权法是将主观赋权法和客观赋权法结合起来使用,从而充分发挥各自的优势。

最后,按选定的合并方法计算方案的评价值。根据指标值和相应的权重计算上一层指标值,如果评价指标体系有多个层次,则逐层向上计算,直至得到第一层指标的值为止(该值即为方案的综合评价值)。根据方案的综合评价值对各备选方案进行排序,进而开展分析和决策。

## 2.7.3　线网规划方案的可实施性制约因素

线网规划方案可实施性的制约因素主要有以下几点。

### 1. 轨道交通用地规划

一般城市可利用的土地资源很少,而轨道交通线路、车站及附属设施(出入口和风亭)、车辆段、变电所、控制中心等都需要占用城市土地资源,尤其是车辆段、控制中心占用的土地面积很大,在城市找到一块合适的车辆段和控制中心用地较难。另外,线网站位方案会影响轨道交通用地控制性规划,因此要深入研究站位方案,超前规划轨道交通工程建设用地,以保证轨道交通工程的可实施性。

### 2. 建(构)筑物

在城市轨道交通线路设计过程中,高层建筑物、铁路站场、飞机场、地下场所、桥涵等建(构)筑物是轨道交通工程可实施性的重要控制点。如果不在前期工作中研究落实,后期工程实施将增加房屋拆迁量、提高工程造价,甚至改变线路走向。

### 3. 城市规划资料

城市规划也会影响到轨道交通工程的可实施性,比如规划的道路会影响到高架线的横跨布置,规划的立交桥会影响线路的穿越;线路在路侧高架布设时会占用规划用地。因此轨道交通线网规划单位应积极与城市的规划部门协调,收集好基础资料,以保证工程的可实施性。

### 4. 地下管线

规划的轨道交通走廊内一般都有密如蜘蛛网的城市地下管线,管线的改迁难易程度会影响到线路的敷设、车站的设置等。城市地下管线一般按各行业归口管理,部分管线档案可能存在信息不全、不准确、归档不及时等问题。因此在前期研究中,应加大对管线资料的收集力度,弄清楚地下管网的分布形态。

### 5. 水文地质

在水文地质复杂的区域设置轨道交通线路会在施工阶段面临巨大的安全风险,从而影响轨道交通工程的可实施性。因此勘察设计单位应探明轨道交通工程沿线的水文地质条件,调查好周边环境情况,确保设计质量。

### 6. 环境影响

环境因素会影响线路的敷设方式、线位走向。如昆明轨道交通线网中的 2 号线北京路延长线敷设方式就依据环境评价结果从最初的高架方案改为地下方案。城市轨道交通线网规划、建设规划的环境影响评价都需经过审批,在每条轨道交通线路的可行性研究阶段也需进行环境影响评价,可见环境影响也会制约线网规划的可实施性。

# 2.8　城市轨道交通和其他交通的衔接规划

## 2.8.1　衔接规划的意义

轨道交通在服务水平、服务范围、建设投资、交通可达性等方面与地面公共交通存在区别，不能替代地面常规公共交通。轨道交通客运功能的实现有赖于与其他交通系统的有效配合。其与地面各类客运交通方式衔接的合理性，对整个城市交通网络的正常运转和营运起着决定性作用。因此，在线网规划完成后，应及早开展轨道交通与其他交通方式的衔接规划。此项规划工作非常复杂，可以以专项规划的形式进行研究。

交通衔接规划的意义具体表现在以下几个方面。

（1）促进地面交通和轨道交通的合理衔接，处理好城市客运系统不同层面、不同功能、不同服务水平的交通模式之间的关系，使客运系统中线与面有机结合、相互补充、共同发展，打造统一的城市客运体系。

（2）地面公交与轨道交通的良好衔接，可以在充分发挥各客运子系统作用的基础上，加强子系统之间的相互渗透和互补，减少不必要的竞争，从而提高整个城市客运网络的运行效益，提高公共交通在客运市场中的占比，确立公共交通在城市交通中的主导地位。

（3）地面交通与轨道交通的良好衔接，可以缩短人们的出行时间，提高舒适度，进而提高公共交通系统的服务水平和吸引力，从而促进城市公共交通的快速发展，优化城市居民的出行结构。

（4）促进城市公共交通系统规划的完善，尤其是协助明确线路和枢纽的分布与定点，拟定建设规模和计划，以及与之相配套的道路、站场设施用地规划。

## 2.8.2　交通一体化与公交优先

随着交通一体化趋势日益明显，公交优先也越来越受到各大城市，尤其是北京、上海、广州、深圳等特大城市的重视，并且成为许多城市交通发展的基本政策。交通一体化和公交优先对轨道交通与其他交通方式的有效、合理衔接提出了更高要求和有利的政策环境。

### 1. 交通一体化

交通一体化的主要表现是交通体系内部的充分整合，以及各个交通系统效益的最大化。交通一体化包括三个方面的含义：交通设施的平衡、协调运行和高效管理。而轨道交通车站作为重要的交通枢纽则是交通设施平衡的关键,同时也为协调运行和高效管理提供了基础设施条件。

（1）交通设施的平衡。

轨道交通与其他交通方式合理衔接是交通设施平衡的关键因素之一。交通设施包括道路、轨道、枢纽、停车设施和管理设施等。交通设施的发展和变化,是城市交通发展的直接反映,而交通设施建设重点的转移,也标志着城市交通的不断完善。道路是城市交通的基础设施,经过漫长的发展,很多城市都已经形成了相对完善的道路交通网络。随着城市经济发展和交通需求的变化,很多城市交通建设的重点已经开始逐步转移到轨道交通上来。随着城市交通逐渐发展至多交通方式组合的阶段,需要一个多种设施平衡发展的综合交通体系来确保交通的畅达。面对这种多元化交通发展的趋势,城市轨道交通车站,特别是枢纽型的轨道交通换乘车站的平衡、整合作用必须得到足够的重视。要实现交通设施的整合和平衡,就要依赖完善的、高效的交通衔接和换乘系统,只有通过交通衔接系统实现同种交通方式内部、不同交通方式、私人小汽车交通和公共交通、市内交通与对外交通的有效衔接,发挥交通体系的整体效益,才能真正实现交通设施的整合和平衡。

交通枢纽是交通衔接系统的核心,城市轨道交通换乘车站作为一种重要的交通枢纽也要充分发挥衔接核心作用。在各种方式紧密组合形成的出行方式链中,换乘是实现各种交通方式有效转换的关键环节,也是必不可少的组成部分,交通枢纽是实现此类换乘的有效设施。城市轨道交通车站是通过整合各种客运站点而设置的枢纽设施,可为出行者提供方便的换乘条件,保证居民通过中转换乘实现顺利、快捷出行;通过"停车＋换乘"设施实现城市轨道交通与私人小汽车交通的有效转换,为优化出行结构、缓解中心区交通压力创造条件;通过沟通飞机场、港口、火车站和汽车客运站等,将对外交通设施与市内交通设施紧密相连,完成城市外部交通和内部交通的转换。

（2）协调运行。

协调的交通运行就是实现不同交通方式之间的便捷换乘。便捷的换乘要求减少空间距离、缩短换乘时间以及节省换乘费用。

（3）高效管理。

智能化的管理手段是实现高效管理的重要措施。城市轨道交通车站,尤其是换乘车站,是智能化、信息化的载体,为实现网络化的高效管理提供了设施基础。

**2. 公交优先**

公交优先的根本目的是建立以公共交通为主体,多种交通方式协调运行、紧密衔接的综合客运体系。与此相对应的,公交优先政策的内涵就是要实施一切有利于公共交通优先、健康和快速发展的政策和措施,并且全面推行有利于公共交通发展的技术和手段。

（1）公交优先的重要内容。

轨道交通与其他交通方式合理衔接是实现公交优先的重要内容,公交优先要求多种交通方式协调运行。确立公共交通的主体地位不等同于确立公共交通的唯一性。公共交通是城市综合交通体系的一个重要组成部分,与其他交通方式相比,其优势在于运输效率高,能够最大限度满足社会公众的交通需求。但是,所有交通方式都有各自的优势,并在其适应的范围内发挥着主导作用。例如,在 3 km 左右的短距离出行中,公共交通竞争力较弱;又如,在私密性要求很高的家庭出游活动中,小汽车出行成为首选。总之,要做到优势互补,充分发挥各种交通方式的优势,做好多种交通方式的衔接、换乘。其中,轨道交通与常规公交车、小汽车、自行车的合理换乘和衔接是非常重要的内容。

城市中心区的轨道交通与其他交通方式的合理衔接尤为重要。公交优先的程度随时间、空间的变化而变化,即便是在同一座城市中,不同的区域或不同的交通时段,公交优先的程度都会发生变化。在城市交通最拥挤的中心区域和高峰时段公交优先程度最高。在城市中由里而外,公共交通的比重逐步下降,大量道路的公交优先措施往往仅在高峰时段实行。而在公共活动频繁的场所,步行可能要优先于机动车出行,于是会出现禁止车辆通行的商业步行街。许多轨道交通车站都立于城市中心区,因此,其与其他交通方式良好衔接显得更加重要。

（2）公交优先的最优原则。

①轨道交通与其他交通方式合理衔接是公交优先最优原则的重要体现。

不仅城市的经济、社会、文化活动离不开人员的流动,而且城市的发展和扩大也有赖于人员的流动。因此,城市交通的本质是实现人的快速移动,而不是车辆的通行,评价城市交通体系的优劣,主要是看公众的交通利益是否得到保障。个体交通具有灵活、随意和方便的优点,但是个体性强的特点却决定了其只能满足少数人的出行需求,而公共交通是最接近广大市民需求的一种交通方式,其"公共"的特性又决定了其将为大多数人服务,因此,公共交通成为城市交通优先发展的对象。轨道交通是解决城市交通问题的重要途径,是服务于城市广大居民通勤出行的重要交通方式。与其他交通方式的合理衔接,吸引大众乘坐轨道交通,体现了公众利益最优原则。

②公交优先是效益最优原则的体现之一。

效益分为直接效益和间接效益,对于交通来说,直接效益指出行时间节约、车辆运行效率提高、成本降低和交通事故减少等;间接效益是指投资环境改善、生活质量提高、经济运转速度加快等。效益最大化就是间接效益与直接效益统一,合理衔接在客观上节省了出行时间,发挥了各种交通方式的优势,体现了效益最优原则。

③公交优先是环境效益最优原则的体现之一。

交通环境本身是城市环境的组成部分,因此,必须创造一个与城市形象相适应的交通环境,其应具有清洁、安全、有序和畅通等特征。交通对城市环境有着直接和间接影响,主要表现在噪声、振动、污染物排放、视觉压抑等方面。因此,不仅要减少交通发展对环境的负面影响,而且还要让交通发展为提高城市环境质量作出贡献。轨道交通与其他交通方式合理衔接在节约时间的同时,还改善了换乘环境。

交通一体化和公交优先政策在客观上为轨道交通与其他交通方式之间的合理衔接提供了宏观的政策指导。在这种宏观的政策指导下,针对衔接设施的规划、建设、运营及管理等各方面又有一些具体的措施和政策。

## 2.8.3 轨道交通和其他交通方式衔接的原则

依据建设项目的目标和主要工作内容,在分析城市发展的基础上,确定轨道交通与其他交通方式衔接的主要原则如下。

### 1. 整体分析和局部分析相结合原则

地面交通与轨道交通的衔接是一项复杂的整体性工作,其目的在于对城市客运系统的两大子系统——封闭客运子系统和开放客运子系统进行科学的研究,对这两个子系统之间的联系和各自的功能进行合理的定位和优化平衡,提高整个客运系统的功能和效率。因此,整体分析、统筹兼顾是该研究工作的主要特点,同时也是必须遵守的基本原则。另外,对某些特殊的衔接点,还应该从完善区域运输网和改进网络连通状况出发,根据具体条件进行局部分析,确定衔接点在网络中的功能定位和规划方案。

### 2. 衔接点布局与城市土地利用规划紧密结合原则

城市土地利用规划既是城市轨道网规划、城市公交站点规划的基础,也是规划工作服务的对象。地面交通与轨道交通的衔接点布局与城市土地利用规划是相互促进、相互约束的关系,二者密不可分。良好的衔接点布局能够促进城市空间发展和地区中心的形成,并为其提供高效的公共交通运输网络,提高土地利用价值。

### 3. 轨道交通车站的布置与区域综合交通环境相结合原则

城市铁路客运站、公路长途客运站及区域公共交通枢纽汇集了多种交通方式,具有客流集中、换乘量大、流动性强、辐射面广等特点,容易形成综合交通枢纽。轨道交通与常规公交应成为综合交通枢纽的主要运输方式。一般综合交通枢纽均由多条轨道交通线路或地面公共交通线路及相应交通设施组成,需要在换乘区域内设置公交枢纽站,提供足够的站场用地和先进的设施,合理组织人流和车流,以实现各类空间的有效衔接。

**4．轨道交通尽端站设置换乘中心的原则**

一般在城市发展区边缘出入口地带的轨道交通尽端站附近,结合公路干线网络和城市轨道交通线路设置区域换乘中心。结合公路客运出行分布方向,引导地面公交和其他机动客运交通方式与轨道交通进行换乘,以实现区域与城市交通二级接驳,发挥各系统的功能。换乘中心应提供公交总站场地和设施,根据客流规模和方向,确定公交场站用地和线网布局以及组织形式。换乘中心的设计应满足功能分区合理、转换空间紧凑、行人系统安全、客流换乘方便、交通组织流畅等要求。

**5．分区域的交通设施布局原则**

轨道交通的直接吸引范围主要是指在合理的出行时间内步行能够到达轨道交通车站的范围,一般为 500 m;间接吸引范围是指利用其他交通工具在合理时间内到达轨道交通车站的范围,一般为 500～1500 m。在城市中心区,因为线路网密度较大,车站的空间距离比较小,所以轨道交通出行吸引方式主要是直接吸引。城市外围区轨道交通线路密度较小,轨道交通的吸引范围逐渐增大,通过其他交通方式来换乘轨道交通的客流量逐渐增加。

**6．近期建设和远期规划相结合原则**

随着轨道交通建设逐渐成熟,轨道交通线网的密度逐渐增大,车站空间距离逐渐减小,车站的吸引范围随着新建线路的增加而逐渐变小。

随着社会的进步和经济的发展,机动车数量逐渐增加,但因为道路的承载能力有限,出行结构会逐渐产生变化。中心区用地的变化和外围区建筑容积的加大,会在近期和远期对交通出行产生一定影响,城市的出行结构会产生较大变化。因此,交通衔接设施应该能够适应近、远期不同交通需求的规模。

**7．区分组团内外的公交与轨道交通车站配属设计原则**

轨道交通主要服务于由城市组团、对外交通站场和大的交通吸引源组成的密集的交通走廊,形成带状交通区域。而常规公交是一个开放性的系统,更多地考虑网络覆盖范围,两者只是一个体系中两个不同的层次。公交线网的设计应区分组团内部与对外联系二者不同的服务对象,在组团内应提供较高服务水平的公交系统,而对外联系则可提供多种运输模式的良好衔接,充分考虑乘客的空间转换需要。

**8．公共交通优先原则**

为建设一个安全、方便、经济的公共交通运输系统,需要不断提高公共交通的服务水平,使其在使用道路和交通设施上享有一定的专有权利。对于地面常规公交而言,是公交专用道、公交优先信号等;对于轨道交通而言,就需要在交通衔接设施上提供充分的用地,采取与土地利用价值相协调的交通政策。

### 2.8.4 轨道交通站点的交通衔接设施规划

#### 1. 轨道交通站点的交通功能分级

综合分析轨道交通各站点的区位、周边用地功能、道路交通功能、站点在线网中的节点定位以及可能承担的交通量,可以将轨道交通站点的交通功能划分为综合枢纽站、枢纽站和一般换乘站三级。

(1)综合枢纽站。

综合枢纽站是指位于城市对外交通节点,能吸引多种交通方式汇集的客运中心地段的站点。它不仅可与地面常规公交衔接,还可与长途客运、铁路客运甚至水上运输等多种对外交通方式换乘,具有客流集中、换乘量大、辐射面广等特点。

(2)枢纽站。

枢纽站是指轨道交通首末站或位于地区中心及换乘客流量大的换乘站,交通衔接方式相对复杂,辐射面较广,需要提供相应规模的衔接设施。

(3)一般换乘站。

一般换乘站是指轨道交通的一般中间站,主要包括步行和常规公交中途站的换乘点,换乘方式比较单一,如有条件也可设置相应的衔接设施。

#### 2. 轨道交通站点的交通衔接设施规划标准

根据轨道交通站点的功能分级,结合其周边用地条件,不同功能分级的站点可以配建不同的衔接设施。各类轨道交通站点的衔接设施配置见表2.1。

**表 2.1 各类轨道交通站点的衔接设施配置**

| 站点功能分级 | 交通衔接设施 | | | | |
|---|---|---|---|---|---|
| | 港湾式停靠站 | 公交首末站 | 出租车上落点 | 公共停车场 | 自行车存放场 |
| 综合枢纽站 | ○ | ● | ● | ○ | ○ |
| 枢纽站 | ○ | ● | ○ | ○ | ○ |
| 一般枢纽站 | ● | ○ | ○ | ○ | ○ |

注:●—必须设置;○—选择性设置。

(1)港湾式停靠站。

港湾式停靠站是公交停靠站的一种形式,是基本的交通衔接设施,一般换乘站及以上级别的站点必设或可设港湾式停靠站。其规模和设置标准应满足国家和地方性法规、技术标准和相关规划要求。

（2）公交首末站。

公交首末站分布应在现状首末站分布的基础上，结合对轨道交通各站点功能定位的考虑，并满足国家和地方性法规、技术标准的要求，与相关城市交通规划相适应。

（3）出租车上落点。

出租车上落点一般不单独设置，而是要与公交站点和公共停车场结合设置。这里的出租车上落点包括出租车营业站、停靠站以及路内上下客点等，其设置应满足国家和地方有关规范及技术标准的要求。

（4）公共停车场。

公共停车场是与轨道交通衔接的重要设施，其分布应根据轨道交通站点的功能定位分析进行规划，并与其他城市交通规划相协调。

（5）自行车存放场。

自行车存放场是基本的交通衔接设施，在城市边缘地区、市区生活性道路以及自行车出行比例较大的其他城市地区附近的轨道交通站点，应设置自行车存放场。其规模和位置应结合站点周边地区的情况考虑，为自行车换乘轨道交通提供停放方便。

## 2.8.5　轨道交通与其他交通方式的衔接措施

### 1. 整合和优化公共交通系统资源，发挥公共交通系统的整体效能

轨道交通的特点是快捷、舒适、运量大，可实现站点间的直通客运；而常规公交的客运特点是方便、灵活，可将乘客送往城市的各个角落。应结合轨道交通和常规公交的客运特点，从公共交通站点和公共交通线网两个方面进行衔接。

（1）建设轨道交通与公交紧密衔接的换乘枢纽，实现立体化、"零换乘"。一方面，尽可能为客流量大的轨道综合枢纽站提供衔接公交的站场用地，设置换乘枢纽，实现立体化衔接和"零换乘"。例如，南宁市轨道交通 1 号线的西乡塘客运站，通过设置换乘枢纽，不但能够辐射相思湖新区石埠等西部区域，还可通过往西部方向的对外通道辐射金陵等地。另一方面，应根据轨道交通站点周边公交停靠站的分布，合理调整停靠站与站点出入口的距离，方便客流换乘。

（2）调整轨道交通沿线的公交线路，形成相互支撑、优势互补的公共交通网络，逐步提高公交出行比例。交通规划中应从线、面两个方面优化重组公共交通系统资源，实现常规公交与轨道交通之间的优势互补。公交线网优化不仅要减少与单独一条轨道线路重叠的公交线路，还应通过研究减少与十字相交轨道网重叠的公交线路。在城市新建区客流较大的边缘地区以及新建道路增加公交线路，密切轨道交通站点与主要客流吸引源

的客运联系。

（3）以车站为核心，组织短途接驳巴士，加强大型公建、主要居住区、大型农村聚居点等地客流的聚集，延伸网络的辐射力。

**2. 减少驶入城市中心区的外围车流，设置停车和换乘系统**

为了减少驶入城市中心区的外围车流，缓解市区道路的交通压力，规划应结合道路网的特点，在城市边缘地区的轨道交通枢纽站设置公共停车场，或在站点周边物业开发时设置地下停车库，形成停车和换乘系统。

**3. 设置自行车存放场，为自行车换乘提供方便**

自行车交通的衔接侧重在城市边缘区和市区生活性道路附近的轨道交通站点设置自行车存放场。自行车存放场应设置在明显的可视范围内，并设有直通车站的专用自行车道，为自行车换乘轨道交通提供停放方便。另外，与轨道交通线相连接的城市生活性道路，在道路断面形式的改善和设计中应考虑增加自行车专用道的可能性。

**4. 通过设置行人立体过街设施，为行人乘坐轨道交通提供方便**

（1）设置轨道交通站点通往公交站场、公共停车站的直行通道，缩短乘客换乘距离。例如，在南宁轨道交通 1 号线、2 号线换乘的朝阳广场站设置通往公交站场和公共停车场的地下通道。

（2）设置行人立体过街设施，引导行人充分利用轨道交通车站过街，实现人车分流。

# 2.9 深圳轨道交通线网规划

## 2.9.1 项目简介

深圳作为全国改革开放的前沿城市，经过多年的发展，从一个小渔村迅速成长为拥有千万人口的特大城市。2006 年深圳国内生产总值为 5813.56 亿元，经济总量居全国大中城市第四位。进入 21 世纪，深圳市城市发展率先面临"四个难以为继"（涉及人口、土地、资源和环境），交通问题也日益显著。为适应珠三角城市群的发展趋势，推动城市布局结构的调整，协调土地利用与交通发展，促进特区内外的一体化进程，2005 年深圳市第一次将轨道交通线网规划作为专项规划，与城市总体规划同步开展研究。其目的在于，通过轨道交通规划与城市总体规划的互动，一方面体现和落实城市总体规划的意图和发展思路，同时引入 TOD（transit oriented development，公交导向型发展）理念，充分发挥轨道交通对城市发展的引导作用，提出具有较强前瞻性和引导性的轨道交通发展目标、发展策略和规划方案,反馈到同步编制的城市总体规划中,实现轨道交通与城市协调一体化发展。该版规划首次将国家铁路、城际铁路纳入轨道交通体系统一考虑,提出了包括国家铁路、珠三角城际线、城市组团快线、城市干线、局域线的轨道交通功能等级体系,提出的线网规划方案奠定了深圳市轨道交通建设的骨架网络,下面以深圳市轨道交通线网规划(2007 版)为例介绍轨道交通线网规划编制。

**1. 线网规划年限**

此处介绍的深圳市轨道交通线网规划(2007 版)(以下简称"本规划")的基础年(现状)为 2005 年,近期规划年限为 2020 年,与《深圳市城市总体规划(2010—2020)》相对应;远期规划年限为 2030 年,与《深圳 2030 城市发展策略》相对应。

**2. 轨道交通规划理念**

本次轨道交通规划遵循的理念如下。

(1)跳出深圳看深圳:轨道交通规划不应局限于深圳市内,还应充分考虑都市圈和城市群的发展需求,以轨道交通建设保障并促进深圳在珠三角区域内中心城市功能地位的形成。

(2)跳出交通看交通:轨道交通规划不应局限于交通系统,还应充分发挥轨道交通与城市发展的互动作用,促进合理的大都市及城市空间结构的形成。

(3)跳出轨道看轨道:轨道交通规划不应局限于轨道交通自身,还应与其他交通方式协调发展,建立以轨道交通为主体、与其他交通方式相协调的一体化客运交通体系。

## 2.9.2　客流需求预测

**1. 人口预测及交通大区划分**

(1)人口预测。

2005 年底深圳常住人口达 828 万,实际管理服务人口已高达 1200 万左右。根据《深圳 2030 城市发展策略》,考虑随着城市的发展和经济的转型,未来城市人口结构将产生变化,常住人口比例将增加,因此,在本规划中,提出远期约 1300 万常住人口、10% 流动人口的总规模。远期人口分布以现状人口分布为基础,结合组团规划,采用总量控制法推导。不同预测年度的居住人口分布见表 2.2。

表 2.2　2005 年及远期各行政区人口分布　　　　　　(单位:万人)

| 分区 | 2005 年 | 近期 | 远期 |
|---|---|---|---|
| 罗湖区 | 86 | 92 | 101 |
| 福田区 | 117 | 116 | 126 |

续表

| 分区 | 2005 年 | 近期 | 远期 |
|---|---|---|---|
| 南山区 | 92 | 148 | 156 |
| 盐田区 | 21 | 29 | 30 |
| 宝安区 | 332 | 450 | 494 |
| 龙岗区 | 180 | 364 | 400 |
| 总计 | 828 | 1199 | 1307 |

（2）各交通大区人口及就业岗位分布。

为方便分析，将各行政区划分为交通大区，见表 2.3。

表 2.3　远期各交通大区的范围

| 交通大区 | 范围 |
|---|---|
| 1 区 | 罗湖、福田 |
| 2 区 | 南山、宝安中心组团 |
| 3 区 | 中部综合组团、布吉 |
| 4 区 | 西部工业组团、西部高新组团 |
| 5 区 | 龙岗中心组团、东部工业组团、横岗、平湖 |
| 6 区 | 东部生态组团、盐田 |

根据相关调研数据，从人口及就业岗位数量看，除 6 区（东部生态组团、盐田）因可建设用地较少而人口、就业岗位数量较少外，各大区之间差别不大，反映交通大区的划分较为均衡合理，有利于对全市交通进行较为深入的分析。

1 区人口密度、岗位密度分别为全市平均水平的 1.5 倍与 1.7 倍，显示了其作为全市核心地区的地位不可动摇，轨道交通线网应在此区采用高密度的布局模式。

2 区岗位密度较 3～6 区高，说明南山、宝安中心组团具有承接 1 区商业、办公等高端功能"西飘"的良好潜力，印证了城市发展主轴沿珠江东岸扩展的理念，轨道交通线网在此区的密度应低于 1 区而高于其他区，并提供与 1 区及相邻各区的良好衔接。同时，该区居住人口密度也较高，可作为本区及相邻 1 区的理想居住配套用地，轨道交通线网规划应给予充分的关注。

3 区紧邻罗湖、福田，良好的区位注定其必然成为核心区的居住配套区，因此其人口密度仅低于 1 区，高于其他各区，岗位密度则低于 1、2 区，与 4～6 区相当。轨道交通线网规划应充分满足 3 区与 1 区的通勤客流需求。

4、5 区距核心地区较远，岗位密度较 1、2 区低，仅为 0.8 万个/km²。不同的是，4 区紧邻作为城市发展主轴沿珠江东岸扩展的南山、宝安中心组团,因此其发展相对较快,人口密度较 5 区高。相应地,4、5 区的轨道交通线网密度应较 1~3 区低,但沿珠江东岸地段密度应稍高。

6 区中的东部生态组团生态敏感度高,盐田可建设用地少,导致人口密度较低,就业岗位总数较少,但该区紧邻罗湖,同时有较丰富的旅游资源,因此该区轨道交通线网规划应在慎重布局的基础上充分关注与罗湖、福田之间的交通需求。

**2. 出行发生吸引预测**

(1) 居民出行。

2005 年居民出行调查资料显示,深圳人均机动化出行率约为 0.72 次/d,与其他国际城市相比,深圳的人均机动化出行率偏低。其主要原因是深圳集体户人口比重偏高(超过 50%),这部分人的出行需求很小。调查统计数据显示,深圳不同类型人口的机动化出行率差异很大:集体户为 0.3 次/d,暂住家庭户为 0.89 次/d,常住家庭户达到了 1.5 次/d,而拥有小汽车的常住家庭户达到 1.8 次/d。

对比国际城市的机动化出行率及深圳未来经济发展水平,特别是随着产业结构的调整和人口结构的变化(常住人口比重的增加),深圳近中期的人均机动化出行率有较大的提升空间。基于经济发展现状和国际其他城市的机动化出行率水平,预计 2030 年以后,全市家庭户居民的人均机动化出行率将增长至 1.8 次/d,与香港 2002 年的水平相当(香港 20 世纪 70、80、90 年代的机动化出行率分别为 1.27 次/d、1.58 次/d、1.85 次/d,至 2002 年,受经济发展等因素影响,人均机动化出行率降至 1.82 次/d)。

深圳未来不同预测年度的机动化出行率按对应年人口结构的不同分类推算,见表 2.4。

表 2.4　现状及各预测年度日均机动化出行率　　　　(单位:次/d)

| 日均机动化出行率 | | 2005 年 | 近期 | 远期 |
|---|---|---|---|---|
| 居住人口 | 特区内 | 0.94 | 1.57 | 1.77 |
| | 特区外 | 0.59 | 1.26 | 1.49 |
| | 全市平均 | 0.72 | 1.36 | 1.58 |
| 流动人口 | | 1.56 | 2.28 | 2.50 |

注:2005 年深圳经济特区范围包括罗湖区、福田区、南山区、盐田区,统称为"特区内";特区外包括宝安区、龙岗区。2010 年,国务院批准深圳经济特区范围扩大到深圳全市。

(2) 小汽车拥有量。

国外经验表明,当人均生产总值达到 3000 美元时,小汽车开始进入家庭,成为人们的个体交通工具。1996 年深圳的人均生产总值超过这一水平,并随着国家鼓励小汽车进入家庭政策的出台,小汽车拥有量快速提升。

远期的小汽车拥有量水平与未来的交通政策密切相关。深圳自身的道路交通条件不可能允许小汽车拥有量和使用量无限制增长,因此预计深圳将逐步采取措施限制小汽车的拥有或使用,如提高上牌的费用、提高停车收费等。在此前提下,加上城市交通的日益拥挤,预计今后小汽车的增长速度会逐步放慢,并且实际使用率会降低,因此至 2013 年,深圳本地小汽车实际使用量按 80 万辆计算;至 2020 年,按 100 万辆计算;远期按 130 万辆计算。

(3)市内客运机动化出行。

根据上述条件,经模型计算得到不同预测年度客运机动化出行总量,见表 2.5。

**表 2.5　预测年度客运机动化出行总量**　　　　　　(单位:万人次/d)

| 预测年限 | 近期 | | 远期 | |
|---|---|---|---|---|
| | 出行量 | 年均增幅 | 出行量 | 年均增幅 |
| 特区内 | 728 | 3.4% | 812 | 0.7% |
| 特区内外之间 | 380 | 3.9% | 469 | 1.4% |
| 特区外 | 773 | 4.0% | 1069 | 2.2% |
| 合计 | 1881 | 3.8% | 2350 | 1.4% |

注:不含过境及对外交通,增幅为相对于前一个预测年度。

(4)港深口岸过境客流。

深港口岸过境客流受政策因素的影响非常大,难以进行准确的估计,按目前的总体形势,今后的过境政策可能会大幅度放宽(表 2.6)。

**表 2.6　深圳—香港主要过境口岸客流预测**　　　　　　(单位:人次/d)

| 口岸 | 2005 年 | 近期 | 远期 |
|---|---|---|---|
| 罗湖 | 217300 | 305000 | 410000 |
| 皇岗 | 67800 | 90000 | 140000 |
| 落马洲 | — | 213000 | 383000 |
| 西部通道 | — | 70000 | 108000 |
| 其他通道 | 9900 | 72000 | 111000 |
| 总客流 | 295000 | 750000 | 1152000 |

根据过去年份的调查统计结果,可以预见,随着通关条件的改善,特别是轨道交通 1、3、4 号线的建成通车,过境客流将会出现较大幅度增长。

(5) 对外客运量预测。

对于对外客运量的预测，本规划主要依据相关专项规划研究资料或由现在的客运量与经济的关系推导。

本规划各预测年度不同交通方式对外日客运量见表 2.7。

表 2.7　预测年度不同交通方式对外日客运量　　　（单位：万人次/d）

| 交通方式 | 近期 | 远期 |
|---|---|---|
| 铁路 | 62 | 86 |
| 公路 | 166 | 204 |
| 水运 | 0.6 | 0.6 |
| 民航 | 11.7 | 16 |
| 合计 | 240.3 | 306.6 |

(6) 全市客运机动化出行总量。

综合上述各种出行量，可预测近、远期全市客运机动化出行总量。远期全市机动化出行总量将达到约 2300 万人次/d。

### 3. 出行分布预测

(1) 特区内外出行分布。

从总体客运需求分布来看，特区外需求增长强劲，其客运需求占总体客运需求的比例将由现状的 43% 上升至远期的 45.5%，特区内外的联系将进一步加强。特区内外间的客运需求占总体客运需求的比例将由现状的 16% 增长至远期的 20%。另外，在特区内主要的客流断面，预测皇岗断面的年客流量将由现状的 198 万人次增长到近期的 270 万人次和远期的 444 万人次；预测侨城东断面年客流量将由现状的 118 万人次增长到近期的 188 万人次和远期的 309 万人次。

从以上分析可以看出，随着特区外城市化进程的加速，呈现出居住地与就业地分离的趋势，即相当数量的居民居住在特区外、工作在特区内，这与交通大区 3、4 区的人口密度较高相吻合。轨道交通线网规划应注意该趋势，在提供充裕的轨道交通通道的同时，在特区外积极构筑轨道交通枢纽，并依托枢纽培育就业聚集点，以尽量减少指向特区内核心地区的通勤客流。

(2) 交通大区间 OD 分布。

远期大区出行 OD 分布见表 2.8。

表 2.8　远期大区出行 OD 分布　　　　　　（单位：万人次/d）

| O/D | 1 区 | 2 区 | 3 区 | 4 区 | 5 区 | 6 区 | 合计 | 人口及就业岗位占全市比例 | 出行量占全市比例 |
|---|---|---|---|---|---|---|---|---|---|
| 1 区 | 381.5 | 95.9 | 94.8 | 16.1 | 36.0 | 20.1 | 644.4 | 18.5% | 27.2% |
| 2 区 | 95.9 | 348.1 | 32.1 | 72.2 | 9.1 | 2.6 | 560.0 | 22.5% | 23.6% |
| 3 区 | 94.8 | 32.1 | 125.5 | 35.1 | 43.3 | 3.9 | 334.7 | 16.0% | 14.1% |
| 4 区 | 16.1 | 72.2 | 35.1 | 210.4 | 5.9 | 0.6 | 340.3 | 18.0% | 14.4% |
| 5 区 | 36.0 | 9.1 | 43.3 | 5.9 | 274.6 | 19.7 | 388.6 | 20.0% | 16.4% |
| 6 区 | 20.1 | 2.6 | 3.9 | 0.6 | 19.7 | 56.3 | 103.2 | 5.0% | 4.3% |
| 合计 | 644.4 | 560.0 | 334.7 | 340.3 | 388.6 | 103.2 | 2371.2 | 100% | 100% |

①1 区出行量大,虽然其人口与就业岗位数仅占全市的 18.5%,但其出行量占到全市总量的 27.2%。同时其跨区出行量最高,达 262.9 万人次,为本区出行量的 40.8%,说明其交通吸引强度大,与该区作为全市核心地区的地位相吻合。跨区出行主要方向是 2 区(南山、宝安中心组团)、3 区(中部综合组团、布吉),占 1 区跨区出行总量的比例均超过 36%,进一步印证了 3 区对 1 区的配套支持作用。轨道线网布局时,应提供充足的干线通道,覆盖区内主要客运交通走廊,并联系相邻大区,同时提供快线联系 4、5 区,充分考虑区内的局域线。

②2 区出行量及跨区出行量仅低于 1 区,其人口与就业岗位数仅占全市的 22.5%,但其出行量占全市出行总量的比例高于此数,为 23.6%。跨区出行主要方向是 1 区(罗湖、福田)、4 区(西部工业组团、西部高新组团),占 2 区跨区出行总量的比例分别是 45.3% 与 34.1%,与其处于城市核心区西延带的区位相呼应。另外,该区对 3 区的跨区出行量也达到了 32.1 万人次/d,说明前海、宝安中心区对龙华、坂田等地也有较大吸引力。轨道交通线网规划应充分考虑区内干线、局域线的覆盖要求,同时保证与 1、3、4 区的紧密联系。

③3、4、5 区出行量相对较小,总量均不过 400 万人次/d,区内出行量分别为 125.5 万人次/d、210.4 万人次/d 与 274.6 万人次/d。这 3 个区难以形成较独立完整的轨道交通线网,须依托与 1、2 区联系的干、快线构筑区内线网,并适当加密快线车站,使其兼具区内局域线部分功能。

a.3 区紧邻作为城市核心区的福田、罗湖,同时处于城市地理中心,与多区相邻,其出行特征较为特殊且复杂。该区跨区出行比例高达 62.5%,其中大部分至 1 区,说明该区与福田、罗湖关联度非常高。另外,3 区对 2、4、5 区的跨区出行量也较大且较均衡,显示了布吉、龙华对周边地区的辐射作用不容忽视。该区的轨道交通线网应充分重视构建与罗湖、福田的通勤通道,同时需加强与周边各区的联系,并注意在布吉、龙华构筑枢纽,引导次中心形成,分散核心地区的交通压力。

b.4 区对外出行比例不高,但受 2 区辐射影响较大,两区间出行量达到了 72.2 万人次/d,因此应增加沿珠江东岸的轨道交通通道。

c.5 区对外出行比例最低,仅为 29.3%,这与其区位相呼应。但该区对 1 区(罗湖、福田)及 3 区(中部综合组团、布吉)的出行量相对较大,分别达到了 36 万人次/d 与 43.3 万人次/d。该区应有联系区内三要片区的独立局域线,至罗湖、福田的快线亦不可少,同时需提供充足的联系 3 区的通道。

④6 区对外出行比例高达 45.4%,主要方向是相邻的 1 区(罗湖、福田)及 5 区(龙岗中心组团、东部工业组团、横岗、平湖)。由于 6 区至 1 区的交通线路方向集中,而至 5 区方向很分散,因此,可规划通往 1 区的局域线,而通往 5 区的线路则需慎重考虑。

**4. 跨交通大区通道及客运交通需求**

各主要跨区通道交通需求及与之相适应的轨道交通线路条数见表 2.9。

表 2.9　远期各主要跨交通大区通道交通需求分析

| 序号 | 跨交通大区通道 | 机动化出行需求 | | 轨道交通负担估算(万人次/h,单向) | 适应轨道交通线路数/条 | 备注 |
|---|---|---|---|---|---|---|
| | | 全天(万人次,单向) | 高峰小时(万人次,单向) | | | |
| 1 | 罗湖—布吉 | 76.2 | 10.7 | 6.4 | 2~3 | 含组团快线 |
| 2 | 莲塘—盐田 | 24.3 | 3.5 | 1.4 | 1 | 中运量线路 |
| 3 | 梅林—梅林关 | 62.5 | 8.8 | 5.3 | 2~3 | 若无城际线共轨则为 2 条线 |
| 4 | 香蜜湖—龙珠 | 16.0 | 2.2 | 1.3 | 1 | 中运量线路 |
| 5 | 竹子林—华侨城 | 94.5 | 13.2 | 7.3 | 2~3 | 考虑组团快线与城际线共轨 |
| 6 | 西丽—龙华 | 36.5 | 5.1 | 2.3 | 1 | |
| 7 | 石岩—西丽 | 19.3 | 2.7 | 1.2 | 1 | 中运量线路 |
| 8 | 西乡—福永 | 69.5 | 9.7 | 4.4 | 2~3 | 考虑组团快线与城际线共轨 |
| 9 | 石岩—龙华 | 30.5 | 4.3 | 1.9 | 1 | 中运量线路,或组团快线与城际线共轨 |

续表

| 序号 | 跨交通大区通道 | 机动化出行需求 | | 轨道交通负担估算(万人次/h,单向) | 适应轨道交通线路数/条 | 备注 |
|---|---|---|---|---|---|---|
| | | 全天(万人次,单向) | 高峰小时(万人次,单向) | | | |
| 10 | 观澜—光明 | 20.4 | 2.9 | 1.1 | 1 | 中运量线路 |
| 11 | 布吉—横岗 | 57.8 | 8.1 | 4.5 | 2~3 | 考虑组团快线与城际线共轨 |
| 12 | 布吉—平湖 | 11.3 | 1.6 | 0.6 | 0 | |
| 13 | 坂雪岗—平湖 | 16.2 | 2.3 | 0.9 | 1 | 中运量线路 |
| 14 | 观澜—平湖 | 12.8 | 1.8 | 0.7 | 1 | 中运量线路 |
| 15 | 横岗—盐田港 | 8.33 | 1.2 | 0.4 | 0 | |
| 16 | 坪山—葵涌 | 14.3 | 2.0 | 0.6 | 0 | |

### 5. 客运交通走廊分析

为了更好地识别不同性质的客运交通走廊,指导不同功能层次轨道交通线网的布局构架,在本规划的客流预测中分别对长距离和中短距离出行的客运需求走廊进行分析。将不同出行距离的机动化OD在相应虚拟线网上进行分配,可提炼出相应性质的客运交通走廊。

(1) 长距离客运需求走廊。

选取出行距离大于 15 km 的机动化 OD 进行研究,相应采用交通中区(基本以街道办、镇为界)形心连线所形成的虚拟交通网。

深圳主要长距离客运需求走廊呈现出与核心区、外围组团分布形态相呼应,以核心区为起点的"三放射+两半环"的明显特征。

"三放射"的内容包括以下几点。

①沿特区发展主轴及西部发展轴,起于罗湖、福田,经南山、宝安中心区、福永,至松岗的客运需求走廊。该走廊远期高峰断面出行量达日均 120 万~140 万人次(双向)。

②沿中部发展轴,起于福田中心区,经龙华二线拓展区、石岩、光明、公明,至松岗的客运需求走廊。该走廊远期高峰断面出行量达日均 70 万~80 万人次(双向)。

③沿特区发展主轴及东部发展轴,起于罗湖、福田,经布吉、横岗,至龙岗及东部新城(现坪山区)的客运需求走廊。该走廊远期高峰断面出行量达日均 90 万~100 万人次(双向)。

"两半环"的内容包括以下几点。

①沿第二发展圈层,起于前海-宝安副中心,经西丽、龙华新客站(现深圳北站)、坂田

至布吉的客运需求走廊。该走廊远期高峰断面出行量达日均 50 万～60 万人次（双向）。

②沿第三发展圈层，起于深圳沙井，经深圳光明、观澜、平湖与东莞凤岗至深圳龙岗的客运需求走廊。该走廊远期高峰断面出行量达日均 30 万～40 万人次（双向）。

（2）中短距离客运需求走廊。

选取出行距离不大于 15 km 的机动化 OD 进行研究，相应采用交通小区形心连线所形成的虚拟交通网。

深圳中短距离客运需求主要包括两部分：一是以主要组团中心为核心的组团内部出行或相邻组团间出行；二是以城市核心区为中心的经城市主发展带向外围城区放射的交通出行。

组团内部出行或相邻组团间的出行需求走廊主要分布于福田、罗湖中心组团，南山-宝安组团，西部工业和高新组团，中部综合组团，龙岗中心组团等，其中福田、罗湖中心组团的出行量最大。

呈放射状的客运需求走廊主要分布于福田、罗湖中心组团与南山-宝安组团之间的城市主发展带，以及向西、中、东三大城区和东部滨海地区的放射轴，沿特区主轴及西部放射轴的出行量相对较大。

## 2.9.3　线路功能层次划分与网络构架

### 1. 线路功能层次划分

（1）划分思路。

借鉴国内外经验，并结合深圳实际，提出轨道交通线路功能层次划分思路如下。

①将城际线纳入城市轨道交通范畴统一考虑。

②功能层次与列车运行特征而非具体线路一一对应。

③主要依据线路所服务的区域、客流性质以及运行时间要求等定义功能层次，以对应各层次规划目标、策略，较好体现线路功能层次在联系规划目标、策略与网络方案中的纽带作用。

（2）划分方案。

根据所服务的区域及客流性质，结合铁路相关规划，城市轨道交通线路划分如图 2.12 和图 2.13 所示。

①珠三角城际线。

高速城际线沿线设站较少，速度目标值达 300 km/h 以上。快速城际线沿线可设多个车站，可看作城市市域轨道线的外延，线路运营组织可考虑对接换乘，也可考虑贯通运营，速度目标值一般在 120～140 km/h，站间距 3 km 以上。城际线将加强深圳与珠三

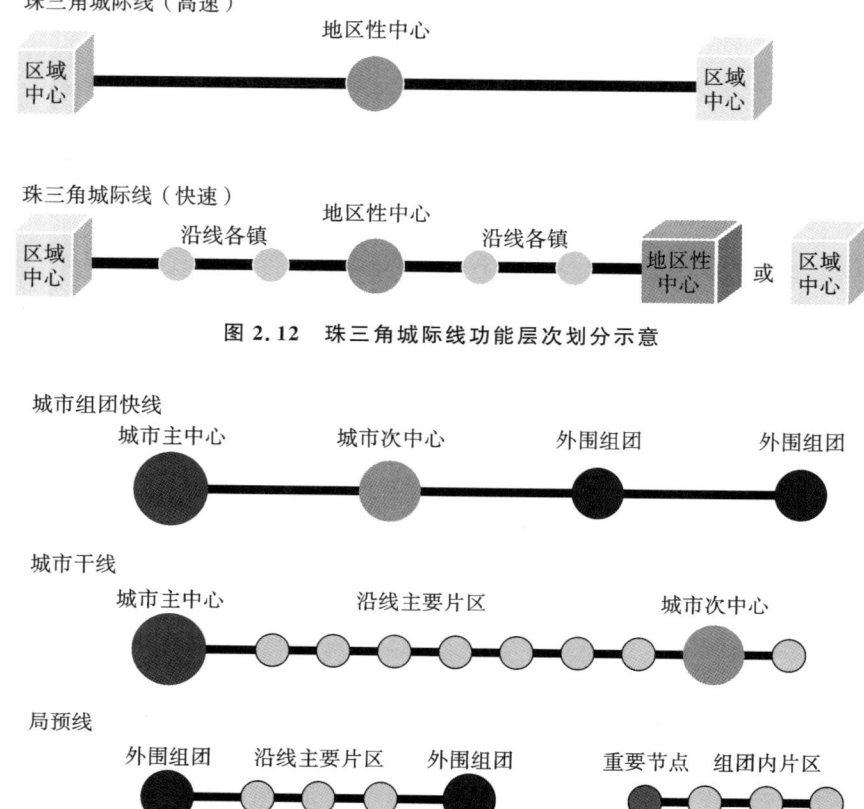

图 2.12 珠三角城际线功能层次划分示意

图 2.13 深圳轨道交通线路功能层次划分示意

角其他地区的联系,强化深圳的区域中心地位及对周边地区的辐射能力,促进深港协调发展。

②城市组团快线。

城市组团快线联系城市核心区与外围组团,或联络多个外围组团,以长距离出行客流为主;车站分布内稀外密,站间距为 2~3 km。以 1 h 出行时间为目标明确轨道运行速度,并考虑与小汽车交通的竞争,速度目标值一般在 100~120 km/h。城市组团快线将带动特区外各组团尤其是"四大新城"(光明新城、龙华新城、大运新城和坪山新城)的开发建设与城市更新,促进特区内外一体化及城市多中心结构的形成。

③城市干线。

城市干线联系城市核心区与主要聚集节点及其沿线片区,以中短距离出行客流为主,站间距一般为 1~2 km,速度目标值一般在 80~100 km/h,运行速度一般不低于35 km/h。城市干线覆盖主要客运交通走廊,有利于缓解城市交通压力、促进土地集约利用及城市主要发展轴的发展。

④局域线。

局域线联系相邻组团或组团内部各片区，是城市干线的补充线路，站间距一般为 1～2 km，速度目标值不大于 80 km/h。局域线将在上层次线路基础上，进一步扩大覆盖范围、缓解交通压力，并加强外围城区各片区间的联系。

**2．各层次线路网络构架**

（1）珠三角城际线网络构架。

根据城市总体规划，深圳要构筑面向区域的城市空间发展轴带体系，需要多条城际轨道的支撑。珠三角的空间发展呈现出较明显的东、中、西五条发展轴，由东至西，第一轴经深圳龙岗、惠州惠阳至惠州惠东；第二轴经深圳龙岗，东莞樟木头、常平至广州；第三轴经深圳光明、东莞松山湖至东莞莞城；第四轴经深圳宝安，东莞虎门、莞城至广州；第五轴跨珠江经中山至江门，同时辐射珠海、顺德等。

深圳与香港的联系轴有三条，分别是深圳罗湖经香港东铁至香港九龙、深圳福田经香港西铁至香港西九龙和深圳南山经香港屯门至香港机场或港岛。快速城际线的线网构架应与之呼应。

深圳地区快速城际线的网络构架将形成以深圳福田-罗湖为核心的"手掌＋手腕"状的放射式格局。

（2）城市组团快线网络构架。

城市组团快线的网络构架为由核心区向外围城区纵向辐射、外围城区之间横向联系。

由于中心区与外围城区之间的距离较远，根据不同城市的轨道交通发展经验，城市组团快线可以采取两种模式布设：模式一为在核心区边缘截断，通过核心区内部轨道线路换乘进入核心区；模式二为由核心区直接联系外围地区。

模式一将促进核心区边缘次中心的形成，有利于缓解由于城市不断向单中心聚集所带来的交通压力等，但该模式将降低核心区的对外辐射力与吸引力，对深圳的社会经济发展不利。同时，大量外围客流须在核心区外围换乘进入核心区，将给换乘站及核心区的轨道交通线路带来巨大压力。

模式二可将外围客流快捷运送至核心区，将促进核心区的快速发展，对深圳的社会经济发展非常有利，同时将极大缓解换乘站及核心区的轨道交通线路压力；但该模式对次中心发展的促进作用弱于模式一。

一方面，考虑到深圳核心区与其作为区域经济中心的定位仍有较大距离，在进行线路规划时宜以促进经济要素聚集为主，且外围地区的发展也需要核心区的强大推动力，因此轨道快线应进入核心区。另一方面，根据东京的交通发展经验，原终止在中心区外围次中心的私铁最终与地铁大面积直通运转，表明换乘压力将迫使轨道快线进入中心区。综上所述，可采用模式二。

（3）城市干线网络构架。

根据城市总体规划，深圳的城市中心为福田-罗湖中心区，并向深圳湾拓展；城市次中心有 6 个，即前海中心区、龙岗中心城、盐田中心区、龙华中心区、光明新城中心、坪山新城中心；发展轴带为东、中、西三条发展轴和东西向发展带。

根据功能需求，东西向城市干线应覆盖东西向发展带上的主要节点，联系罗湖-福田中心区、深圳湾地区等；西部城市干线应联系城市中心与前海中心区，以及西部发展轴沿线的西乡、深圳机场、福永、沙井等节点和片区；中部城市干线应联系城市中心与龙华中心区，以及中部发展轴沿线片区；东部城市干线应联系城市中心与龙岗中心城，以及东部发展轴沿线的布吉、横岗等节点及片区。

城市第二圈层上有前海中心区、龙华中心区以及布吉组团等多个重要节点，以及三个重要的交通枢纽，对沿线片区有较强的辐射和带动作用，需构筑沿上述片区的干线，满足其横向联系的交通需求，同时作为东、中、西干线的联系线，满足交通大区 3 区与 1、2 区间较大的出行需求，也与在前海中心区、布吉、龙华等地区构筑枢纽，引导次中心形成、分散核心地区压力的策略吻合。

从交通需求形态看，城市干线主要承担中短距离的出行客流，根据客流需求预测的结果，全市中短距离客运需求走廊呈现出围绕罗湖-福田中心区及前海中心区的双核心放射式布局。

综上所述，城市干线的网络构架应形成"一主轴、三辐射、一半环"的格局。

（4）局域线网络构架。

局域线主要布设在主城区内部和外围城区内部，在上层次线路基础上，增加覆盖片区，并与上层次线路形成鱼刺形、三角形或半圆形路网，设置多个换乘枢纽。根据客流需求预测，作为核心区的罗湖、福田（交通大区 1 区），其人口、就业岗位密度最高，交通吸引强度最大，须充分考虑局域线的高密度覆盖，因此在呈方格网状布局的上层次线路基础上，布置两个半环状的局域线。

南山、宝安中心组团（交通大区 2 区）就业岗位密度及人口密度较高，出行量仅低于 1 区，且通向西部工业组团、西部高新组团的出行比例较高，须充分考虑区内及其与西部工业组团、西部高新组团的局域线建设，因此规划布置南北贯通南山并直通石岩，与组团快线衔接的局域线。

中部综合组团、布吉（交通大区 3 区）跨区出行比例高，其中大部分至 1 区，因此在中部干线之外,规划布置平湖经坂雪岗至福田的局域线。

龙岗中心组团、东部工业组团、横岗、平湖(交通大区 5 区)相对独立,因此应有联系区内主要片区的独立局域线。

东部生态组团、盐田(交通大区 6 区)通往核心区的交通需求较大,规划布置盐田至罗湖的局域线。

(5)总体网络布局结构。

根据前面各功能层次线路的布局结构分析,整合后形成总体布局构架。可以看出,深圳的轨道交通网络构架呈现以城市中心区为核心、扇形辐射的总体形态,无环形线路,但设置了半环线,以加强外围城区及放射状轨道交通线路之间的联系,并促进各次中心和对外交通枢纽的发展。

## 2.9.4  轨道交通线网规划方案

### 1. 规模分析

(1)出行需求分析。

由于深圳土地资源紧缺、人口密度高,应主要采用高负荷、大运量的轨道交通系统模式。综合考虑国内外城市的轨道交通负荷,规划建议深圳的轨道交通线路平均负荷强度取 2.5 万～3.0 万人次/(km·d)。

预测 2030 年全市机动化出行总量将达到 2800 万人次/d,2030 年公共交通出行分担率目标值为 80%,轨道交通出行量占公共交通出行量的比例为 50%～60%。轨道交通换乘系数取 1.3,平均线路日客运强度为 2.5 万～3.0 万人次/km,经计算至 2030 年深圳轨道交通线网规模需达到 550～640 km。

(2)线网密度分析。

按照不同线网密度,将深圳分为城市核心区,主发展带(除核心区),东、中、西三大城区及东部滨海区(除生态控制用地)四类区域。城市核心区的轨道交通应满足各个方向的客流需求,形成高密度的网状格局;主发展带的轨道交通需同时联系核心区与外围城区,形成合理换乘的中等密度的网络格局;外围城区[东、中、西三大城区及东部滨海区(除生态控制用地)]的轨道交通主要满足与城市核心区及外围组团间的联系,形成密度较低的放射状的网络格局。因此,理论上四类区域线间距分别按 1.5 km、2.0 km、3.0 km、3.0 km 计算,其对应的网络密度分别为 1.33 km/km²、0.8 km/km²、0.5 km/km²、0.5 km/km²。按线网密度匡算深圳轨道交通线网合理规模约为 580 km。

(3)投资能力分析。

2030 年深圳生产总值预计达到 30000 亿～36000 亿元;2011—2030 年生产总值累计

总量预计达 400000 亿～430000 亿元;轨道交通建设投入资金按生产总值累计总量的 0.4%～0.5%测算,2011—2030 年轨道交通建设资金总量为 1600 亿～2150 亿元;轨道交通线路平均造价按 4.0 亿元/km 测算,2011—2030 年可建设轨道交通线路长度为 400～537.5 km。再加上一、二期工程的规模,按经济实力分析,远期轨道交通线路长度可规划为 550～690 km。

(4)建设能力分析。

通过类比分析,2011—2030 年深圳轨道交通的建设能力应该能够达到 20～30 km/年。按建设能力推算,深圳远期轨道交通线网规模为 550～750 km。

(5)轨道交通线网规模综合分析。

综合考虑上述四种方法的分析结果可知,深圳的轨道交通投资能力和建设能力能够满足规模需求,因此远期轨道交通线网的合理规模宜为 530～640 km。

**2. 方案思路**

结合深圳城市布局结构特点,采用功能层次叠加法进行规划。

(1)在全市范围内分别分析城市组团快线、城市干线层次的线网布局方案。其中,城市干线主要分布在城市的主城区发展带,并联系城市的主要节点,形成轨道骨架网络;城市组团快线主要联系外围城区各发展组团与核心区,促进外围地区的产业升级和土地更新。

(2)将全市分为特区及东、中、西三区,分别分析局域线布局方案。局域线主要是在上层次线网基础上适当进行补充,增加覆盖率,完善线网。

(3)在城市轨道交通线网基础上,分析珠三角城际线在城市内的布局方案及其与周边城市轨道交通线网的衔接,实现深圳与周边城镇的联系。

(4)整体协调各层次轨道交通线网布局方案,形成轨道交通线网综合规划方案。

**3. 各层次方案分析**

(1)城市组团快线层次。

深圳外围有八个组团,分别位于特区以北的东、中、西部;根据网络构架分析,城市组团快线网络呈现以核心区为中心的“三放射＋两半环”构架。由于城市组团快线以承担长距离出行客流为主,根据客流需求预测,一条线路即可满足各主要长距离客流走廊交通需求,因此城市组团快线的具体线网方案主要依据线网构架从功能角度定性分析,定量分析则以后续线网客流测试为主。

①东部组团快线。

东部组团快线主要服务于中部物流组团及东部地区与核心区的快速联系,其中龙岗中心城、体育新城(现大运新城)、东部新城为重点发展区域。根据线网构架,线路应由城市核心区向东部辐射,经过福田、罗湖、布吉、横岗等片区;而线路在东部城区可选择经龙岗中心组团或东部工业组团,因此总体布局方案主要有以下两种。

方案一(经东部新城方案):线路从福田中心区引出,经深南大道、华富路、清水河至布吉客运站,沿广深铁路、水官高速公路经横岗、荷坳转向宝龙工业区,然后经坪山中心区至坑梓。线路全长 50.7 km,设站 13 座。该线在体育新城与地铁二期工程 3 号线换乘,间接覆盖龙岗中心组团(含体育新城)。

方案二(经龙岗中心组团方案):横岗以南段与方案一相同,经横岗后转向体育新城,然后经龙岗中心城北侧至坑梓,线路全长 49.8 km,设站 14 座。

由于城市干线已到达龙岗中心城,如组团快线也经过该组团,则东部工业组团及东部新城与主城区的联系会出现空白,且组团快线经过龙岗中心组团的方案与城市干线间的换乘不够理想,线路相对迂回较大,因此推荐方案一。

②中部组团快线。

中部组团快线主要服务于中部综合组团及西部高新组团与城市中心的快速联系,其中龙华新城(现龙华区)和光明新城(现光明区)是重点发展区域。线路总体布局方案主要有以下两种。

方案一(终止于福田中心区):线路起于松岗,经公明、光明、石岩至龙华二线拓展区,沿 4 号线经龙华火车站(现深圳北站)后穿越大脑壳山至终点福田中心区,在此与广深港客运专线、东部组团快线、地铁 1 号线、4 号线等线路构筑综合换乘枢纽,线路全长 45 km,设站 23 座。

方案二(终止于龙华火车站):线路走向与方案一一致,只是线路终止于龙华火车站,不再进入福田中心区,线路全长 37.2 km,设站 19 座。

一方面,由于广深港客运专线和城市干线 4 号线都经龙华拓展区进入核心区,中部组团快线再进入核心区则难有合适通道,且其引入福田中心区将大大增加枢纽复杂程度;另一方面,由于龙华拓展区至核心区距离仅 8 km,该区间的组团快线节省的时间有限。因此推荐方案二,终点设于龙华客运枢纽,并与城市干线 4 号线实现良好的换乘,以满足西部组团与核心区快速联系的需求。

③西部组团快线。

西部组团快线主要服务于西部滨海发展带的宝安中心组团及西部工业组团与城市中心的快速联系,其中宝安—前海、沙井—松岗是重点发展区域。深圳机场也在该发展带上,因此该线兼有机场快线功能。根据线网构架,线路由城市核心区向西部辐射,经过福田、南山、宝安中心、深圳机场等片区,在北部则考虑多种因素,可以选择沙井中部或西部通道,因此线路总体布局方案主要有以下两种。

方案一(经沙井宝安大道):线路沿宝安大道经机场新航站楼(现深圳宝安国际机场 T3 航站楼)、海滨大道至前海,然后取道滨海大道经竹子林、深南大道至福田中心区,线路全长 49.7 km,设站 11 座。

方案二(经沙井西外环路):机场及其以南段线路与方案一一致,以北取道沙井西外环路,线路全长 51.7 km,设站 11 座。

在西部工业组团内还有一条南北向的西部干线,而通道主要有贯穿组团中心的宝安大道和西部近海的西外环路,由功能分析,组团快线应在外围,城市干线应在中心,但由于组团快线兼有城际线功能,建设时间较早,利于西部地区的发展;而沙井西部还有填海的余地,未来有条件形成西部地区的新中心,以城市干线服务更合适;且组团快线经过中心,可与城市干线形成较好的换乘条件,线网布局较好,因此推荐方案一。

④内半环快线。

内半环快线联系放射状组团快线,实现城市东、中、西三条发展轴之间的快速联系,以及龙华、布吉、前海等重要交通枢纽与沿线片区间的快速联系。线路总体布局方案主要有以下两种。

方案一(与平南铁路共线):线路起自蛇口,新建双线至小南山站后拐向平南铁路,沿平南铁路至深圳西站,利用平南铁路既有通道(改造现有铁路并增建双线),经平南铁路的西丽、塘朗(预留)、坂田三站,在上李朗附近脱离平南铁路,另行新建双线东行,经上李朗,跨广深铁路,过白泥坑,然后拐向平盐铁路,沿平盐铁路通道东行(新建双线),经塘坑、西坑至盐田终点站,线路长约 53.5 km。

方案二(不与平南铁路共线):该方案不受平南铁路通道控制,线路西起前海湾站,经宝安中心区、新安、西丽、西丽大学城、龙华二线拓展区、坂田至布吉,在前海湾站、宝安中心站、龙华火车站、布吉客运站等处形成换乘枢纽,线路长约 34 km。

由于近年来港口及铁路运输形势变化,方案一与平南铁路共轨已不能满足轨道交通线路与铁路的客、货运能要求,产权处理、施工安排、运营管理等方面的协调难度也很大;且铁路沿线开发潜力有限,轨道交通线路布局与客运需求分布不一致。方案二不与平南铁路共线,综合考虑了城市布局结构和客运需求,与组团快线构架吻合,且该线联系城市东、中、西三大城区,串联前海—宝安、龙华、布吉等重要交通枢纽和重点发展片区,不但能为线路运营提供客流支撑,而且对促进沿线土地开发,引导形成城市次中心,改善城市结构具有重要意义,因此推荐方案二。

⑤外半环快线。

外半环快线贯穿城市外围三大城区,为各组团间的客流提供快速联系通道,并可与三条放射状组团快线良好换乘。线路总体布局方案主要有以下两种。

方案一（至横岗、塘坑）：线路起自沙井海上田园，向东经沙井中心、光明南、观澜至平湖，然后向东南经白泥坑、横岗、塘坑，并预留远景东延接 8 号线的条件，海上田园至塘坑线路全长 48.1 km，设站 25 座。

方案二（经东莞凤岗至深圳龙岗）：平湖以西线站位同方案一，不同的是至平湖后向东经东莞凤岗至深圳龙岗回龙埔，线路全长 50.3 km，设站 25 座。

方案一的线路连接西部工业组团、西部高新组团、中部综合组团、中部物流组团等，并与其他线路形成良好的换乘条件，网络结构较为合理；若经东莞凤岗至深圳龙岗，虽可覆盖龙岗中心城和体育新城，但不确定性较大，未来形成合理网络结构的风险较大；且线路至龙岗后，东部城区的轨道网络布局较难协调，因此推荐方案一。

（2）城市干线层次。

城市干线是城市轨道交通的骨架网络，应覆盖城市的主要交通走廊，联系核心区与主城区发展带上的各个片区及外围重要的中心节点。根据网络构架分析，城市干线网络呈"一主轴、三辐射、一半环"的构架。下面以该构架为指导，以既有线路及既定规划线路为背景，结合客流 OD 分布及主要断面交通需求，定性、定量分析各主要交通走廊的具体布局方案。

① 既有及已批城市干线。

在本规划工作开始前，深圳已投入运营的城市干线有地铁一期工程，包括 1 号线（罗湖—世界之窗）及 4 号线（福田口岸—少年宫），全长 21.3 km。

国家发展改革委正式批准的深圳二期建设轨道交通项目均为城市干线，分别是 1 号线西延段（世界之窗—深圳机场），长约 23.1 km；4 号线北延线（少年宫—龙华镇中心），长约 16.4 km；3 号线老街至龙岗中心段，长约 30.8 km；2 号线蛇口港至世界之窗段，长约 13.4 km；5 号线深圳西站至塘坑段。

上述既有及既定规划城市干线与干线的线网构架基本吻合，因此本次对城市干线的规划以其为背景和基础。

② 主轴干线。

主轴干线主要沿主城区发展带呈东西向布局，贯穿福田、罗湖、南山、宝安中心组团等地，服务于城市重要交通走廊上主要节点及沿线片区的联系。

在既有及已批的城市干线中有轨道交通 1 号线，2、3 号线则分别由西部、东部城区引入，在世界之窗和老街站与 1 号线换乘，并未进入城市核心区。

根据客流需求预测中的交通大区 OD 分布，核心区罗湖、福田（交通大区 1 区）的出行总量及跨区出行量最高，且其主要跨区出行方向是 2 区（南山、宝安中心组团）及 3 区（中部综合组团、布吉),应提供充足的城市干线覆盖区内主要客运交通走廊。从断面客流看,东西向进入核心区的客流需求很大,如竹子林—华侨城断面全天单向机动化出行需求高达 94.5 万人次,仅有西部组团快线及既有的地铁 1 号线是难以满足的,因此将 2、3 号线均延长至核心区。

综合考虑沿线居住和就业岗位的平衡、广深港客运专线福田站枢纽接驳的需求、线路间距的均衡和节点布局的合理性等因素,规划 2、3 号线延长段具体线位如下。

2 号线东延段:线路从世界之窗站引出,向东经安托山,然后沿侨香路、莲花路、新洲路转向深南大道,经福田中心区后往北拐向华强北片区,沿振华路往东穿越荔枝公园后折向深南大道,最后向东经大剧院至终点罗湖新秀。2 号线东延段长约 21.7 km,共设车站 17 座。

3 号线西延段:线路从红岭引出后,沿红荔路向西至莲花山公园,然后转向民田路,经福田中心区下穿 1 号线、滨河路、福民路,经石厦、益田村至终点福田保税区。3 号线西延段长约 9.8 km,共设车站 9 座。

③西部干线。

西部滨海带处于珠三角城镇群发展脊梁,区位优势明显,具有较大的发展潜力,沿线的蛇口、前海、宝安、福永、沙井等地都是重要的发展片区;既有规划城市干线中有地铁 1 号线由罗湖、福田向西延伸至机场,但覆盖区域有限;西部组团快线虽然经过上述部分片区,但在机场以南段设站较少。

根据客流需求预测中的交通大区 OD 分布,2 区(南山、宝安中心组团)的出行量及跨区出行量仅次于 1 区(罗湖、福田);且通往 4 区(西部工业组团、西部高新组团),尤其是西部工业组团的出行量较大,因此应充分考虑区内干线的覆盖,同时保证与 4 区的紧密联系。

从断面客流看,西乡—福永断面全天单向机动化出行需求高达 69.6 万人次,仅有西部组团快线及既定的地铁 1 号线是难以满足的。宝安中心、新安至南山断面全天单向机动化出行需求高达 91.8 万人次,需设置与地铁 1 号线平行的第二条干线,南山蛇口至南头、粤海断面全天单向机动化出行需求为 61.6 万人次,也需结合宝安的第二条干线设置与 2 号线平行的干线。综上所述,规划由蛇口经南山中心区、新安、西乡至福永、沙井乃至松岗的西部干线,服务西部滨海带上各片区间的客流。线路总体布局方案主要有以下两种。

方案一(经桃源居—T1 航站楼方案):线路从蛇口海上世界引出,沿南海大道、南山大道转向新安后,沿前进路北上经桃源居,然后转向 107 国道,经机场 T1 航站楼继续北上至福永,然后拐向西外环路直至终点松岗站,线路全长 42.2 km,设站 28 座。

方案二（经固戍—T3 航站楼方案）：线路西乡臣田以南段与方案——致，不同的是，由臣田转向固戍，然后向北至机场 T3 新航站楼，然后穿越机场沿西外环路至终点松岗站，线路全长 44.6 km，设站 25 座。

方案一覆盖了大型居住区桃源居，同时覆盖了机场老航站楼及其以东片区，对促进该片区的开发建设作用较大。方案二主要是考虑目前在固戍一带及机场南侧有建设新会展中心的构想，因此线路经固戍转向航空城（现航空新城）和新航站楼。但新会展中心的构想尚未确定，也缺少规划人口及就业岗位数据支撑，存在较大风险，另外该方案无法覆盖大型居住区桃源居，因此初步推荐方案一。

④中部干线。

既有线路及既定规划中有地铁 4 号线由福田中心区向北辐射，联系梅林检查站、龙华等片区。由于观澜片区的发展势头日渐强劲，且该片区与龙华同属中部综合组团，与龙华中心的联系较强。从断面客流看，观澜—龙华断面全天单向机动化出行需求达 22.5 万人次，须有轨道交通线路覆盖，而且这与城市干线网络构架相吻合。因此，规划 4 号线延伸至观澜，其具体线位为由 4 号线二期工程终点龙华清湖站引出，沿观澜大道至观澜中心站，全长 27.2 km，设站 21 座。

⑤东部干线。

既定规划中有地铁 3 号线由城市核心区向东北辐射，联系布吉、横岗、龙岗中心城等片区。由于东部坪地片区与龙岗同属龙岗中心组团，与龙岗中心城有较强的联系，因此规划 3 号线延伸至坪地。但延伸后线路较长，且坪地片区的发展还不明确，从断面客流看，坪地—龙岗断面全天单向机动化出行需求为 14.8 万人次，建设时机尚不成熟。因此本次规划该延伸段主要作为远期轨道交通通道控制。

⑥半环干线。

由于宝安、龙华、布吉、罗湖一线发展迅速，其沿线片区也有较大的发展潜力，片区间有相互联系的交通需求，同时根据城市干线构架，需在此规划一条半环干线，联系沿线各片区。另根据断面客流分析，罗湖—布吉断面全天单向机动化出行需求高达 76.2 万人次，仅有东部组团快线、地铁 3 号线难以承担，同时考虑到坂田、布吉至罗湖方向为主要客流方向，因此规划该干线延伸至罗湖中心地带。

由于规划组团快线中已有 1 条内半环快线布置在该通道上，而根据客流分析，该通道中的新安—西丽、西丽—龙华、坂田—布吉等断面全天单向机动化出行需求分别为 42.9 万人次、36.6 万人次、34.7 万人次，均只能支持一条轨道交通线路的建设，因此考虑以该轨道交通线路兼顾组团快线与城市干线两种功能，其具体兼顾方案主要有以下两种。

方案一（快慢车共轨）：共轨开行快、慢两种列车，快车停大站，实现组团快线功能，慢车站站停,实现干线功能。该方案须设越行站,使快车越行慢车,慢车避让快车;该方案由于需要考虑越行,慢车停站时间长,服务水平较低,且每对快车折减慢车约 3 对,不能同时满足组团快线与城市干线的运能要求及城市干线的可达性要求;另外,越行线设置也使工程投资急剧增大。

方案二(统一速度,适当加大站间距):仅开行同一种速度的列车,且站站停,但在密集建成区按照干线要求设站,在非密集建成区则适当加大站间距,以提高运行速度,尽量满足组团快线的可达性要求,线路全长 40.0 km,设站 26 座。经计算,该方案中布吉至宝安大约耗时 40 min,基本达到快线要求,同时可较好实现城市干线功能,另外该方案运量高、投资省、运营简单。

方案一不能满足功能需求,且投资大、运营复杂;方案二中组团快线功能虽然有所降低,但能满足运能要求,且投资省、运营简单;综合考虑后推荐方案二。

综上所述,内半环线规划以干线功能为主,同时兼顾布吉—宝安的快线功能。

(3)局域线层次。

以局域线线网构架为指导,在城市干线和组团快线线网方案基础上,分析各个区域尚需完善的地方,补充局域线。将全市分为特区内部、东部区域、中部区域及西部区域分别进行分析。

①特区内部。

特区内部的主要交通需求是加强各居住、工作、商业片区之间的联系,缓解特区内部的交通压力。

罗湖区怡景、笋岗及福田区八卦岭片区无轨道交通线路覆盖,且与上步组团联系不便;同时南山区西丽、龙珠片区缺乏轨道交通线路覆盖,且与福田中心区、上步组团联系不便。结合局域线线网构架,规划南半环局域线覆盖上述片区,并与上层次线路形成良好的换乘。

福田区梅林、景田、香蜜湖片区缺乏轨道交通线路覆盖,且与上步组团、车公庙片区联系不便。结合局域线线网构架,规划北半环局域线覆盖上述片区,并与上层次线路形成良好的换乘。

东部滨海地区相对独立,且呈狭长的带状布局,客流需求预测中的交通大区 OD 分布显示东部生态组团、盐田(交通大区 6 区)往 1 区(罗湖、福田)的出行量为 20.1 万人次/d,且方向集中,因此结合局域线线网构架,规划联系罗湖、盐田的局域线。

上述局域线具体方案包括特区南半环局域线、特区北半环局域线和罗湖—盐田局域线三方面内容。

特区南半环局域线:线路从西丽引出,经龙珠大道、安托山转向竹子林,经车公庙、福田南转向华强北,然后经深圳市体育中心、八卦岭、宝安北路、田贝至终点太安站,线路全长 28.9 km,设站 23 座。

特区北半环局域线:线路从上沙引出,经车公庙、香蜜湖、景田北转向上、下梅林,然后经银湖、深圳市体育中心转句红岭中路,然后向东经鹿丹村至终点罗湖火车站西广场,线路全长 17.8 km,设站 17 座。

罗湖—盐田局域线:线路从国贸引出,沿深南东路向东经莲塘、沙头角、盐田、大梅沙直至终点小梅沙,线路全长 23.9 km,设站 12 座。

②东部区域。

从东部轨道交通网络布局看,由核心区向东部区或辐射的通道上有 1 条组团快线和 1 条城市干线,基本能满足该通道的客流需求;同时罗湖、布吉、横岗等片区的轨道交通线网密度也较合适;而龙岗中心组团和东部工业组团之间尚缺乏联系,且深圳东站主要服务于东部地区,需要局域线接驳换乘。

根据断面客流需求分析,坪山—龙岗、坪山—坑梓断面全天单向机动化出行需求分别为 21 万人次与 17.9 万人次,可支持建设一条局域线,且该线须符合局域线线网构架。

综上所述,规划东部城区局域线,线路起于体育新城,经龙岗中心城、深圳东站、坪山至坑梓,线路全长 36.4 km,设站 24 座。该线位于龙岗区,且较独立,也可称"龙岗局域线"。

③中部区域。

根据断面客流需求分析,龙华—福田断面全天单向机动化出行需求高达 62.5 万人次,而从中部区域轨道交通线网布局来看,由特区内向外辐射的通道上只有 1 条城市干线,既要承担中部发展轴自身的客流,又要承担组团快线的换乘客流,难以满足需求。为减轻中部城市干线的交通压力,结合局域线线网构架,增加一条特区内向中部区域辐射的局域线,同时覆盖坂田、平湖等片区,并加强中部综合组团和中部物流组团间的联系;此外东莞的凤岗地区深入深圳的中部,因此该局域线考虑远期延伸并服务凤岗地区。

该中部局域线起于益田村,沿福强路、彩田路至特区外,并沿五和大道经坂田,然后向东经上李朗至平湖,预留远景北延经东莞凤岗接 12 号线的条件;南部预留至深港边境河套地区的支线,益田至平湖线路全长 27.5 km,设站 24 座。

④西部区域。

从西部区域轨道交通线网布局来看,由特区内向外沿西部滨海带辐射的通道上有 1 条组团快线和 2 条城市干线,基本满足该通道的客流需求;但南山区南北向及与石岩方向需加强联系。

根据断面客流需求分析,石岩—西丽、西丽—粤海断面全天单向机动化出行需求分别为 19.3 万人次与 22.8 万人次,该走廊支持建设一条局域线,因此结合局域线线网构架,规划南山—石岩局域线覆盖上述片区。

南山—石岩局域线起于石岩,向南经西丽、科技园转向南山商业文化中心,然后沿创业路至终点南油站,如图 2.14 所示。线路全长 24.7 km,设站 16 座,线路预留远景西延接 5 号线的条件。

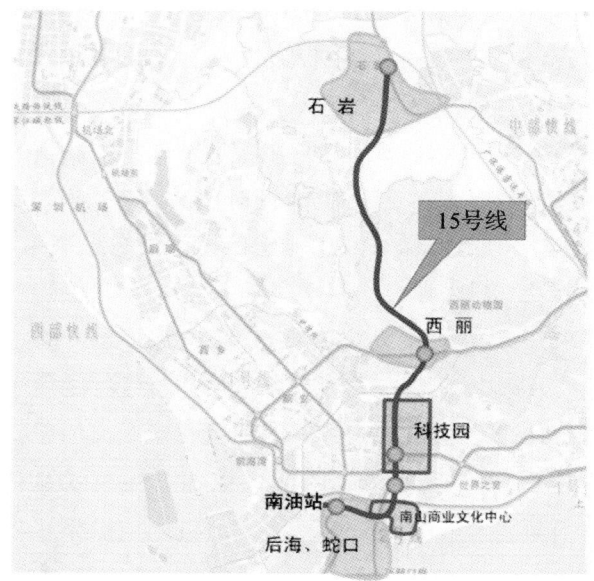

图 2.14　南山—石岩局域线概况

(4)城市核心区。

规划方案中有 4 条城市干线和 2 条组团快线都经过城市核心区,分别为干线 1、2、3、4 号线和东部、西部组团快线,这 6 条线在福田中心区形成较大密度的轨道交通线网。为避免多条线路集中于一点,造成地面交通压力过大,并避免形成超级交通枢纽,需对多条线路进行合理布局。已规划广深港客运专线由城市中部穿过,经皇岗进入香港,并在中心区设福田站,该站为服务广-深-港客流的城际口岸站。

由于福田站位于核心区内,地面交通用地有限,因此应以轨道交通接驳为主。规划进入核心区内的多条轨道交通线路以福田站为依托,既与福田站接驳,又可实现两两换乘或多线换乘,在核心区内形成网格状的既相对集中又较为均衡的布局(图 2.15)。

(5)珠三角城际线。

珠三角城际线主要联系深圳与周边主要市镇,覆盖珠三角内与深圳密切相关的发展带和产业发展轴。根据轨道交通线网构架分析,珠三角城际线线网构架呈"手掌+手腕"形。

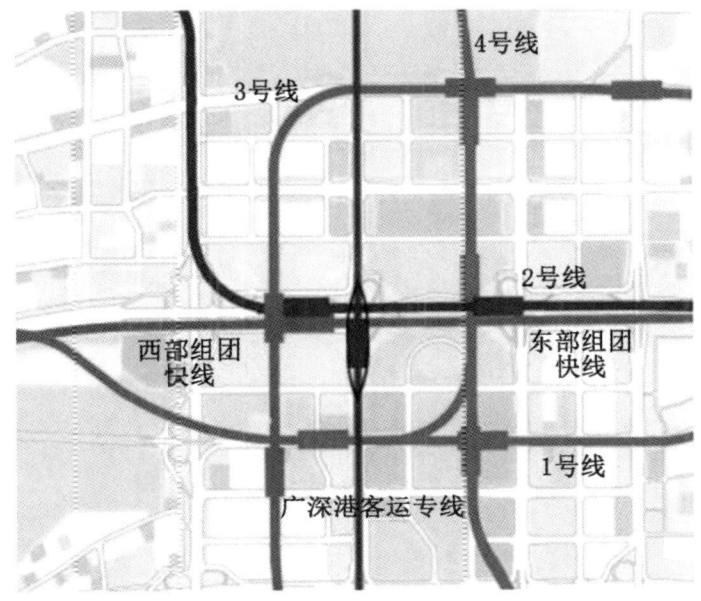

**图 2.15　城市核心区轨道交通线网布局**

经过综合考虑,域际线规划方案如下。

①穗莞深城际线:由西部组团快线在松岗预留向北延伸与东莞境内穗莞深城际线(也可能是东莞轨道交通 R2 线南段)衔接的条件。

②深莞城际线:由中部组团快线在光明预留向北延伸与东莞轨道交通 R1 线南段衔接的条件。

③深惠城际线:由东部组团快线在坑梓预留向东延伸与惠州轨道交通线路衔接的条件。

④西部深港城际线:由西部组团快线在前海预留向南延伸至香港的条件。

上述轨道交通线路可通过与相邻城市的轨道交通线路对接换乘初步实现城际通行功能,条件成熟时可与城市组团快线共轨,实现城际线的直通运营。

**4. 轨道交通线网方案**

综合各发展轴带轨道交通线网推荐方案,得出综合方案(不含城际线):共 16 条线路,总长约 585.3 km,共设车站 356 座。

# 第 3 章

# 城市轨道交通建设规划

# 3.1 城市轨道交通建设规划概述

## 3.1.1 国家政策文件要求

2018 年 6 月 28 日，国务院办公厅发布《国务院办公厅关于进一步加强城市轨道交通规划建设管理的意见》(国办发〔2018〕52 号)，针对部分城市对轨道交通发展的客观规律认识不足，对实际需求和自身实力把握不到位，存在规划过度超前、建设规模过于集中、资金落实不到位等问题提出了指导意见。其中，完善规划管理规定方面的主要内容如下。

(1) 严格建设申报条件。城市轨道交通系统，除有轨电车外均应纳入城市轨道交通建设规划并履行报批程序。地铁主要服务于城市中心城区和城市总体规划确定的重点地区，申报建设地铁的城市一般公共财政预算收入应在 300 亿元以上，地区生产总值在 3000 亿元以上，市区常住人口在 300 万人以上。引导轻轨有序发展，申报建设轻轨的城市一般公共财政预算收入应在 150 亿元以上，地区生产总值在 1500 亿元以上，市区常住人口在 150 万人以上。拟建地铁、轻轨线路初期客运强度分别不低于每日每千米 0.7 万人次、0.4 万人次，远期客流规模分别达到单向高峰小时 3 万人次以上、1 万人次以上。以上申报条件将根据经济社会发展情况按程序适时调整。

(2) 强化规划衔接，提高建设规划质量。城市政府根据城市总体规划、土地利用总体规划、城市综合交通体系规划，合理制定城市轨道交通线网规划，确定城市轨道交通近期建设线路，加强对居民区、商业区、交通枢纽等客流密集区域的覆盖，做好城市轨道交通规划线路沿线土地预留和控制，防止其他建设对城市轨道交通走廊空间的侵占。在此基础上，根据相关规划和城市发展需要、财力等情况制定城市轨道交通分期建设规划，规划期限一般为 5~6 年。建设规划要合理选择轨道交通系统制式、敷设方式，科学确定建设规模、项目时序、资金筹措方案，确保建设期和运营期的政府支出规模与财力相匹配，着力提升投资效益。强化城市轨道交通与其他交通方式的衔接融合，城市轨道交通规划要与国家铁路、城际铁路、枢纽机场等规划相衔接，通过交通枢纽实现方便、高效换乘。要加强节地技术和节地模式创新应用，鼓励探索城市轨道交通地上地下空间综合开发利用，推进建设用地多功能立体开发和复合利用，提高空间利用效率和节约集约用地水平。编制城市轨道交通建设规划时，应同步组织开展规划环境影响评价，由生态环境主管部门按程序审查环境影响报告书。要统筹城市轨道交通建设与人才培养，将人才培养和保障措施纳入建设规划。

（3）强化建设规划的导向和约束作用。已经国家批准的城市轨道交通建设规划应严格执行，原则上不得变更，规划实施期限不得随意压缩。在规划实施过程中，因城市规划、工程条件、交通枢纽布局变化等因素影响，城市轨道交通线路功能定位、基本走向、系统制式等发生重大变化的，或线路里程、地下线路长度、直接工程投资（扣除物价上涨因素）等较建设规划增幅超过 20% 的，应按相关规定履行建设规划调整程序。建设规划调整应在完成规划实施中期评估后予以统筹考虑，原则上不得新增项目。原则上本轮建设规划实施最后一年或规划项目总投资完成 70% 以上的，方可开展新一轮建设规划报批工作。

上述文件的出台，表明了我国对于轨道交通建设规划工作的重视。在城市轨道交通规划中，相关部门需要做好建设规划工作。

### 3.1.2　建设规划的审批流程

国务院办公厅发布的《国务院办公厅关于进一步加强城市轨道交通规划建设管理的意见》（国办发〔2018〕52 号）规定：“严格建设规划报批和审核程序。省级发展改革部门会同城乡规划主管部门、住房城乡建设部门进行城市轨道交通建设规划初审，按程序向国家发展改革委报送建设规划。城市轨道交通首轮建设规划由国家发展改革委会同住房城乡建设部组织审核后报国务院审批，后续建设规划由国家发展改革委会同住房城乡建设部审批，报国务院备案。国家发展改革委、住房城乡建设部要会同有关部门按照职责分工严格审核把关，未达到城市轨道交通建设申报条件的建设规划一律不得受理；对符合申报条件的建设规划，要认真审核规划建设规模及项目资金筹措方案，确保建设规模同地方财力相匹配。省级政府有关部门要进一步强化初审责任，确保城市财力、负债水平、建设规模、建设方案、项目时序等符合相关规定和规划要求。”

# 3.2　轨道交通建设规划的编制目的和依据

### 3.2.1　轨道交通建设规划的编制目的

（1）形成与城市发展目标、地位相匹配的城市轨道交通网络，明确轨道交通近期建设任务，为项目决策提供依据。

（2）充分考虑城市持续快速增长的居民出行基本需求和公共交通供给不足的矛盾，加快推进解决交通拥堵和居民出行困难等问题，构筑多模式一体化的城市综合交通体系，提高整个城市的运转效率。

（3）以轨道交通建设支持和促进城市空间发展战略的实现，引导城市合理发展。

（4）构建环境友好的轨道交通网络，稳定换乘枢纽布局，明确网络实施方案，为近期建设项目开展及后续工程建设预留条件提供依据，并为轨道交通工程可行性研究提供规划条件。

（5）研究和落实车辆段、停车场用地，保障近期建设项目顺利实施。

（6）提出合理的网络运营模式，提高网络服务水平，促进运营企业改善经营状况。

## 3.2.2 轨道交通建设规划的编制依据

轨道交通建设规划的编制依据主要包括以下几个方面。

### 1．城市总体规划

轨道交通建设规划必须与国土空间规划、城市综合交通体系规划等相关内容协调一致，确保轨道交通系统与城市发展相匹配。

### 2．人口和经济总量

城市的人口总量和经济发展水平是决定轨道交通建设规模和需求的重要因素。

### 3．线网规划

线网规划是轨道交通建设规划的基础，需要与城市人口分布、空间布局、土地利用相协调，并与各级发展规划、区域规划、国土空间规划等相衔接。

### 4．环境影响评价

在编制建设规划时，需要同步组织开展规划环境影响评价，确保轨道交通建设对环境的影响在可控范围内。

### 5．技术标准和政策

相关技术标准和政策也是编制轨道交通建设规划的重要依据，主要有《地铁设计规范》（GB 50157—2013）、《城市轨道交通工程项目建设标准》（建标 104—2008）、《国家发展改革委关于加强城市轨道交通规划建设管理的通知》（发改基础〔2015〕49 号）、《住房城乡建设部关于加强城市轨道交通线网规划编制的通知》（建城〔2014〕169 号）和其他相关文件。

### 6．公众意见

线网规划成果应当根据《中华人民共和国城乡规划法》的有关规定，征求社会公众和相关部门意见，确保规划的科学性和合理性。

**7. 政府投资政策和资金支持**

政府的投资政策和资金支持也是编制轨道交通建设规划的重要依据。例如,有城市出台文件,要求政府资本金占当年城市公共财政预算收入的比例一般不超过 5%,轨道交通出资额占当年城市维护建设财政性资金的比例一般不超过 30%。

这些依据共同构成了轨道交通建设规划的完整框架,确保了规划的科学性、合理性和可行性。

# 3.3　轨道交通建设规划规模的确定

## 3.3.1　按交通需求测算

按交通需求测算轨道交通建设规划规模($L$),计算公式见式(3.1)。

$$L = \frac{T \times r_1 \times r_2}{\beta} \tag{3.1}$$

式中:$T$ 为全市机动化出行总量,万人次/d;$r_1$ 为公共交通出行量占机动化出行总量的比重,%;$r_2$ 为轨道交通出行量占公共交通出行量的比重,%;$\beta$ 为轨道交通线网的负荷强度,万人次/(km·d)。

线网负荷强度的影响因素很多,土地开发强度与网络规模是其中比较重要的因素。相关资料表明,国外发达城市的轨道交通平均线路负荷强度指标大部分小于 1.6 万人次/(km·d),亚洲主要城市平均线路负荷强度大都为 1.4 万～2.3 万人次/(km·d)。

## 3.3.2　按财政能力测算

《国家发展改革委关于加强城市轨道交通规划建设管理的通知》(发改基础〔2015〕49号)要求,拟建项目资本金比例不低于 40%,政府资本金占当年城市公共财政预算收入的比例一般不超过 5%。

下面以《深圳市城市轨道交通第四期建设规划(2017—2022 年)》(以下简称'四期建设规则")为例,从财政能力方面测算轨道交通的建设规划规模。

根据深圳 2004—2015 年公共财政预算收入历年增长情况,预测深圳 2016—2020 年公共财政预算收入年均增长 12%,2020—2022 年公共财政预算收入年均增长 8%,2017—2022 年深圳公共财政预算收入总量约为 2.7 万亿元。

考虑到深圳将大力发展轨道交通作为城市交通发展的主要策略,未来政府投资将会向轨道交通建设方面倾斜,考虑一、二、三期工程建设及还本付息,按照公共财政预算收入的 3%～4% 进行测算。2017—2022 年可用于轨道交通建设资本金的投资总额为 810 亿～1080 亿元,按照经济承受能力测算适宜的轨道交通规模为 240～330 km。

### 3.3.3 按建设能力测算

轨道交通的建设能力涉及轨道交通的勘测设计能力、施工能力、轨道车辆的生产能力以及城市交通与环境的施工承受能力等许多方面。

下面以四期建设规划为例,通过类比分析方法来分析深圳 2017—2022 年的轨道交通建设能力。

深圳轨道交通二期工程规模为 156.7 km,建设年限为 2005—2011 年,平均每年建设 22.4 km;三期及三期调整工程规模约为 255 km,建设年限为 2011—2020 年,平均每年建设 25.5 km。根据主要城市获批的城市轨道交通建设规划,北京市城市轨道交通第二期建设规划(2015—2021 年)规划建设线路 262.9 km,平均每年建设 37.6 km。广州市城市轨道交通建设规划(2012—2018 年)规划建设线路 228.9 km,平均每年建设 32.7 km。天津市城市轨道交通第二期建设规划(2015—2020 年)规划建设轨道交通线路 228.1 km,平均每年建设 38.0 km。南京市城市轨道交通第二期建设规划(2015—2020 年)规划建设线路 157.2 km,平均每年建设 26.2 km。

通过类比分析,以及考虑深圳未来可能有超过两家地铁建设运营企业,2017—2022 年深圳轨道交通的建设能力应能达到 35～50 km/年。按建设能力分析,深圳 2017—2022 年轨道交通建设的适宜规模为 210～300 km。

# 3.4 轨道交通建设规划的主要内容

## 3.4.1 总报告的主要内容

轨道交通建设规划总报告的主要内容包括项目概述、上轮轨道交通建设规划执行情况、轨道交通建设规划经验总结、城市及交通发展趋势分析、新一期轨道交通建设规划必要性与紧迫性分析、城市轨道交通前景分析及远期线网方案、轨道交通新一期建设项目方案、新一期轨道交通建设项目规划符合性分析、新一期轨道交通建设线路客流预测与分析、主要技术标准和工程方案、投资估算与资金筹措、建设条件评价等。

### 1. 项目概述

轨道交通建设规划项目概述主要内容为项目背景,包括规划目标与指导思想、规划范围及年限、规划内容及技术路线、规划依据、文件构成和主要结论等。

**2．上轮轨道交通建设规划执行情况**

上轮轨道交通建设规划执行情况主要内容包括上轮轨道交通建设规划主要内容及批复意见、上轮轨道交通建设规划及调整规划执行情况、上轮轨道交通建设规划工程进展情况和建设规划实施后预期效果等。

**3．轨道交通建设规划经验总结**

轨道交通建设规划经验总结主要内容包括轨道交通线网规划情况总结、轨道交通建设规划回顾、轨道交通运营及客流预测总结、对新一期建设规划编制的启示等。

**4．城市及交通发展趋势分析**

城市及交通发展趋势分析主要内容包括城市现状及发展目标、交通现状及问题分析、交通发展前景分析和综合交通发展目标与策略等。

**5．新一期轨道交通建设规划必要性与紧迫性分析**

新一期轨道交通建设规划必要性与紧迫性分析主要内容包括落实城市总体规划目标的需要、支撑城市发展的需要、解决交通问题的需要、弥补上轮规划缺憾的需要、提高公共交通服务品质的需要和衔接轨道交通建设工期的需要等。

**6．城市轨道交通前景分析及远期线网方案**

城市轨道交通前景分析及远期线网方案主要内容包括城市公共交通体系、城市总体规划、城市轨道交通线网规划、既有轨道交通线网规划优化必要性、轨道交通线网规划优化方案建议等。

**7．轨道交通新一期建设项目方案**

轨道交通新一期建设项目方案主要内容包括轨道交通近期发展目标、新一期轨道交通建设规模分析、新一期轨道交通建设线路选择原则与思路、新一期轨道交通建设线路选择分析等。

**8．新一期轨道交通建设项目规划符合性分析**

新一期轨道交通建设项目规划符合性分析主要内容包括城市总体规划概况、城市和交通发展变化分析、新一期轨道交通建设规划与城市建设用地关系分析、新一期轨道交通建设规划与城市生态控制区关系分析等。

**9．新一期轨道交通建设线路客流预测与分析**

新一期轨道交通建设线路客流预测与分析主要内容包括预测背景、客流预测模型、居民出行总体状况、客流预测结果及分析和新一期轨道交通线路建设时序分析等。

**10. 主要技术标准和工程方案**

主要技术标准和工程方案内容包括线路走向与敷设方式、建设标准和主要工程方案、主要换乘枢纽规划、主变电站规划、车辆基地规划、联络线规划、控制中心规划和资源共享规划等。

**11. 投资估算与资金筹措**

投资估算与资金筹措主要内容包括项目投资匡算、项目工程筹划、建设投资计划、投融资模式选择、项目资本金筹措方案、建设资金平衡分析、资金风险规避分析、财务与经济评价等。

**12. 建设条件评价**

建设条件评价主要内容包括环境影响评价、新一期轨道交通建设线路沿线用地规划和控制、新一期轨道交通建设线路综合交通一体化规划、新一期轨道交通建设线路节能规划、新一期轨道交通建设方案风险分析和新一期轨道交通建设项目安全风险控制等。

## 3.4.2 需开展的专题研究

城市轨道交通建设规划需研究的专题包括客流预测专题、综合交通一体化研究专题、土地利用控制规划研究专题、环境影响评价专题、社会稳定风险分析及评估专题、资金筹措及投融资方案专题、工程系统规划专题等支撑性专题,有必要的话还可以开展轨道交通网络化资源共享优化配置专题研究。

**1. 客流预测专题**

(1)引言:项目背景、研究范围、客流预测思路及技术路线、主要依据及参考资料。

(2)现状城市交通概况:居民出行特征、机动车拥有量、客运需求分布、现状道路网络概况、城市公共交通概况、对外客运交通概况。

(3)城市发展及交通需求前景分析:社会经济、城市发展、综合交通发展规划、规划人口与就业分布、交通需求增长趋势。

(4)新一期轨道交通建设规划方案及覆盖人口岗位分析:轨道交通新一期建设方案、新一期建设线路站位规划、线路覆盖人口和岗位。

(5)客流预测模型构建:交通小区、发生吸引模型、出行分布模型、方式划分模型、出行分配模型。

(6)现状轨道交通客流拟合结果:客流测试背景数据、客流需求总量及分布、客运方式结构、轨道交通客流概况和客流测试结果分析。

（7）近期建设线路客流测试分析：测试年限及背景数据、近期建设线路客流概况、高峰期及全日上下客流、高峰及全日站间 OD。

**2. 综合交通一体化研究专题**

（1）概述：综合交通发展目标及策略、交通一体化规划目标及策略。

（2）轨道交通沿线交通现状及相关规划分析：线路沿线及站点周边交通现状、线路沿线及站点周边土地利用相关规划、线路沿线及站点周边交通相关规划。

（3）轨道交通沿线交通一体化发展趋势及需求分析：线路沿线及站点周边交通一体化发展趋势、线路沿线及站点周边交通一体化需求分析。

（4）轨道交通沿线交通一体化策略：轨道交通与周边建筑一体化、轨道交通与常规公交一体化、轨道交通与慢行交通一体化和轨道交通系统内部换乘便捷化。

（5）轨道交通车站功能定位及接驳设施布局规划研究：轨道交通车站功能定位、轨道交通车站交通一体化设施需求分析、轨道交通车站配套接驳设施功能规划研究和轨道交通车站与周边用地一体化优化建议。

（6）轨道交通沿线交通一体化接驳设施布局概念规划研究：交通一体化设施配置原则及策略、交通一体化设施配置规模及概念规划方案、交通一体化设施配置规划调整建议及用地控制要求。

（7）轨道交通沿线道路交通网络优化：沿线道路交通网络现状及规划、沿线道路交通网络规划优化建议。

（8）轨道交通枢纽布局方案研究：典型枢纽换乘方案研究、枢纽布局规模分析、枢纽布局方案研究、换乘站客流组织研究和主要换乘站预留方案。

**3. 土地利用控制规划研究专题**

（1）城市现状及发展目标：城市社会经济和城市建设现状概况、城市现状发展特征、城市总体发展目标及其策略、城市规模及其发展目标、城市空间布局发展趋势等。

（2）轨道交通新一期建设线路概况：轨道交通网络规划方案、轨道交通新一期线路规划方案、轨道交通新一期线路车辆段及停车场规划方案、轨道交通新一期换乘枢纽规划方案等。

（3）轨道交通新一期建设线路选线方案评估：轨道交通新一期线路沿线及站点周边土地利用相关规划、轨道交通新一期线路选线方案沿线土地开发潜力分析、轨道交通新一期线路选线方案车站土地开发潜力分析等。

（4）轨道交通新一期建设线路车辆段选址方案用地可行性分析：沿线可用作车辆段（停车场）的地块分析、车辆段选址方案的可能性分析（权属、规划调整）、车辆段选址方案用地与周边土地开发的协调性分析、车辆段选址方案对周边用地的影响分析及其改善措施等。

（5）建设用地控制规划：建设用地控制基本要求、建设用地控制规划方案（区间、车站、段场、主变电所用地控制）等。

（6）沿线土地利用调整建议及产业布局影响分析：土地利用规划调整目的与原则、土地利用规划调整对策、对产业布局的影响、沿线土地利用规划调整建议和土地利用规划调整综合效益分析等。

（7）基于投融资需求的潜力地块选取、评估、控制及概念规划：潜力地块的选取、潜力地块土地利用现状（土地资源现状、使用情况、权属）、潜力地块土地利用调整及开发策略建议（车站综合功能和用地功能定位、轨道交通站点与周边物业的衔接关系、站点优化及线路优化）、潜力地块地价评估和潜力地块概念规划方案等。

**4. 环境影响评价专题**

（1）总论：规划名称及项目背景，规划环境影响评价的目的和评价原则，编制依据，项目有关文件、资料，规划环境影响评价报告书中提出的措施建议、审查意见的执行情况等。

（2）评价总体设计：评价范围、评价年限、评价重点、评价因子、评价方法、评价技术路线等。

（3）规划方案分析：轨道交通规划编制过程、原线网规划回顾分析、建设规划方案分析、规划方案初步分析。

（4）规划方案相容性与协调性分析：与上位规划相容性分析、与同层规划协调性分析、规划协调性综合分析汇总等。

（5）环境现状调查与分析：自然环境概况、社会环境概况、区域环境质量现状、规划方案沿线环境现状等。

（6）环境影响识别：环境保护目标、环境敏感性制约因素分析、评价指标体系等。

（7）资源承载力与环境容量分析：资源承载力分析、环境承载力分析等。

（8）规划环境影响预测与评价：振动环境影响评价、声环境影响评价、电磁辐射环境影响评价、规划对大气环境质量的影响预测、规划对地表水环境质量的影响预测、规划对地下水环境质量的影响预测、固体废弃物环境影响分析、土地利用/生态环境影响评价、社会环境影响分析及规划控制要求、施工期环境影响分析、清洁生产和循环经济发展策略、规划实施过程中的环境风险分析等。

（9）规划的环境可行性、合理性综合分析：规划轨道交通规模的环境可行性和合理性分析、线网及建设规划布局的环境可行性和合理性分析等。

（10）公众参与：公众参与实施进展、公众意见采纳与否情况和公众参与调查结论等。

（11）环境可行的推荐方案与减缓措施：环境目标的可达性分析、环境影响减缓措施、规划方案的优化调整建议等。

（12）监测与跟踪评价：跟踪评价、监测计划、工程项目环境影响评价工作建议等。

（13）困难和不确定性：轨道交通建设规划环境影响评价的困难分析、不确定性分析等。

（14）执行总结：轨道交通线网规划概述、快速轨道交通建设规划概述、规划方案涉及的主要敏感与制约因素、规划相容性与协调性分析、规划环境影响及减缓措施、公众参与情况总结、规划优化调整建议和项目环境影响评价建议等。

**5. 社会稳定风险分析及评估专题**

（1）编制依据：项目概况、分析依据、分析主体、分析目的、分析内容等。

（2）风险调查：风险分析过程、风险调查方法、调查方案设计与实施等。

（3）风险识别：风险调查结果分析、各方意见采纳情况、风险分析内容、风险因素与分析重点、风险分析方法和风险等级划分等。

（4）风险估计：规划合法性风险、规划合理性风险、建设必要性风险、客流预测与系统规模风险、投资与资金筹措风险、财务及国民经济影响风险、商业影响风险、环境影响风险、交通影响风险、征地拆迁风险和综合风险分析等。

（5）风险防范和化解措施：社会稳定风险防范化解措施、社会稳定风险应急预案等。

（6）风险分析结论：主要风险分析结论、重要风险及其防范化解措施、社会稳定风险的应急预案、社会稳定风险管理体系建议等。

**6. 资金筹措及投融资方案专题**

资金筹措及投融资方案专题的主要内容包括城市轨道交通经营模式总结、新一期建设线路投资需求分析、新一期建设线路经营模式分析、新一期建设线路资金需求计划及资金配置方案、新一期建设线路资金来源可靠性分析等。

**7. 工程系统规划专题**

（1）沿线地质概况：沿线地形地貌、气象、工程地质与水文地质、地震参数等。

（2）建设线路线站位规划：选线技术标准、建设线路平纵线形、典型车站规划设计方案、建设线路难点工程解决方案等。

（3）建设线路工程系统规划：系统制式选择、线路运行组织方案等。

（4）车辆段与综合基地规划：建设线路车辆段与综合基地规划布局、建设线路车辆段与综合基地功能定位及用地规模、建设线路车辆段与综合基地初步布局方案等。

（5）联络线规划：联络线的功能与类型、联络线设置方案等。

除此之外，还包括控制中心规划布局、运营管理规划、换乘枢纽规划、机电设备与安全系统规划、建设资金筹集与平衡分析、财务与经济评价等方面的研究专题。

**8. 轨道交通网络化资源共享优化配置研究专题**

（1）引言：研究背景、研究目标、研究内容、技术路线和主要研究结论。

（2）轨道交通网络化运营下资源共享的现状：国外轨道交通网络化运营资源共享现状、国内其他城市轨道交通网络化运营资源共享现状。

（3）轨道交通线网及网络化运营资源共享面临的问题：远期规划线网、建成线路、在建线路、拟建线路、轨道交通近期线路建设时序和网络化运营资源共享面临的问题等。

（4）车辆、综合基地网络化规划及资源共享专题研究：车辆、综合基地网络化资源共享的必要性和紧迫性，既有轨网车辆、综合基地资源共享现状及经验总结和优化建议，车辆资源共享研究，综合基地资源共享及优化配置研究，车辆、综合基地资源共享的技术经济效益分析等。

（5）供电系统资源共享及优化配置研究：供电系统资源共享及优化配置的必要性和紧迫性、既有线路供电系统网络化资源共享现状及经验总结和优化建议、新一期建设线路供电系统需求研究、新一期建设线路供电系统规划选址、新一期建设线路供电系统资源共享及优化配置研究、供电系统资源共享的技术经济效益分析等。

（6）轨道交通线网联络线规划研究：联络线建设情况、轨道交通远期线网联络线规划布局、轨道交通近期线路建设时序、轨道交通近期联络线布局规划、轨道交通近期联络线建设时序等。

（7）轨道交通信息化建设及资源共享：轨道交通信息化建设及资源共享的必要性和紧迫性、轨道交通信息化建设及资源共享的现状、新一期建设线路网络操作控制中心共享需求分析及建设方案、新一期建设线路网络清算管理中心共享需求分析及建设方案、新一期建设线路应急指挥中心共享需求分析及建设方案、新一期建设线路与城市其他信息系统衔接接口分析、新一期建设线路信息资源的传输及共享、轨道交通信息化建设及资源共享的经济效益分析等。

# 3.5　深圳轨道交通建设规划案例

2015 年 9 月，国家批复《深圳市城市轨道交通近期建设规划调整（2011—2016 年）》（简称"三期建设规划调整"），相关线路全面开工建设，各项工作稳步推进。自三期建设规划调整批复之后,深圳经济社会持续高速发展,城市交通压力逐年增加,深圳城市一体化发展进程显著加快,"东进"战略启动实施,深莞惠经济圈逐步形成。为更好地适应城市发展趋势,深圳迫切需要进一步加快轨道交通建设。按照《国家发展改革委关于加强城市轨道交通规划建设管理的通知》(发改基础〔2015〕49 号)和《国家发展改革委 住房城乡建设部关于优化完善城市轨道交通建设规划审批程序的通知》(发改基础〔2015〕2506 号)的有关要求,2016 年深圳编制完成了四期建设规划,本节主要介绍深圳城市轨道交通四期建设规划的相关内容。

## 3.5.1　建设规划简介

### 1. 建设规划目标

根据深圳城市经济、城市建设以及城市交通的总体发展目标,确定近中期(2025 年)轨道交通的总体发展目标如下。

(1) 在一、二、三期工程形成的城市轨道交通骨干网络的基础上,继续加密次一级交通走廊。

(2) 城市轨道交通线路尽量覆盖所有的发展组团,尤其是原特区外的地区。

(3) 在城市组团间及中心城区主要交通走廊继续加强以轨道交通为骨干的、与小汽车交通相比具有竞争力的公共交通体系。

(4) 轨道交通尽量覆盖战略发展地区(前海蛇口自贸片区)、近期重点建设地区(深圳湾超级总部基地、留仙洞战略性新兴产业总部基地、空港新城、光明凤凰城、坪山中心区、大运新城等十五个重点地区)以及轨道交通线路覆盖不足的地区[坪山新区(现坪山区)、大鹏新区、龙华新区(现龙华区)等]。

(5) 能够支持城市各类中心区的高密度开发建设,以及带动战略发展地区、重点建设地区的建设和优先更新地区的改造。

(6) 能够支持深莞惠一体化和湾区经济发展。

在出行时间方面的发展目标:都市圈主要城市中心区 1 h 到达;城市主次中心 1 h "门到门";中心城区内至中心区的时间不超过 30 min,中心城区内其他任何两点之间的出行时间不超过 45 min;中心城区内平均出行时间控制在 30 min 内。

在分担率方面的发展目标:2020 年公共交通要承担全市 65% 以上的机动化出行客运量,轨道交通在公共交通内部的分担率应达到 45% 以上;2030 年公共交通在全市机动化出行总量中的分担率应达到 75% 以上,轨道交通在公共交通内部的分担率应达到 60% 以上。

### 2. 建设规划资金

四期建设规划项目线路总长约为 148.9 km,投资匡算约为 1344.6 亿元,正线技术经济指标约为 9.0 亿元/km。其中 50% 的资本金(672.3 亿元)由政府投资,另外 50% 的资金通过商业银行贷款等方式解决。

四期建设规划项目投资中资本金占比为 50%,满足国家不低于 40% 的要求;政府资本金占公共财政预算收入的比例为 3.01%,符合国家不超过 5% 的要求;轨道交通出资额占城市维护建设财政性资金的比例为 11.32%,符合国家不超过 30% 的要求。

## 3.5.2 四期建设线路

以符合《深圳市城市总体规划(2010—2020)》为前提,根据深圳空间拓展、城市开发及居民出行的需求,结合客流预测定量评估,综合考虑轨道交通近期建设的适宜规模以及紧迫性因素,四期规划建设轨道交通线路包括 6 号线支线、12 号线、13 号线、14 号线、16 号线共 5 条线路,总长约 148.9 km,见表 3.1。

表 3.1 四期建设规划线路

| 序号 | 线路 | 起点 | 终点 | 主要功能 | 长度/km |
|---|---|---|---|---|---|
| 1 | 6 号线支线 | 荔林 | 中山大学(深圳校区) | 快速服务 | 6.4 |
| 2 | 12 号线 | 左炮台 | 海上田园东 | 普通服务 | 40 |
| 3 | 13 号线 | 深圳湾口岸 | 上屋北 | 快速服务 | 23 |
| 4 | 14 号线 | 岗厦北 | 沙田 | 快速服务 | 51.9 |
| 5 | 16 号线 | 大运 | 田头 | 普速服务 | 27.6 |
| | 合计 | | | | 148.9 |

(1) 6 号线支线。

6 号线支线为快速线路,连接光明中心与中山大学(深圳校区)沿线片区,支持深莞一体化发展。沿线概况:光明中心北片区以工业园及公园绿地为主,未来规划中山大学(深圳校区)、新明医院等,全长约 6.4 km。

(2) 12 号线。

12 号线为普速线路,是南北向贯穿西部滨海发展带各组团和重要节点的线路,联系蛇口片区、南山、宝安老中心区、机场东、福永、沙井、空港新城等片区,并接驳机场;起点为左炮台,终点为海上田园东,全长约 40 km,预留向北延伸的条件。

(3) 13 号线。

13 号线为快速线路,是西部偏东次一级交通走廊上的线路,联系深圳湾口岸、后海中心区、留仙洞战略性新兴产业总部基地、西丽、石岩等片区,起点为深圳湾口岸,终点为上屋北,全长约 23 km,预留向北延伸的条件。

（4）14 号线。

14 号线为快速线路,是串联东部发展轴各组团和重要节点的线路,联系福田中心区、布吉、横岗、大运新城、坪山中心区、坑梓等地区,起点为岗厦北,终点为沙田,全长约 51.9 km。

（5）16 号线。

16 号线为普速线路,是东部地区联系大运新城、龙岗中心城与东部工业组团内各片区的线路,经过大运新城、龙岗中心城、坪山中心区等近期重点建设地区,并衔接厦深铁路坪山站,起点为 3 号线大运站,终点为田头,全长约 27.6 km。

## 3.5.3　客流预测结果分析

### 1. 总体客运出行情况

（1）客运出行总量。

近期深圳公共交通出行量将占机动化出行总量的 68%,其中常规公交出行量占机动化出行总量的 34%,轨道交通出行量占机动化出行总量的 34%。远期深圳公共交通出行量将占机动化出行总量的 69%,其中常规公交出行量占机动化出行总量的 34%,轨道交通出行量占机动化出行总量的 35%。

（2）客运出行分布。

①2020 年大区出行分布。

按行政区划分,2020 年出行量最大的走廊是福田—南山,其次是南山—宝安,再次是罗湖—福田,从而形成了明显的西部走廊。

从出行量来看,罗湖—福田出行量占全市出行总量的 38%,南山占 18%,宝安占 15%。从对外分布来看,罗湖对外出行的主要目的地是福田,占罗湖对外出行总量的 42%,其次是龙岗,占罗湖对外出行总量的 26%。

②2030 年大区出行分布。

按行政区划分,2030 年南山西部宝安的吸引力明显增强,南山—宝安走廊出行量最大,达到双向 187 万人次/d。

③远期大区出行分布。

远期西部走廊更为明显.南山—宝安出行走廊出行量最大,达到双向 250 万人次/d,南山的辐射能力进一步加强,与龙华、龙岗之间的出行需求增强。

（3）全市出行方式结构。

各片区由于社会经济发展及设施规模不同,出行方式结构差异较大。

初期原特区内个体出行方式占 28% 的比例,轨道交通出行占 38%;原特区内外之间常规公交和轨道交通出行占 80%;原特区外的出行以常规公交和轨道交通为主,占 57%。远期原特区内个体出行方式占 29% 的比例,轨道交通出行占 40%;原特区内外之间的出行以常规公交和轨道交通为主,占 80%;原特区外常规公交和轨道交通出行占 62%,小汽车出行占 38%。

### 2. 线网客流预测分析

(1)初期客流预测分析。

初期客运量将达到 1400 万人次/d,线网客运强度达到 2.4 万人次/(km·d),换乘系数为 1.6。

(2)近期客流预测分析。

近期客运量将达到 1994.6 万人次/d,线网客运强度达到 2.6 万人次/(km·d),换乘系数为 1.78。

(3)远期客流预测分析。

远期客运量将达到 2330.3 万人次/d,线网客运强度达到 3.0 万人次/(km·d),换乘系数为 1.79,线网运营效益较好。

### 3. 四期建设线路客流分析

经客流测试得到初、近、远期建设线路客流概况,见表 3.2～表 3.4。

表 3.2　四期建设线路初期客流概况

| 线路指标 | 长度/<br>km | 客运量/<br>(万人次/d) | 客运强度/<br>[万人次/(km·d)] | 早高峰/<br>(万人次/h) | 日客运周转量/<br>(万人次·km) |
|---|---|---|---|---|---|
| 6 号线支线 | 6.4 | 7.6 | 1.2 | 1.0 | 21.6 |
| 12 号线 | 40.0 | 85.5 | 2.1 | 3.3 | 644.9 |
| 13 号线 | 23.0 | 58.0 | 2.5 | 3.4 | 789.7 |
| 14 号线 | 51.9 | 65.5 | 1.3 | 3.5 | 1061.1 |
| 16 号线 | 27.6 | 43.3 | 1.6 | 2.1 | 290.4 |

表 3.3　四期建设线路近期客流概况

| 线路指标 | 长度/<br>km | 客运量/<br>(万人次/d) | 客运强度/<br>[万人次/(km·d)] | 早高峰/<br>(万人次/h) | 日客运周转量/<br>(万人次·km) |
|---|---|---|---|---|---|
| 6 号线支线 | 6.4 | 9.2 | 1.4 | 1.2 | 26.5 |

续表

| 线路指标 | 长度/<br>km | 客运量/<br>(万人次/d) | 客运强度/<br>[万人次/(km·d)] | 早高峰/<br>(万人次/h) | 日客运周转量/<br>(万人次·km) |
|---|---|---|---|---|---|
| 12 号线 | 40.0 | 101.1 | 2.5 | 3.5 | 727.2 |
| 13 号线 | 40.9* | 95.6 | 2.3 | 4.2 | 1101.2 |
| 14 号线 | 51.9 | 86.0 | 1.7 | 4.4 | 1462.0 |
| 16 号线 | 27.6 | 57.6 | 2.1 | 2.6 | 372.9 |

注：* 近期 13 号线线路长度扩充至 40.9 km。

表 3.4　四期建设线路远期客流概况

| 线路指标 | 长度/<br>km | 客运量/<br>(万人次/d) | 客运强度/<br>[万人次/(km·d)] | 早高峰/<br>(万人次/h) | 日客运周转量/<br>(万人次·km) |
|---|---|---|---|---|---|
| 6 号线支线 | 6.4 | 10.8 | 1.7 | 1.3 | 31.3 |
| 12 号线 | 40.0 | 141.1 | 3.5 | 4.4 | 1199.0 |
| 13 号线 | 40.9 | 101.9 | 2.5 | 5.2 | 1216.4 |
| 14 号线 | 51.9 | 115.5 | 2.2 | 4.7 | 2148.3 |
| 16 号线 | 27.6 | 81.8 | 3.0 | 3.2 | 588.6 |

### 4. 线路客流分析

（1）6 号线支线。

6 号线支线为联系原特区内罗湖、福田至龙华、光明的快线。支线长 6.4 km,远期支线客运量达到 10.8 万人次/d,早高峰断面客运量达到 1.3 万人次/h。

（2）12 号线。

12 号线为西部发展轴上的轨道交通干线,连接原特区外居住区及南山就业中心。12 号线初期早高峰断面客运量为 3.3 万人次/h,客运强度为 2.1 万人次/(km·d)。远期早高峰断面客运量为 4.4 万人次/h,客运强度为 3.5 万人次/(km·d)。

（3）13 号线。

13 号线连接石岩、南山科技园片区,具有郊区线的特征,客流潮汐性强。初期早高峰断面客运量为 3.4 万人次/h,客运强度为 2.5 万人次/(km·d)。远期早高峰断面客运量为 5.2 万人次/h,客运强度为 2.5 万人次/(km·d)。

（4）14 号线。

14 号线初期早高峰断面客运量为 3.5 万人次/h,客运强度为 1.3 万人次/(km·d)。远期早高峰断面客运量为 4.7 万人次/h,客运强度为 2.2 万人次/(km·d)。坪山段规划建筑量有限,远期因为轨道交通建设引导土地高强度开发,客运强度有较大提升空间。

(5)16 号线。

16 号线串联大运新城、龙岗中心城、坪山中心区,定位为东部局域线。坪山段覆盖人口较多,就业岗位数量较少。初期早高峰断面客运量为 2.1 万人次/h,客运强度为 1.6 万人次/(km·d)。远期早高峰断面客运量为 3.2 万人次/h,客运强度为 3.0 万人次/(km·d)。

## 3.5.4　线路建设顺序

### 1. 线路建设顺序评估

(1)客流需求迫切性评估。

按各线路的日客运周转量分析客流需求迫切性,以近期客流预测数据为依据,各线路客流需求迫切性评估见表 3.5。

表 3.5　客流需求迫切性评估

| 线路 | 近期日客运周转量/(万人次·km) | 评估优先次序 |
|---|---|---|
| 6 号线支线 | 26.5 | 5 |
| 12 号线 | 727.2 | 3 |
| 13 号线 | 1101.2 | 2 |
| 14 号线 | 1462.0 | 1 |
| 16 号线 | 372.9 | 4 |

(2)缓解城市交通压力评估。

四期建设规划的线路应在交通拥挤区域布设,分布于交通需求最大的走廊,覆盖城市交通压力最大、交通问题突出的一些片区和客流集散点。在四期线路建成后,对改善中心城区交通环境应能起到明显作用。结合城市交通现状分析,按照优先缓解原特区内交通压力及有效缓解原特区外到达城市中心区主要交通走廊的交通堵塞为原则,四期建设规划中各线路缓解城市交通压力评估见表 3.6。

表 3.6　缓解城市交通压力评估

| 线路 | 评估优先次序 |
|---|---|
| 6 号线支线 | 5 |
| 12 号线 | 2 |

续表

| 线路 | 评估优先次序 |
|---|---|
| 13 号线 | 3 |
| 14 号线 | 1 |
| 16 号线 | 4 |

（3）客流效益评估。

各线路客流效益评估按每亿元投资的日客运周转量作为评估指标（表 3.7）。

表 3.7　客流效益评估

| 线路 | 初期日客运周转量/<br>（万人次·km） | 线路工程投资<br>/亿元 | 初期客流效益评估值/<br>（万人次·km/亿元） | 评估优先<br>次序 |
|---|---|---|---|---|
| 6 号线支线 | 21.6 | 43.4 | 0.50 | 5 |
| 12 号线 | 644.9 | 381.4 | 1.69 | 3 |
| 13 号线 | 789.7 | 214.8 | 3.68 | 1 |
| 14 号线 | 1061.1 | 429.7 | 2.47 | 2 |
| 16 号线 | 290.4 | 275.3 | 1.05 | 4 |

根据计算结果，以初期客流预测数据为依据，四期建设线路客流效益由优至劣的排名次序为：13 号线、14 号线、12 号线、16 号线、6 号线支线。

（4）对线网布局的重要性评估。

四期建设规划中各线路对线网布局的重要性评估见表 3.8。

表 3.8　对线网布局的重要性评估

| 线路 | 与一、二、三期<br>的衔接关系 | | 与轨道网络<br>衔接关系 | | 交通<br>枢纽<br>数量 | 评估<br>优先<br>次序 |
|---|---|---|---|---|---|---|
| | 换乘<br>线路数量 | 换乘<br>节点<br>数量 | 换乘<br>线路<br>数量 | 换乘<br>节点<br>数量 | | |
| 6 号线支线 | 1 | 1 | 1 | 1 | 0 | 5 |
| 12 号线 | 5 | 7 | 8 | 13 | 1 | 2 |
| 13 号线 | 6 | 6 | 8 | 10 | 1 | 3 |
| 14 号线 | 7 | 6 | 10 | 12 | 2 | 1 |
| 16 号线 | 1 | 2 | 4 | 8 | 2 | 4 |

（5）与城市发展协调性评估。

四期建设规划中各线路对改善城市结构和功能布局有重要作用，各线路与城市发展协调性的分析如下。

①6号线支线：连接光明中心与中山大学（深圳校区）沿线片区，支持深莞一体化发展。规划线路沿线以工业用地、教育用地和生态用地为主。

②12号线：线路联系南山组团、宝安中心组团以及西部工业组团，能够有效促进南山和宝安老城区的改造，带动蛇口片区、空港新城等重点建设地区的建设进程，极大推动机场地区交通条件的改善以及沙井西部沿江战略发展地区的建设进程。

③13号线：连接深圳湾口岸、后海中心区、南山科技园、留仙洞战略性新兴产业总部基地、石岩等，加速原特区外更新地区的发展，有效促进留仙洞战略性新兴产业总部基地、深圳湾、后海中心区等近期重点建设地区的开发。

④14号线：线路联系福田中心组团、龙岗中心组团、东部工业组团，能够有效带动大运新城、坪山中心区等重点地区的发展，沿线土地开发潜力较大。

⑤16号线：连接龙岗中心组团与东部工业组团等，能够有效促进大运新城及坪山中心区的建设，有效推动龙岗区重点建设地区交通条件的改善。

根据以上分析，各线路与城市发展协调性评估见表3.9。

表3.9　与城市发展协调性评估

| 线路 | 主中心 | 副中心 | 组团中心 | 重点建设地区 | 新区 | 排序 |
|------|--------|--------|----------|--------------|------|------|
| 6号线支线 | 0 | 0 | 0 | 0 | 1 | 5 |
| 12号线 | 1 | 1 | 2 | 2 | 0 | 2 |
| 13号线 | 1 | 0 | 0 | 2 | 0 | 4 |
| 14号线 | 1 | 1 | 2 | 3 | 1 | 1 |
| 16号线 | 0 | 2 | 0 | 2 | 1 | 3 |

（6）土地开发潜力评估。

四期建设规划中各线路沿线土地综合开发潜力评估见表3.10。

表3.10　沿线土地综合开发潜力评估

| 线路 | 评估优先次序 |
|------|--------------|
| 6号线支线 | 5 |
| 12号线 | 2 |

| 线路 | 评估优先次序 |
|---|---|
| 13 号线 | 3 |
| 14 号线 | 1 |
| 16 号线 | 4 |

**2. 四期建设规划中各线路建设顺序评估结果**

综合评估后,最终建议的线路建设顺序为 14 号线、12 号线、13 号线、16 号线、6 号线支线。

## 3.5.5　线路敷设方式

根据线路敷设方式规划原则,结合一、二、三期工程敷设方式的实际情况,综合考虑四期建设规划线路沿线的城市规划与建设情况、沿线的环保与景观要求、沿线道路状况或规划红线宽度以及工程投资控制要求等影响因素,提出四期建设规划线路敷设方式。

(1) 6 号线支线位于原特区外的光明新区(现光明区),沿线已建成建筑较少,无涉及环境敏感区域,满足高架敷设条件,但由于线路沿线涉及广深港高速铁路、中山大学(深圳校区)等,因此线路采用地下＋高架敷设方式。线路从三期工程 6 号线高架车站荔林站引出后,转入地下敷设,经过中山大学(深圳校区)后出地面,用高架敷设至深莞边界。

(2) 12 号线位于西部发展轴,线路南段覆盖蛇口片区、南山中心区以及宝安老中心区,沿线均为城市建成区,结合沿线通道条件,考虑减少对城市景观的影响,采用地下敷设方式。线路北段沿福永、空港新城敷设,福永片区已经开发,道路通道条件有限,采用地下敷设方式;空港新城属于待开发区,考虑片区为城市中心,且与国际会展中心结合,与 20 号线便捷换乘,该段采用地下敷设方式。

(3) 13 号线位于西部发展轴偏东交通走廊,线路在西丽以南段经过深圳湾口岸、后海中心区等片区,沿线均为城市建成区,结合沿线通道条件,考虑减少对城市景观的影响,采用地下敷设方式。线路西丽至石岩段道路条件满足高架敷设条件,但是线路穿越水源保护区,因此也采用地下敷设方式。

(4) 14 号线位于东部发展轴,穿越福田、罗湖、龙岗、坪山中心区,线路布吉以西段沿线建筑密集,景观要求很高,因而采用地下敷设方式。线路横岗段道路条件较好,且涉及水源保护区等环境敏感区域,因而采用地下敷设方式。线路坪山中心区段沿线建筑密集,也采用地下敷设方式。

(5) 16 号线位于原特区外,经过龙岗中心城和坪山中心区,虽然道路条件较好,但沿线建筑密集,为了减少对环境的影响,采用地下敷设方式。

综上所述,本次建设规划线路总长约 148.9 km,其中地下 146.7 km、高架 2.2 km;共设站 83 座,其中地下站 82 座、高架站 1 座。

## 3.5.6　线路制式选择

根据线路制式选择的影响因素以及线路运量等级,结合一、二期线路的实际情况,四期建设规划中近中期建设线路制式选择分析如下。

6 号线支线:远期早高峰小时单向最大断面客流量约为 1.3 万人次,三期工程 6 号线已按照地铁制式建设(A 型车 6 辆编组),东莞轨道交通 R1 线也采用地铁制式建设(B 型车 6 辆编组,运行速度 120 km/h),6 号线支线建成后将与东莞轨道交通 R1 线贯通运营,为满足整条线路统一运营的需要,6 号线支线应与东莞轨道交通 R1 线保持一致,按照地铁制式建设。

12 号线:远期早高峰小时单向最大断面客流量为 4.4 万人次,属于大运量级别的线路,需要较大的运输能力来满足客流需要。12 号线在线网规划中属于西部发展轴的轨道干线,承担南山组团与宝安中心组团以及西部工业组团的交通联系,因此宜选用大运量的地铁制式。

13 号线:远期早高峰小时单向最大断面客流量约为 5.2 万人次。13 号线在线网规划中为承担深圳湾口岸、后海中心区、留仙洞战略性新兴产业总部基地、石岩以及光明新区客流的轨道快线,要求服务水平高、运行速度快(100 km/h),因此宜选用大运量的地铁制式。

14 号线:远期早高峰小时单向最大断面客流量约为 4.7 万人次。14 号线是东部发展轴的轨道快线,要求服务水平高、运行速度快(120 km/h),宜选用大运量的地铁快线模式,因此 14 号线采用地铁制式。

16 号线:远期早高峰小时单向最大断面客流量约为 3.2 万人次。16 号线在远期线网规划中主要承担龙岗和坪山内部的客流,但考虑到深圳的东部战略,客运需求会进一步增加,因此宜选用大运量的地铁制式。

## 3.5.7　线路车辆段与停车场规划

深圳轨道交通四期建设项目需设置 4 个车辆段、4 个停车场,总面积 149.5 hm² (表3.11)。

表 3.11　四期建设规划线路车辆段与停车场规划

| 序号 | 线路 | 车型编组 | 推荐方案 | 规模/hm² | 位置 |
|------|------|----------|----------|----------|------|
| 1 | 12 号线 | A 型 6 辆 | 机场东车辆段 | 28.8 | 机场道、107 国道交叉口东南角 |
|   |        |          | 赤湾停车场 | 18.8 | 赤湾山西南角 |
| 2 | 13 号线 | A 型 8 辆 | 羊台山车辆段 | 14.6 | 机荷高速南侧、黄峰岭工业大道东侧 |
|   |        |          | 内湖公园停车场 | 14.5 | 东滨路北侧、科苑大道东侧 |
| 3 | 14 号线 | A 型 8 辆 | 坑梓车辆段 | 28.5 | 坑梓片区,深汕高速北侧、淡水河南侧 |
|   |        |          | 中心公园停车场 | 6 | 深南大道北侧、华富路西侧、红荔路南侧 |
| 4 | 16 号线 | A 型 6 辆 | 田头车辆段 | 22.7 | 坪山石井街道石井社区金田路北侧 |
|   |        |          | 龙城公园停车场 | 15.6 | 龙岗区黄阁路东侧、如意路北侧 |
|   | 合计 |          |          | 149.5 |  |

## 1. 12 号线

12 号线设置 1 个车辆段以及 1 个停车场,分别为机场东车辆段和赤湾停车场。

（1）机场东车辆段。

该地块位于机场道与 107 国道交叉口东南角,主要为工业用地、办公用地及停车用地,未来规划为商业、交通及绿化用地。

方案优点:不涉及土地总体规划用地功能调整;建设车辆段对原有城市布局和交通分隔影响较小,结合车辆段进行综合开发有利于带动地区城市更新和产业升级。

方案缺点:拆迁量较大;确权用地较多,协调难度较大。

（2）赤湾停车场。

该地块位于赤湾山西南角,为采石场、堆场用地,未来规划为工业、物流用地。

方案优点:地块拆迁量较小,约 1.26 万 m²;地块内无权属用地,地块协调难度小;停车场靠近起点站,运营成本低;建设停车场对原有城市布局和交通分隔影响较小,结合停车场进行综合开发有利于带动地区城市更新和产业升级。

方案缺点:选址地块位于蛇口网谷规划区,与蛇口网谷发展规划有冲突,需要协调;用地权属情况为待确定用地,需进一步协调落实用地;用地除北侧为山体外,其余均为工厂、码头堆场和集装箱、油气仓储区,周边环境品质不佳。

## 2. 13 号线

13 号线设置 1 个车辆段和 1 个停车场,分别为羊台山车辆段和内湖公园停车场。

（1）羊台山车辆段。

该地块位于机荷高速南侧、黄峰岭工业大道东侧，主要为林地、园地、农用地，分区规划为林地。

方案优点：用地权属涉及单位少，协调难度低；地块内基本无建筑；用地规整，地块东半部地形较平坦。

方案缺点：地块全部位于基本生态控制线范围内；地块基本全部在土地总体规划划定的限制建设区范围内，需调整；地块全部位于铁岗-石岩水库饮用水水源保护区范围内；规划城市燃气高压管道从地块中部东西向贯穿；地块位于城市总体规划确定的生态控制区范围内。

（2）内湖公园停车场。

内湖公园停车场选址位于东滨路北侧、科苑大道东侧。用地南侧紧邻深圳湾口岸，用地西侧和西南侧为商务办公区和住宅区。

方案优点：地块权属清晰，为国有用地，不涉及权属协调问题；地块内未开发建设；不占用水源保护区，位于基本生态控制线以外。

方案缺点：占用现有公园绿地，与现状在建公园地下停车场及公园设施有冲突，毗邻深圳湾公园，对周边已有开发及景观影响较大；场地较局促，临水，工程实施难度较大。

### 3. 14 号线

14 号线设置 1 个车辆段和 1 个停车场，分别为坑梓车辆段和中心公园停车场。

（1）坑梓车辆段。

坑梓车辆段选址位于深汕高速北侧、淡水河南侧，位于坪山坑梓街道围角。用地北侧隔淡水河与惠州市惠阳区比邻。

方案优点：地块内建设量较小，拆迁难度低；规划协调难度小；不占用水源保护区，位于基本生态控制线以外；地块完整，适宜综合开发，推动周边地区发展。

方案缺点：区位较偏远，地块综合开发商业价值暂时较低，可考虑该地区发展的现实及未来条件，结合车辆段建设择机进行上盖物业综合开发，以带动地块及周边发展。

（2）中心公园停车场。

该地块位于深南大道北侧、华富路西侧、红荔路南侧的深圳中心公园。用地东侧隔华富路为华强北工业区，南侧为商业办公及居住区。地块处于福田中心地区，周边发展成熟。

方案优点：地块权属清晰，为国有用地，不涉及权属协调问题；地块内未开发建设。

方案缺点：占用基本生态控制线范围内土地；城市次干路横穿地块。

#### 4. 16 号线

16 号线设置 1 个车辆段和 1 个停车场,分别为田头车辆段和龙城公园停车场。

(1) 田头车辆段。

该地块选址位于坪山石井街道石井社区金田路北侧。用地东侧、北侧、西侧为低丘山体,南侧为密度较低的多层、低层住宅和工业区厂房。

方案优点:地块内权属较明晰,拆迁量较小;建设车辆段对原有城市布局和交通分隔影响较小。

方案缺点:地块涉及调整城市规划、土地总体规划、生态控制线。

(2) 龙城公园停车场。

该地块选址位于龙岗区黄阁路东侧、如意路北侧。用地西侧隔黄阁路、南侧隔如意路为大运新城已规划并在发展的中心商务区和生活区,用地北侧和东侧为龙城公园低丘山体林地。

方案优点:拆迁量较少;土地权利人较少,用地协调较容易。

方案缺点:地块大部分在基本生态控制线内;地块内 2/3 的用地在土地总体规划划定的限制建设区范围内。

# 第 4 章

# 城市轨道交通线路详细规划

# 4.1 城市轨道交通线路详细规划概述

## 4.1.1 城市轨道交通线路详细规划定义

城市轨道交通详细规划一般是指以上层次国土空间规划、轨道交通专项规划（国家铁路枢纽总图规划、城际铁路布局规划、城市轨道交通线网规划）为依据,对轨道交通功能定位、线站位及敷设方式、枢纽换乘布局、车辆基地选址、用地空间协调等提出规划方案和控制要求的用地预控性详细规划,包括线路交通详细规划和枢纽交通详细规划两类。详细规划是对轨道交通项目进行规划许可审批的重要依据。

## 4.1.2 城市轨道交通线路详细规划的定位

在国土空间规划体系下,城市轨道交通线路详细规划是我国"五级三类"("五级",即国家、省、市、县和乡镇五级;"三类",即总体规划、相关专项规划、详细规划三类)规划体系中对轨道交通建设实施开展空间、用地预控性规划的详细规划。

城市轨道交通线路详细规划主要明确轨道交通功能定位、线站位及敷设方式、枢纽换乘布局、车辆基地选址等规划方案,协调其与各类国土空间管控要素、城市规划及土地利用、交通市政基础设施等的关系,为工程建设的开展提前预控空间实施条件,发挥承接线网规划、支撑建设规划、指导工程设计、服务规划管理、引导和协调轨道交通规划与沿线城市关系的作用。

# 4.2 城市轨道交通线路详细规划的目的和依据

## 4.2.1 城市轨道交通线路详细规划的目的

### 1. 总目的

城市轨道交通线路详细规划的总目的是通过轨道交通规划及建设,实现城市交通发展战略,促进城市更新,优化城市功能结构及土地利用模式;通过轨道交通和土地利用的紧密结合,以及周边区域土地的集约化利用,带动以轨道交通为骨干、以常规公交为主体的城市综合交通模式的形成;同时,利用轨道交通建设的契机,促进城市市政基础设施的完善;通过对规划用地、相关规划设施的控制分析,为规划部门后续管理工作提供技术依据,为下阶段工程设计提供技术条件,为相关规划调整和编制提供技术参考。

**2. 具体目的**

(1)在原有规划线站位的基础上,进一步明确轨道交通的线站位,以保证轨道交通的建设与沿线土地开发利用协调发展,形成以轨道交通建设带动组团发展、以组团发展培育客流、以客流支撑轨道交通发展的良性格局。

(2)协调规划轨道交通线路与城市其他轨道交通线路、城际铁路和国家铁路的关系,优化换乘方案,形成方便、快捷、高效的轨道交通网络。

(3)明确沿线各车站出入口布局及其与周边人流集散点的衔接方案,在车站周边建立安全、便捷、舒适和空间园林化的步行系统,体现"以人为本"的规划理念。扩大车站的吸引范围,稳定轨道交通客流,提高轨道交通运营效率,促进轨道交通可持续发展。

(4)明确常规公交和其他交通方式的接驳组织及接驳设施布局,建立良好的常规公交与轨道交通接驳换乘系统,形成"无缝接驳",扩大车站的辐射范围,增加轨道交通车站的换乘客流,以有利于形成以轨道交通为骨干、地面常规公交为网络的一体化客运交通体系,缓解地面道路交通拥堵,实现城市综合交通发展战略目标,并为车站核心地区规划管理提供技术依据。

(5)协调轨道交通沿线相关规划和工程项目,避免轨道交通建设与沿线建筑、道路和市政设施发生冲突,在资源的优化配置、配套基础设施的建设、项目实施的进程等方面做到协调发展。

## 4.2.2　城市轨道交通线路详细规划的依据

城市轨道交通线路详细规划的依据主要包括上层次国土空间规划、轨道交通专项规划、现行规范标准和市政规划等。

以深圳城市轨道交通线路详细规划为例,其主要依据包括《粤港澳大湾区发展规划纲要》《深圳市国土空间总体规划(2020—2035 年)》和线路沿线法定图则等城市规划文件;《深圳市综合交通体系规划(2013—2030)》《深圳市轨道交通线网规划(2016—2035)》等交通规划文件;《深圳市城市规划标准与准则》《城市轨道交通工程项目建设标准》(建标 104—2008)和《地铁设计规范》(GB 50157—2013)等规范标准;《深圳市国民经济和社会发展第十四个五年规划和二〇三五年远景目标纲要》《深圳市饮用水水源保护区优化调整方案》《深圳市基本生态控制线管理规定》等专项规划文件;《深圳市电力设施及高压走廊专项规划(2016—2035)》和《深圳市地下综合管廊工程规划(2016—2030)实施情况评估》等市政规划文件。

# 4.3　城市轨道交通线路详细规划的编制原则和流程

## 4.3.1　城市轨道交通线路详细规划编制原则

城市轨道交通线路详细规划的编制应遵循落实上位规划、综合协调、空间统筹、面向实施的原则。

### 1. 落实上位规划

城市轨道交通线路详细规划应落实上层次国土空间规划、综合交通体系规划、轨道交通专项规划的总体性要求,稳定规划方案,指导工程设计。

### 2. 综合协调

城市轨道交通线路详细规划应综合协调轨道线站位和枢纽与城市规划、土地利用、交通需求、换乘接驳、实施条件等要素的关系。

### 3. 空间统筹

城市轨道交通线路详细规划应统筹轨道空间与沿线城市开发、用地规划的关系,明确轨道交通建设用地空间边界,做好精细化用地预控。

### 4. 面向实施

城市轨道交通线路详细规划应立足规划管理需要,以空间管控为重点,以工程条件为基础,确保轨道交通用地落实,支撑规划管理审批,保障规划的可落地性。

## 4.3.2　城市轨道交通线路详细规划编制流程

城市轨道交通线路详细规划编制流程主要包括编制启动、编制过程和规划成果形成。

### 1. 编制启动

城市轨道交通线路详细规划编制启动后,应制定工作方案,建立技术审查机制。当地规划主管部门协助编制单位收集相关规划资料。

### 2. 编制过程

城市轨道交通线路详细规划编制过程中,可以引入具备轨道交通工程设计资质的单位参与重点工程方案的可行性初步论证,应就规划方案向相关职能部门以及相关地区政府充分征求意见,并通过走访、调研、座谈、专家咨询等多种方式,广泛、深入地收集社会公众的诉求、规划设想及建议,对有争议的方案与相关方进行重点沟通协调。

**3. 规划成果形成**

规划成果形成后,应面向社会公示,公开征求公众意见,并报当地人民政府或城市规划委员会审批。经审批的详细规划最终成果应在当地规划主管部门进行公告。

# 4.4　城市轨道交通线路详细规划的主要内容

## 4.4.1　城市和交通发展分析

城市和交通发展分析主要是对城市和交通发展现状进行梳理,对上层次规划进行解读,总结分析对线路规划的要求。

**1. 沿线城市发展现状分析**

简要阐明现状城市及线路沿线各区的人口、经济发展水平,城市建设重点地区,城市空间分布,土地利用特征等情况。

**2. 沿线交通发展现状分析**

简要阐明现状城市及线路沿线交通出行特征,相关重大交通枢纽、重要道路设施,相关轨道交通线路建设、现状轨道交通客流等情况。

**3. 城市发展规划解读**

简要阐明对线路功能定位和线站位方案有影响的城市和分区国土空间规划、重点发展地区规划、法定图则等。梳理轨道交通线路沿线各区的空间结构、产业布局、重点发展地区、城市更新规划、组团概况等。

**4. 交通发展规划解读**

简要阐明对线路规划有指导作用的上层次交通规划,包括综合交通体系规划、国家铁路枢纽布局规划、城际铁路网络布局规划、城市轨道交通线网规划、轨道交通近期建设规划、城市干线道路网规划,以及与线路有关的重大交通枢纽规划、重要交通基础设施(改造)规划等。

**5. 其他相关规划解读**

简要阐明与线路规划相关的综合管廊、地下空间专项规划等。

**6. 对线路规划的要求**

结合现状分析和规划解读,总结分析城市和交通发展趋势对规划线路的要求,作为确定规划线路功能定位和线站位方案的前提依据。

## 4.4.2 线路总体分析

线路总体分析主要是对线路功能定位、线路主要技术标准进行分析论证。

**1. 线路功能定位**

解读上层次轨道交通(线网)布局规划中的线路功能定位,结合线路的空间区位、规划要求等,进一步分析线路应承担的城市功能和交通功能。市域快线可结合规划功能定位提出线路沿线重要节点之间的运行时间目标。

**2. 线路主要技术标准**

新建轨道交通线路的主要技术标准应根据线路的功能定位、客流需求、沿线工程条件、运营经济效益等因素综合确定。轨道延长线(段)的主要技术标准应与主线保持一致。线路速度目标值应综合考虑上层次规划要求、线路功能定位、规划时间目标、线形条件和站间距等因素研究确定。对于市域快线,原则上应从线路功能、时间目标、站间距适应性、运营经济性、资源共享等多角度对不同速度目标值方案进行比选论证。根据相关技术标准规范,明确线路沿线自然条件下的平面最小曲线半径、限制坡度等线形规划要求。

车辆选型及编组:结合线路客流需求、技术标准、运营经济性、车型运量适应性、资源共享等因素,按照不同制式及编组对应的系统能力,提出车辆选型及编组建议。

## 4.4.3 线站位规划

**1. 线站位规划影响因素**

城市轨道交通线路线站位规划主要影响因素包括土地利用规划、人口覆盖规模、交通衔接要求、轨道交通线路技术要求、工程与施工要求以及自然景观要求等。

(1)土地利用规划。

轨道交通要获得长远的社会经济效益,必须和城市总体发展格局及发展步骤紧密结合并促进城市土地的合理利用。根据国际经验,居住、商业、劳动密集型工业以及旅游等用地是轨道交通沿线适宜的土地利用类别;需要避免人流、物流的土地用途,如生态保护区、污染区等为不适宜的土地利用类别。站点位置选择及车站周边用地规划调整应尽量减少车站腹地内不适宜开发利用的土地,同时应尽量选择腹地内土地开发潜力大的点位作为车站的备选站址。

（2）人口覆盖规模。

轨道交通车站周边（一般以 500 m 覆盖半径为限）居住及就业人口规模对轨道交通运营尤为重要。通常人口数量越大，覆盖条件越好，运营前景越理想。在亚洲主要城市，车站周边 500 m 半径范围内最低覆盖指标约为 5 万人（含居住及就业人口）。线站位优化调整时，应实现站点腹地覆盖人口最优化。

（3）交通衔接要求。

主要从各种交通方式的接驳以及轨道交通车站出入口与周边客流集散点的衔接等方面来考虑交通衔接对轨道交通线站位的影响。主要考虑的影响因素有：轨道交通沿线客流集散点的分布；轨道交通车站各种接驳方式、接驳模式；轨道交通沿线地面道路状况及交通组织情况，特别是沿线高架道路的断面形式及沿线交叉口的交通组织方式。

（4）轨道交通线路技术要求。

轨道交通线位和站位的选择必须满足轨道交通线路的功能等级、线形技术标准以及运营组织等方面的要求。主要考虑的影响因素有：轨道交通线路的功能等级；轨道交通线路的线形技术标准；相邻轨道交通车站之间的距离。

（5）工程与施工要求。

分析沿线各种大型交通、建筑、市政等设施以及轨道交通工程施工技术水平等因素对轨道交通线站位的影响。主要考虑的影响因素有：轨道交通沿线各种工程设施（大型交通设施、大型建筑、箱涵和排水暗渠等）；轨道交通工程的施工技术水平；轨道交通线路施工时的交通疏解难易程度；轨道交通线路投资规模的控制。

（6）自然景观要求。

分析沿线地形、地貌、地质以及环境景观等因素对轨道交通线站位的影响。主要考虑的影响因素有：轨道交通沿线的地形、地貌、地质情况（包括河流、山脉等），环境景观因素。

**2. 线站位优化调整思路和步骤**

（1）线站位优化调整的分析思路。

以上层次研究结果为基础，遵循上述线站位优化调整原则，考虑线站位优化调整的各种影响因素，采用对比分析方法，提出线站位优化调整建议。具体分析思路如图 4.1所示。

（2）线站位优化调整步骤。

线站位优化调整步骤如下。

①以建设规划研究成果为基础，确定轨道交通线路的大致走向和各站的初步站位。

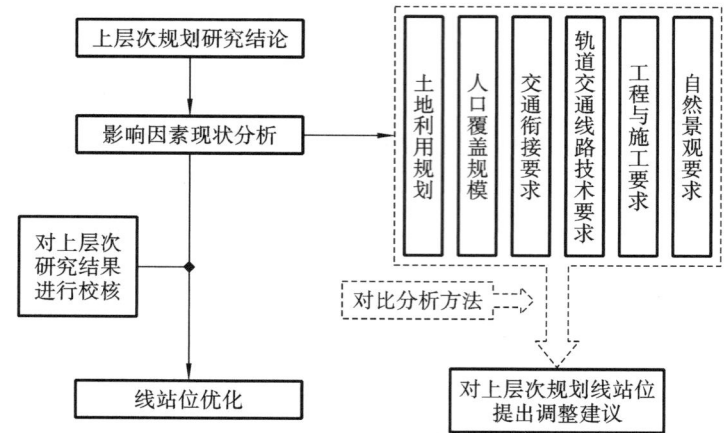

**图 4.1 线站位优化调整具体分析思路**

②进行站位周边用地性质和规模(包括大型的公共建筑、交通设施、旅游景点、居住区等)、车站覆盖人口与就业岗位数据分析,确定大型客流集散点及其与车站的衔接关系。

③根据客流集散点的位置及其与车站的衔接关系,提出车站平面布局和出入口布局的初步方案。

④根据车站平面布局和出入口布局的初步方案,以车站覆盖人口与就业岗位数最大化、乘客的步行距离最短为主要原则,进行各种客流利益的权衡,调整车站的站位。

⑤根据调整后的站位,考虑轨道交通线路沿线的各种制约因素,特别是轨道交通走廊中道路改造技术方案的线位及断面形式,以及轨道交通线路平纵线形的各种技术标准和规范要求,进行轨道交通线路平面和纵断面布线。

⑥如果轨道交通线路平纵线形满足各种要求,那么根据上述分析结果确定轨道交通线路具体的线站位;如果轨道交通线路平纵线形不满足要求,那么根据平纵线形技术标准以及各种控制因素,进行线站位的微调,直到满足各种要求,并确定具体的线站位。

⑦进行车站集散客流、分向客流分布预测和客流集散交通方式比例分析,估算车站总体规模、相关设施规模和各种交通接驳设施规模,并进行相应设施的规划布局。

⑧根据客流集散点和各种交通接驳设施的位置及其与车站的衔接关系,提出车站与交通接驳设施的连接通道及其出入口的详细布置方案。

⑨根据轨道交通线位、线路限界要求、车站规模、通道和出入口布置方案,划定线路的用地范围和车站的用地范围。

⑩提出车站交通衔接的详细规划设计方案及其交通组织设计方案,并对车站周边用地的开发模式和建设强度提出具体的建议。

### 3．线站位规划原则

（1）线位规划原则。

①规划协调性原则。

轨道交通线路线位规划应与城市总体规划、土地利用规划和综合交通规划相协调，尽量使轨道交通线路经过高密度开发地区以及近期重点发展和改善地区，实现轨道交通的发展目标。

②交通综合性原则。

轨道交通之间的换乘应方便，与其他交通方式的接驳应便捷，并与道路交通走廊协调，以利于形成综合客运交通体系。

③综合效益最大化原则。

线路走向与客运走廊一致，确保高效利用轨道交通的高可达性；线路走廊范围内必须有相应规模的覆盖人口，以充分发挥轨道交通的综合效能，实现较大的社会经济效益和交通效益。

④工程可行与经济适用原则。

考虑地形、地物和工程地质条件的影响，保证工程的可行性；选择适宜的轨道交通制式，尽可能采用经济的敷设方式；线路的线形符合相关规范与技术要求。

⑤运行效益合理原则。

轨道交通应具有较高的客流效益，同时充分考虑行车组织与运营要求，降低运营成本。

⑥环境协调性原则。

充分考虑轨道交通线路沿线城市环境与城市景观要求，保障轨道交通与周边环境的有机协调和统一。

（2）站位规划原则。

①车站分布与站位选择要紧密结合沿线城市土地利用规划与交通发展规划，根据道路网络、地面常规公交线路、轨道交通规划网络中相关线路的换乘关系，沿线大型公共活动场所的位置，沿线建筑物性质，其他工程情况（如高压走廊）以及车站间距等因素分析确定。

②站间距对线路的功能有重要影响，站间距的确定应保证线路功能的实现。

③轨道交通站点服务半径内必须有相当规模的覆盖人口或就业岗位数，并兼顾促进周边土地的合理开发，实现较大的交通与土地综合效益。

④在车站换乘接驳方面，优先考虑轨道交通线路与市级综合交通枢纽的衔接，然后考虑轨道交通线路之间的换乘，最后考虑轨道交通线路与常规公交或其他交通方式的接驳。

### 4. 线站位方案规划方法

线站位方案规划主要是根据现状调查、基础资料研究及选线主要影响因素与原则，确定线站位初步方案，进行综合评估后，调整并确定线站位推荐方案。具体方法如下。

（1）以轨道交通规划方案为基础，结合城市布局、重大设施布局与规划及已开通运营和在建轨道交通工程，识别并确定线路总体走向的起止点、换乘站、重大交通设施等控制点。

（2）从城市用地建设与规划情况出发，确定线路区段划分，并对区段内城市路网及交通状况进行分析，以识别各区段内备选线路的可能通道，结合线路基本走向与功能要求，在选线原则与技术标准的指导下，在区段内进行初步选线。

（3）在初步备选方案的基础上，进行沿线城市土地开发潜力分析及用地规划协调性分析，并依据地形、工程条件等对各初步方案进行线站位优化调整，形成规划比选方案。

（4）在备选线路优化调整方案的基础上，依据城市发展策略、城市用地现状与规划、交通发展趋势等，对各线路的比选方案进行用地协调性、土地开发潜力、线路施工条件及经济效益等方面的综合评估，形成区段内的优选方案，最后得出线路的推荐方案。

### 5. 线路起终点分析

线路的起终点将直接影响项目的建设规模、工程投资及近远期分界点，应尽可能预留远期发展的条件。

（1）起终点选择的原则。

①城市规划：总体规划、各分区规划、总体布局、用地规划是线路起终点研究的重要因素，尤其应研究线路与各外围片区规划、重要基础设施及公共服务设施、风景名胜区等衔接的可行性，预留线路远期发展的条件。

②城市轨道交通线网规划：城市轨道交通线网规划和建设规划是线路设计的依据，应结合城市近期建设规划、工程实施条件等进一步论证分析，合理选择近远期的分界点，适时建设轨道交通，实现可持续发展。

③自然地理条件和行政区划：山、河、湖、海以及行政区划等，也是影响线路起终点选择的重要因素。

（2）相关规范及标准的规定。

2008 年出台的《城市轨道交通工程项目建设标准》（建标 104—2008）对线路起终点及长度作出了明确规定：初期建设线路正线长度不宜小于 15 km；起讫点车站应与其他交通枢纽相配合，构筑城市交通一体化，并落实城市规划用地；拟建线路起讫点不应设在市区内大客流断面位置，也不宜设在高峰断面流量小于全线高峰小时单向最大断面流量

1/4 的位置；每条线路长度不宜大于 35 km；对超长线路应以最长交路运行 1 h 为目标，旅行速度达到最高运行速度的 45%～50% 为宜；对穿越城市中心的超长型线路 应分析全线不同地段客流断面和分区 OD 的特征；分析在线网中车站和换乘点分布；分析列车在各区间的满载率，合理确定线路起讫点、站间距和旅行速度目标。

《地铁设计规范》(GB 50157—2013)中也对线路起、终点选择做了相关规定。

**6. 线站位规划方案**

(1) 线站位规划方案比选。

结合规划要点和思路，分区段提出主要线站位比选方案。原则上应考虑不同功能层次轨道交通线路之间的融合衔接，城际铁路应结合客流需求、资源共享、工程条件等因素考虑互联互通的条件，城市轨道交通应加强对国家铁路、城际铁路引入枢纽的接驳服务。

方案规划应符合国土空间规划各类要素管控要求，如三区三线、自然保护地、水源保护区等，避让古树名木，避免侵占林地，尽量满足环境振动与噪声敏感用地的避让需求，在规划阶段加强对轨道交通工程源头减排、减渣的考虑。

总结各个方案的基本概况，并从线路功能、规划协调、网络衔接、覆盖服务、客流需求、工程条件等多方面进行方案优缺点分析，提出分区段线站位推荐方案。对于由于规划调整、工程条件等原因在详细规划阶段无法明确推荐线站位方案的，应进行同步预控。

对于重点区段、重点车站，应结合工程条件开展同深度的方案比选研究。必要时可增加对竖向布局、地块协调、建筑拆迁、工程投资等影响因素的工程可行性初步分析。

结合分区段规划方案，对全线线路走向和站位设置进行汇总，形成线站位推荐方案，明确线路长度、起终点、设站数量、平均站间距等主要规划内容。

(2) 敷设方式规划。

结合沿线土地利用和建筑情况、环境景观控制要求、噪声环境功能区划、投资经济效益等因素，明确各区段线路和车站的敷设方式以及地下地上线路转换的位置，提出线路推荐敷设方式。

# 4.4.4　客流预测

**1. 客流预测的技术路线**

客流预测是通过建立现状社会经济、土地利用、人口、车辆拥有量、交通网络等与现状交通需求及特征之间的定量关系(四阶段模型)，并结合规划前景的假设，获得预测年的交通需求与特征，包括轨道交通客流需求与特征数据。在轨道交通客流需求的基础上，通过客流分配，得到研究线路的详细客流指标。

客流预测的具体技术路线如图 4.2 所示。

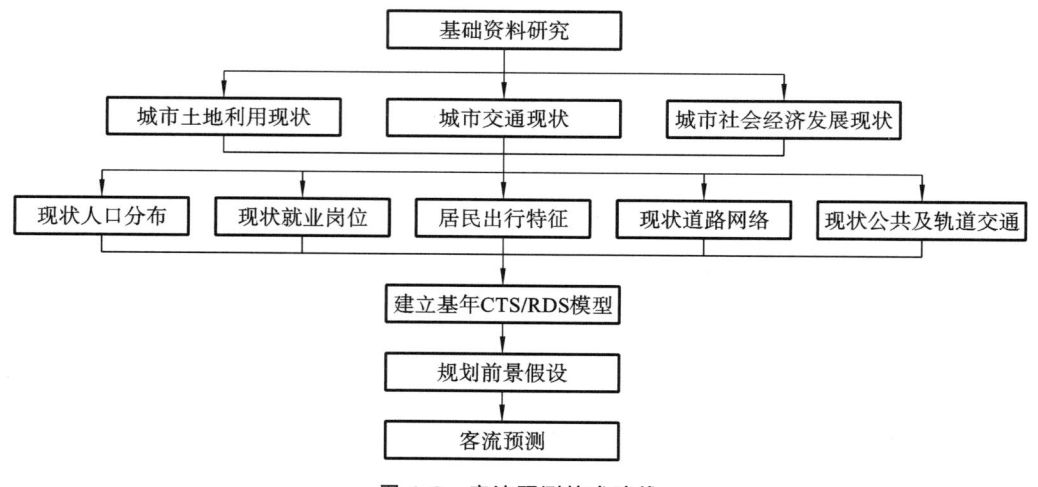

**图 4.2　客流预测技术路线**

注:CTS 是 comprehensive transportation system 的缩写,

即综合交通系统;RDS 是 railway development system 的缩写,即轨道交通系统

### 2. 交通模型简介

交通模型是利用数学模型来模拟出行的特性,主要包括分区出行量、出行空间分布、出行方式划分、交通分配以及评价模型。通过对出行的模拟和分析,可以了解居民出行与道路交通及土地利用的关系,正确分析未来交通需求状况,测试评价方案的合理性,制定合理的交通发展策略。交通模型体系主要包括以下内容。

（1）交通小区及道路网络模型。

交通小区及道路网络是以数据的形式对实际的道路网络进行模拟,是构建交通模型的重要基础。小区划分的大小及界线、道路网络的范围和路段参数能够直接影响交通模型的准确性和真实性。

（2）土地利用与出行端点模型。

根据各交通小区的土地利用情况预测该小区的出行发生量和吸引量。出行发生量、吸引量主要与土地开发类型、居住人口数、岗位数等因素有关。

（3）出行分布与方式划分模型。

出行矩阵是指各类小区间的出行数量矩阵。建立出行矩阵的一般方法是:通过详细的现状居民出行情况调查,建立现状出行矩阵;标定出行分布模型参数;建立出行生成和方式划分模型,得出未来机动化出行产生量和吸引量;将出行产生量和吸引量代入标定好的出行分布模型得出未来的出行矩阵。

（4）出行分配模型。

出行分配是指将各区之间的出行量分配到路网上，得到路网的模拟交通量。为了保证模型预测的准确性，需要比较分析分配流量和观测流量，并对模型进行反复校正。建立并核对好交通模型后，依据未来环境的改变修改相应的参数，就可以对未来路段流量、公交客流量、轨道交通客流量等作出预测。

**3. 客流预测内容**

客流预测内容主要包括线路总体情况（包括预测年限线路服务的人口、岗位数量情况等）、客流区段分布、线路客流（包括日客流量、日客运强度、高峰小时客流量、高峰小时系数、高峰断面客流、平均运距等）、车站客流（包括全日及高峰小时进出站客流量、全日及高峰小时换乘客流量、各线路间换乘客流量）等。总结客流预测分析结果，从客流角度提出对线路功能、车辆选型、线站位规划等的建议。

## 4.4.5　换乘车站规划

**1. 换乘方式规划原则**

综合考虑轨道交通线路布局、线路建设时序以及车站周边建设环境等条件，提出以下几点换乘车站规划原则。

（1）乘客方便原则。

首先采用同站台换乘，其次考虑节点换乘，最后考虑站厅或通道换乘，并均应在付费区内实现换乘。

（2）预留灵活性原则。

换乘车站的工程预留要具有一定的灵活性，尽可能保证后续工程以最优换乘方案实施。

（3）预留经济性原则。

近期建设线路考虑预留同站台换乘和节点换乘条件，远期建设线路考虑预留站厅和通道换乘条件，防止预留规模过大而造成浪费。

（4）工程可行、合理原则。

应保障换乘车站分期建设可行、合理。

**2. 换乘方式选择影响因素**

线路的换乘方式选择都是将满足客流换乘需要作为第一位的，同时还要考虑一系列的其他相关因素：换乘车站处相交线路条数及各条线路的修建时序；换乘车站处线路的交织形式和车站位置；换乘车站的换乘客流量大小和客流组织方式；换乘车站处线路和车站的结构形式及施工方法;换乘车站周边的地形、地质条件以及地面和地下空间的开发要求等。

由此可见,换乘方式的选择首先要确定换乘点的具体位置;再确定换乘线路的交织形式和车站的结构形式,同时选择车站的换乘方式;最终进行车站设计,确定换乘结构形式。

## 4.4.6 车站交通详细规划

城市轨道交通车站作为一种客运交通设施,最基本和最重要的功能就是交通接驳功能。车站的建设,在有效改善和提高所在区域的交通易达性和通达性基础上,将提高沿线地区土地价值及发展潜力。

**1. 车站功能**

(1)车站功能定位技术路线。

车站功能不仅仅表现为客运交通功能,也包括对车站周边土地功能特征的影响趋势,可以称为"车站用地功能"。

车站功能定位研究是指通过基础性调查研究,结合对城市交通体系和用地功能结构的分析,根据交通接驳特点和腹地范围内的用地规划发展定位,从线网的角度对轨道交通车站进行综合判断,从而在交通和用地两个角度对下一阶段的车站规划调整给予明确的指导。车站功能定位技术路线如图 4.3 所示。

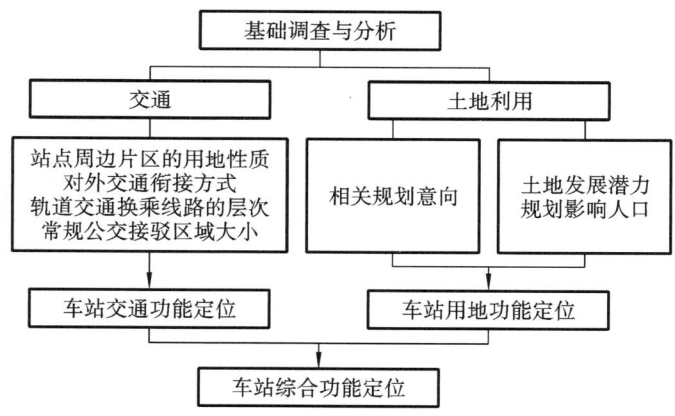

**图 4.3 车站功能定位技术路线**

(2)轨道交通车站功能分级的主要影响因素。

通过对国内部分城市轨道交通枢纽分级标准的分析可知,影响轨道交通车站功能分级的主要因素有站点周边片区的用地性质、客运交通方式的种类和线路数量、轨道交通线路的层次、车站常规公交接驳区域、集散客流量和换乘客流量的大小这五个方面,具体内容如下。

①站点周边片区的用地性质。

轨道交通车站一般位于客流集散点附近。客流集散点是指客流产生点、吸引点或换乘点,而产生客流吸引或换乘的根源是站点周边片区的土地使用功能。一般将城市客流集散点按功能分为中心商务区(central business district,CBD)、商业服务区、居住区、工业区、科教区、文化娱乐区以及行政中心等类型。由于城市布局和环境千差万别,客流集散点的属性是多种多样的,不同客流集散点的集散客流量也是不相同的。因此不同性质的客流集散点应该采用具有不同接驳功能的轨道交通车站为其服务。

②客运交通方式的种类和线路数量。

不同的客运交通方式在城市综合客运交通体系中的功能和地位是不相同的,在运营和管理方式上也具有不同的特征。因此轨道交通车站所衔接的客运交通方式的种类将对轨道交通车站的接驳功能产生重要影响。另外,轨道交通车站所衔接的不同客运交通方式的线路数越多,车站的规模及其影响区域越大,结构组成越复杂,对车站接驳功能的要求也就越高。

③轨道交通线路的层次。

从上海、广州、深圳等已完成轨道交通线网规划的城市的实际情况来看,轨道交通线网是由不同级别的轨道交通线路所组成的,那么不同级别的轨道交通线路上的车站与其他客运交通方式的接驳要求也是不相同的。

④车站常规公交接驳区域。

常规公交接驳区域的大小决定了轨道交通车站辐射吸引范围的大小以及所覆盖的人口、就业岗位数量的多少,它与车站周边道路网络以及常规公交网络的布局密切相关。同时,车站常规公交接驳区域越大,所要求布设的接驳线路越多,换乘客流量也就越大,相应的轨道交通车站的接驳功能也就越强。

⑤集散客流量和换乘客流量的大小。

设计年限高峰小时预测集散客流量和换乘客流量是确定轨道交通车站内各种设施配置、运营管理模式、工作人员定员配备、交通接驳方式和接驳设施规模配置的基本依据。因此,集散客流量和换乘客流量对轨道交通车站的接驳功能有着决定性的影响。

(3)依据交通功能对车站进行分类。

根据上述轨道交通车站功能分级的影响因素以及所服务的客流性质,综合考虑城市轨道交通网络与常规公交线网接驳的布局结构,以及各条线路的车站交通接驳模式与服务范围,并结合车站周边用地性质,将城市轨道交通车站分为综合枢纽站、交通接驳站、片区接驳站、一般换乘站四种类型,具体如下。

①综合枢纽站。

综合枢纽站是与重要的对外交通枢纽结合的大规模综合性客运枢纽。综合枢纽站承担多种交通方式换乘功能,需具备较大面积的换乘场地。枢纽站内部应采用无缝接驳方式,使乘客便捷地换乘其他交通工具,快速地到达出行目的地。配套接驳的大型常规公交枢纽场站规模一般在 10000 m² 以上。

②交通接驳站。

交通接驳站位于城市道路网络的咽喉部位,或中心城区内外交通的转换点,与城市各级道路网络结合紧密。车站通过道路网络的辐射,对截留进入中心城区的各类交通流量具有较大的作用。车站客流吸引范围较大,以常规公交接驳换乘和小汽车停车换乘为主要换乘模式。车站功能以交通换乘为主,片区交通服务为辅。

交通接驳站通过公交走廊对外辐射覆盖较大区域客流,接驳场站规模一般在 4000～6000 m²。

③片区接驳站。

片区接驳站是与常规公交枢纽、大型商业中心、大型居住区、密集公用建筑区等结合的客运枢纽,是通过轨道交通建设带动城市土地综合开发形成的交通枢纽和区域中心。一般位于城市片区中心或围绕车站进行大型商业中心、大型居住区、密集公用建筑区等开发。车站功能以区域交通服务为主,以交通换乘为辅,通过常规公交吸引车站周边片区客流换乘轨道交通继续出行。该类车站一般对应接驳常规公交线网的首末站,接驳客流量较大或用地条件较好时规模一般在 4000～5000 m²,接驳客流量较小或用地条件较差时规模一般在 2500～4000 m²。

④一般换乘站。

一般换乘站是与常规公交站点、普通商业中心及居住区相结合设置的轨道交通车站,功能主要是为片区交通服务。对于常规公交换乘客流,如果因用地等原因设置专用接驳场站有困难,主要利用公交停靠站进行换乘,应本着使用方便的原则,使此类换乘站出入口与居住区主要人流出行通道及常规公交设施相对应,设置完善的步行设施,引导乘客快速到达目的地。

一般换乘站多位于城市片区中心或大型居住区,轨道交通与常规公交换乘客流相对较少,仅利用公交停靠站实现换乘。

**2. 车站用地**

(1)车站用地功能定位。

车站用地功能定位主要从开发的可能性与必要性两方面进行研究,具体内容如下。

①开发的可能性。

对车站开发可能性的研究,主要根据车站腹地内土地发展潜力及人口规模来进行分析判断。腹地内用地发展潜力越大,居住、就业人口规模越大,开发的可能性就越大。

②开发的必要性。

在车站具有开发可能性的前提下,是否对车站腹地内用地进行开发,以及以怎样的方式与强度进行开发,则需要进行必要性论证。主要考虑的影响因素有:现状土地主导功能、相关规划用地主导功能、相关规划用地开发定位及人员主要活动模式等。

(2) 依据用地功能对车站进行分类。

根据车站用地功能,可将车站分为市级中心站、地区中心站和一般地区站三类。具体内容如下。

①市级中心站。

此类车站位于市(区)级商业、金融、办公、服务中心,周边土地利用以商业、商务办公配套服务为主,另有部分公寓式住宅和公共建筑。车站周边土地开发强度和密度均较高,辐射和吸引全市(区)客流。通常有多条轨道交通线路,常规公交线网密集,配有部分公共小汽车停车场和出租车停靠站,交通出行及车站接驳以公共交通为主。

②地区中心站。

该类车站位于城市各个发展片区的中心,通常位于片区内部主要交通走廊的交会处。车站周边地块以大型居住区以及服务本片区的商业、餐饮、娱乐和配套设施为主,另有部分行政办公和文化卫生等公用设施,主要吸引和服务本片区客流。车站客流接驳方式以常规公交、自行车及步行为主。

③一般地区站。

该类车站位于城市普通居住区、工业区周边,主要服务附近小区通勤出行客流。车站客流接驳方式以步行和自行车为主,常规公交接驳比例较小。

**3. 车站交通详细规划影响因素**

车站交通详细规划的主要影响因素有:车站周边土地利用现状及用地开发情况;车站客流 OD 分布;车站周边道路及交通规划;车站周边建筑布局,特别是大型建筑物布局;车站周边地形、地貌以及工程地质条件;轨道交通线路换乘设站要求;与常规公交接驳的公交枢纽布局及其他交通接驳设施布局;车站形式及车站敷设方式;车站周边大型市政管线的布局位置、管径及埋深;车站施工方式、工程可行性及工程造价。

**4. 车站布局**

(1) 车站出入口布局。

根据车站周边客流集散点分布进行出入口布局,尽量平行于道路布置在人行道外侧或绿化带上，避免影响行人交通；根据客流疏散和安全要求，车站进出通道不少于 2 对，出入口不少于 4 个，为吸引客流，提高便利程度，可多设出入口；根据疏散客流量大小，出入口宽度一般取 3～6 m，若同时承担过街功能，可适当加宽；如出入口需与车站周边过街天桥、地道、地下街、邻近建筑物连通，可进行统一规划，分期实施。

（2）公交枢纽布局。

公交枢纽尽量靠近轨道交通车站布置，缩小换乘时空距离，并方便接驳公交线路布设；可结合建筑设置，不单独占用土地；车辆出入口尽量设置在次干道或支路上，距离交叉口停车线至少 50 m，减少对道路交通的影响；内部候车廊尽量采用人车分离的布局形式，避免人车冲突。

（3）公交停靠站布局。

公交停靠站尽量靠近轨道交通车站出入口布置，间距一般为 300～400 m；尽量采用港湾式停靠站，主干道一般设 3 个停车位，次干道设 2 个；对客流量大、线路多的停靠站，采用拆分站台、深港湾式站台等进行改善；尽量设置在交叉口出口道，与缘石切点的距离至少主干道 50 m、次干道 40 m、支路 20 m；若需设置在进口道，与停车线的距离至少主干道 100 m、次干道 70 m、支路 50 m；如在交叉口道路外侧拓宽，增加车道，宜将拓宽车道与停靠站进行一体化设计；"一块板"道路的上下行站点宜错开设置，错开距离不小于 30 m。

（4）小汽车停车场布局。

小汽车停车场尽量靠近车站布置，并有利于小汽车交通组织；车辆出入口尽量设置在次干道或支路上，若须设置在主干道上，出入口距离交叉口停车线至少 80 m；为方便接驳交通组织，可开辟专用通道与主干道相连；出租车上落客站和社会车辆接送客站尽量靠近车站出入口布置，方便乘客使用；采用港湾式上落客站时，尽量减少对其他交通的影响；一般在车站周边道路两侧分开设置，也可结合车站周边建筑设置；若附近有公交停靠站，应设在公交停靠站上游至少 50 m 处；规模依据车站功能和客流需求而定。

（5）自行车停车场布局。

自行车停车场尽量靠近车站出入口布置；应在道路两侧分开设置，避免自行车穿越道路；根据车站周边用地和道路情况，可布置在人行道外侧或道路绿化带上，也可结合车站周边建筑布置。

## 4.4.7 车辆基地规划

### 1. 规划原则

车辆基地规划中的重要内容是车辆段及停车场规划。车辆段及停车场规划是根据线网规划,选择车辆段及停车场建设场地,确定各车辆段的合理分工及建设规模,划定车辆段的用地范围及用地控制范围,决定车辆段出入段线与正线的接轨方式。

编制车辆段及停车场规划的基本原则:车辆段及停车场用地应符合城市总体规划;车辆段设置应根据线网规划统一考虑,可以一条线路设一座车辆段,相关条件允许的前提下可几条线路合建一座车辆段;当一条线路的长度超过 20 km 时,可在适当位置增设停车场;合理确定车辆段的分工,大修任务应相对集中;车辆段应有良好的接轨条件,缩短出入段长度,降低工程造价;车辆段用地尽量避开工程地质及水文地质不良地段;车辆段应有足够的有效用地及远期发展余地;轨道交通线网中至少应有一座车辆段接入国铁线路,方便车辆及物资运输。

**2. 车辆段规模分析**

根据相关要求,按照不同的车型,车辆基地(综合)的规划占地面积指标为 900～1000 m²/车,车辆段(定修级)为 750～900 m²/车,停车场为 500～600 m²/车。根据上述要求,并借鉴国内轨道交通车辆基地的规划建设情况,考虑城市的实际用地条件,结合线路长度、车辆数等估算各线路车辆基地规模。

# 4.5　深圳轨道交通详细规划

下面以深圳轨道交通 10 号线(以下简称"10 号线")详细规划为例,对城市轨道交通线路详细规划的内容进行阐述。

## 4.5.1　工程概况

**1. 规划范围**

10 号线起自福田口岸站,终于平湖中心站,线路长约 28.9 km,设 22 站,其中有 7 座换乘站,平均站距约为 1.4 km。线路详见图 4.4。

**2. 规划工作内容**

10 号线交通详细规划的主要工作内容包括以下几个方面。

(1) 10 号线建设必要性、紧迫性分析。

10 号线交通详细规划工作中,从定性及定量、宏观、中观、微观多个层面论证是前建设的必要性及紧迫性,以期确定下一轮的轨道交通建设规划对 10 号线的安排。

(2) 线路起终点分析。

结合上层次轨道交通线网规划,通过起终点分析,进一步明确 10 号线与其他线路的

图 4.4 10 号线示意图

衔接关系及其东延的必要性,落实通道用地控制,协调各项规划。

（3）线站位及敷设方式规划。

根据上层次线站位规划 10 号线线站位和敷设方式,进行线路方案研究,包括线路走向、敷设形式、站位设置与换乘形式等,综合比选并推荐线站位方案和敷设方式。

（4）轨道交通车场布局及用地控制规划。

根据车场用地规模,分析轨道交通沿线所有可能的用地情况,经过多方案比选,提出选址建议,协调车场平面、出入段线布局与车场周边用地规划及相关市政设施用地。

（5）车站功能定位及交通接驳设施布局规划。

综合考虑车站的城市功能和交通功能,以指导车站开发建设为原则,确定车站功能分级体系;再根据各个车站的特点,确定车站的功能定位;根据车站交通功能定位,进行车站接驳设施分析。

## 4.5.2　线路起终点分析

### 1. 线路东延必要性分析

根据两轮轨道交通线网规划对客运走廊客流服务的分析,龙岗中心城-平湖走廊的高峰小时客流量为 7.5 万～10 万人次。另外加上龙岗中心城经布吉至坂田走廊转移的客流量,龙岗中心城-平湖走廊的高峰小时客流量会大于 10 万人次。考虑轨道交通客流量占公共交通客流量的比重宜为 50%,需要 2 条轨道交通线路才能完成客流输送。

综上所述,从功能需求来看,中部组团与东部组团仅仅靠 1 条快速或者普速线来服务组团内及跨组团的客流不是最优选择。

从客流需求来看,龙岗中心城-平湖走廊的客流量能够支撑建设 2 条轨道交通线路。因此,有必要考虑将 10 号线向东延伸至龙岗中心城,并且最好能够尽量延伸至龙岗中心城较核心的位置,这样可以更好地服务客流,具体线站位需结合客流、工程、运营等因素考虑。

### 2. 线路东延方案比选

（1）方案及其优缺点。

综合考虑相关因素,针对线路东延段共提出 3 个方案,分别是:回龙埔站方案(方案一或 07 版轨网方案)、双龙站方案(方案二)和吉祥站(方案三)方案,详见图 4.5。

①方案一:回龙埔站方案。

延伸后与 12 号线衔接换乘,利用 12 号线至龙岗中心城核心区。该线路自平湖中心站引出后,转向平龙路和龙平西路敷设,经东莞凤岗地区至深圳龙岗区回龙埔站,线路长约 9.2 km,覆盖人口及就业岗位数量约为 18.6 万,设站 4 座,分别为龙平路站、油柑埔站、官井头站和回龙埔站。

方案优点:线路较短,线形较好。

方案缺点:未经过龙岗中心区,覆盖较差;需要换乘,客流服务较差。

②方案二:双龙站方案。

将 10 号线尽量延伸至龙岗中心城核心区域,并与 3 号线衔接换乘,发挥网络效益。

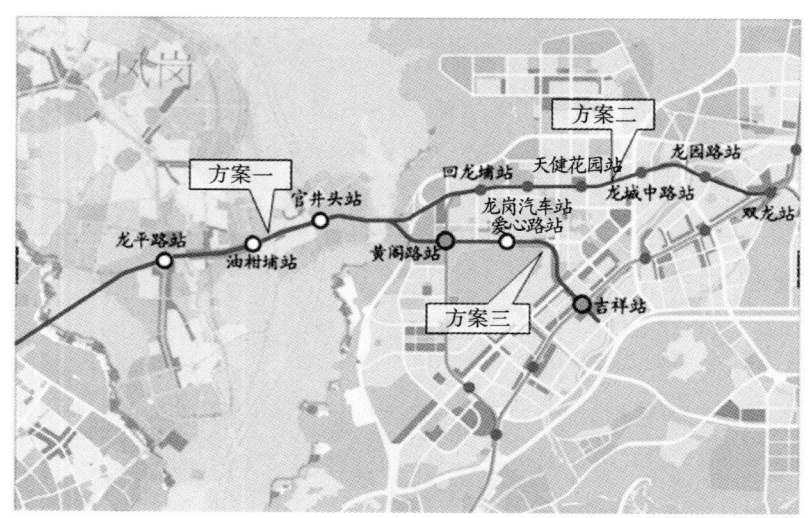

图 4.5 东延段线站位方案

线路自平湖中心站引出,至东莞凤岗段走向与方案一一致,从回龙埔站引出后沿龙平西路、龙平东路敷设,终点设在双龙站,线路长约 15.2 km,覆盖人口及就业岗位数量约为 45.6 万,设站 9 座,分别为龙平路站、油柑埔站、官井头站、回龙埔站、龙岗汽车站、天健花园站、龙城中路站、龙园路站和双龙站。

方案优点:线路覆盖较好,且能与 3 号线换乘。

方案缺点:占用远期轨道交通 12 号线通道,对轨道交通线网影响较大;线路较长,至福田中心区长度约为 45.6 km。

③方案三:吉祥站方案。

线路尽可能连接龙岗中心城的核心地区,尽可能提高车站覆盖人口及就业岗位数量。线路自平湖中心站引出,至东莞凤岗段走向与方案一一致,沿龙平东路敷设,出官井头站向南转至清林路,在清林路设站 2 座后,向南转至吉祥路敷设,终点设在 3 号线的吉祥站。线路长约 12.6 km,车站覆盖人口及就业岗位数量约为 35.4 万,设站 6 座,分别为龙平路站、油柑埔站、官井头站、黄阁路站、爱心路站和吉祥站。

方案优点:不占用 12 号线通道,线网覆盖更均衡;与轨道交通 3 号、12 号线均可以换乘;对龙岗中心区覆盖较好。

方案缺点:线路较长,至福田中心区长度约为 43 km。

(2)方案综合比选。

综合考虑线网覆盖、对龙岗中心区的服务、线路长度等因素,推荐方案三,即吉祥站方案。10 号线东延段方案综合评估见表 4.1。

表 4.1　10 号线东延段方案综合评估

| 方案 | 线路长度 | 拆迁占地 | 区域服务 | 换乘关系 | 综合评估 |
|------|---------|---------|---------|---------|---------|
| 回龙埔站方案 | 小 | 无 | 差 | 中 | 中 |
| 双龙站方案 | 长 | 中 | 中 | 好 | 中 |
| 吉祥站方案 | 中 | 小 | 好 | 好 | 好 |

## 4.5.3　线路控制点及区段划分

### 1. 线路控制点

根据图 4.4,梳理了 10 号线沿线主要线路控制点,作为线路区段划分和规划方案考虑的重要因素,见表 4.2。

表 4.2　10 号线线路控制点

| 控制点 | 主要特征 | 规划控制要点 |
|--------|---------|------------|
| 莲花村站 | 10 号线与 3 号线的换乘站 | 按 3 号线设计方案中预留的线站位布设 |
| 梅林东站 | 10 号线与 9 号线的换乘站 | 按 9 号线设计方案中预留的线站位布设 |
| 五和站 | 10 号线与 5 号线的换乘站 | 按 5 号线设计方案中预留的线站位布设 |
| 皇岗口岸站 | 皇岗口岸,10 号线与 7 号线的换乘站 | 服务出入境口岸,线路尽可能覆盖 |
| 岗厦北站 | 福田中心区,10 号线与 2 号线的换乘站 | 服务福田中心区,线路尽可能覆盖 |
| 坂田片区 | 中部组团的中心片区 | 线路连接坂田片区,并尽可能覆盖重点开发区 |
| 平湖中心区 | 中部物流组团的中心片区 | 线路连接平湖片区,并尽可能覆盖重点开发区 |
| 上李朗片区 | 重要影响片区,片区存在大量潜力用地 | 线路应尽可能连接片区核心,与潜力用地紧密结合 |

### 2. 线路区段划分

经过综合考虑,将 10 号线划分为六段分别进行深入研究和比选,分别为福田段、民乐段、坂田南段、坂田北段、上李朗段以及平湖段,以形成推荐的线路方案。

## 4.5.4　福田段线站位方案

10 号线福田段经过深圳市政府所在地福田中心区,此区域是深圳重点开发和建设的中心城区,是深圳的行政、文化、信息、国际展览和商务中心。

**1. 方案一：益田站方案**

方案线路自益田站引出，沿福强路设两座车站后向北转至彩田路。该段线路长约9.9 km，其中支线长约2.2 km，共设站9座（其中支线2座），分别为益田站、水围村站、福民站、岗厦站、岗厦北站、莲花村站、有线电视台站；支线为福田口岸站、河套站，如图4.6所示。

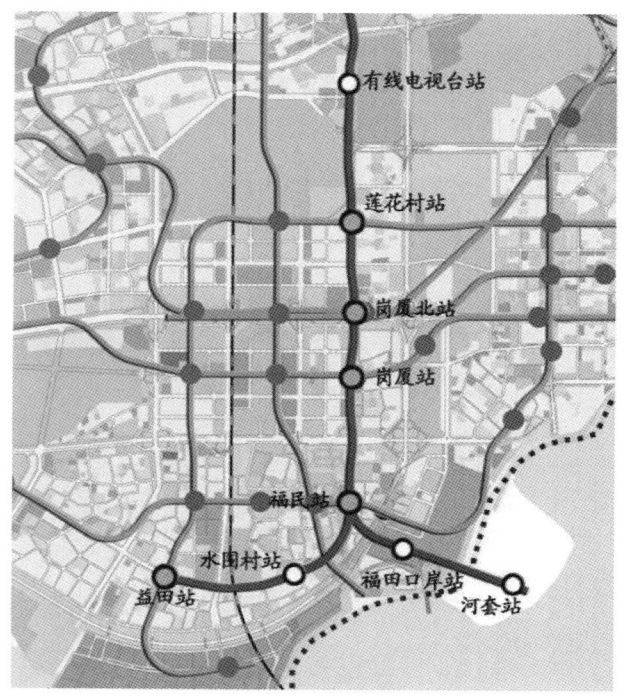

**图4.6 益田站方案**

益田站方案优点：与既有线网衔接较好，换乘条件较好；预留经皇岗口岸延伸至河套地区的条件。

益田站方案缺点：与7号线换乘距离远，且被水渠分割，换乘条件差；线路穿越3座立交，施工难度大；支线穿越3栋8层建筑，协调难度较大；从网络协调布局和客流覆盖来看，与3号线在终点益田站换乘意义不大。

**2. 方案二：福田口岸站方案**

对方案一的终点做部分调整，加强与福田口岸及皇岗口岸的联系。方案线路以福田口岸为起点，对福田口岸-岗厦段研究了4种线站位方案，即皇岗口岸换乘方案、福强路方案、皇岗路方案、福田南路方案，综合考虑与7号线皇岗口岸站的换乘关系、车站客流吸引力等因素，选取皇岗口岸换乘方案。线路全长6.5 km，共设站6座，如图4.7所示。

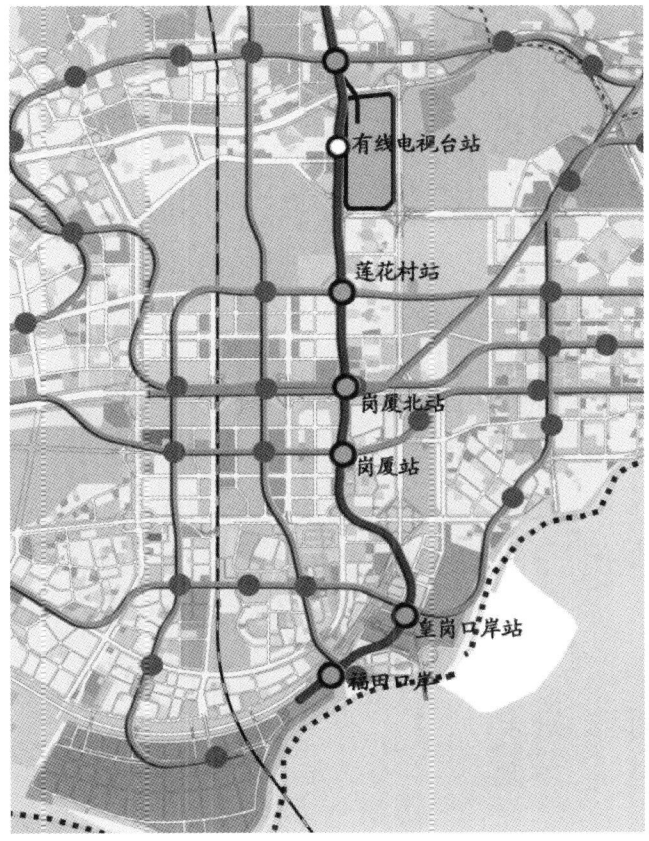

**图 4.7　福田口岸站方案**

福田口岸站方案优点:衔接福田口岸、皇岗口岸,有利于均衡两个口岸之间的客流;与既有线网衔接较好,换乘条件较好;支持皇岗口岸周边未来配套发展。

福田口岸站方案缺点:穿越深圳市皇御苑学校,影响环境;不具备延伸至河套地区的条件;线形较差,连续有两个长 350 m 的曲线段。

### 3. 方案三:福南站方案

福南站方案中线路自规划 7 号线福南站引出,从滨河皇岗立交西南侧绕过后转至彩田路。该段线路长约 5.3 km,共设站 5 座,分别为福南站、岗厦站、岗厦北站、莲花村站、有线电视台站,如图 4.8 所示。

福南站方案优点:与既有线网衔接较好,换乘条件较好;与规划 7 号线衔接较好:可以预留延伸至河套地区的条件。

福南站方案缺点:线路穿越 3 座立交,施工难度大;线路终点覆盖客流量受规划影响较大,近期客流量较小,对福田南片区覆盖较差;福南站距离口岸较远。

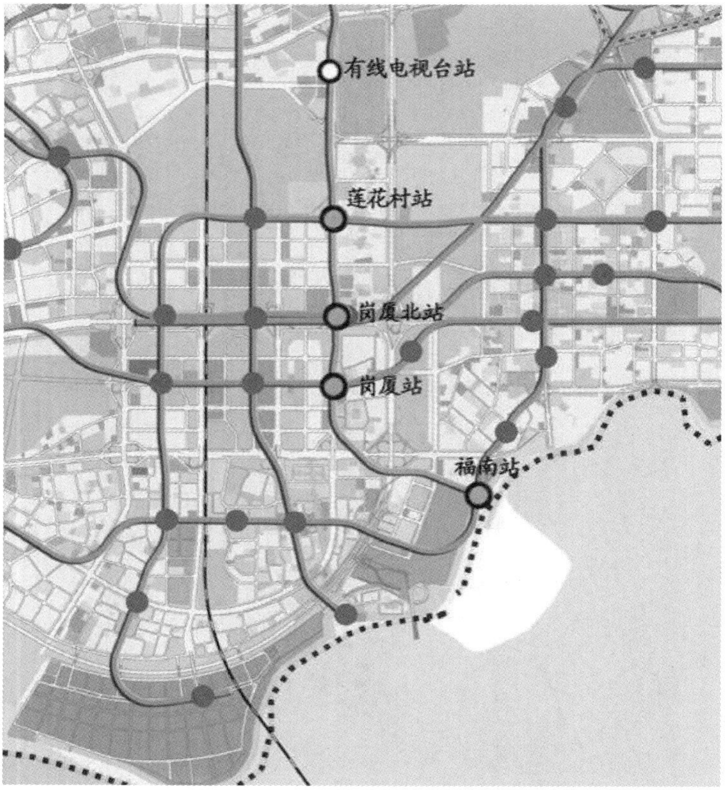

图 4.8　福南站方案

## 4. 线站位方案综合比选

综合考虑区域服务、征地拆迁、与用地协调、线形条件等因素,选择福田口岸站方案。综合评估结果见表 4.3。

表 4.3　福田段线站位方案综合评估结果

| 序号 | 方案 | 线路长度 /km | 车站数 /个 | 线形 条件 | 网络 换乘 | 客流 服务 | 实施 难度 | 与口岸 结合 | 综合评估 |
|---|---|---|---|---|---|---|---|---|---|
| 1 | 益田站方案 | 9.9 | 9 | 好 | 好 | 中 | 较小 | 中 | 中 |
| 2 | 福田口岸站方案 | 6.5 | 6 | 差 | 中 | 好 | 较小 | 好 | 好 |
| 3 | 福南站方案 | 5.3 | 5 | 好 | 中 | 差 | 大 | 差 | 差 |

## 4.5.5　民乐段线站位方案

民乐段靠近梅林关,是密集建成区,主要为二类居住区,还有大量旧村建筑及工业厂房,是中部发展轴的重要节点;规划以居住为主,兼具高新技术产业园、休闲娱乐功能。民乐段线站位共设计了 2 个方案,分别是梅林关方案和创新园站方案。

**1. 方案一:梅林关方案**

线路自梅林东站引出后,穿越山体至梅林关东侧,然后转向梅坂大道、五和大道。线路长约 5.8 km,共设站 4 座,分别为梅林东站、民乐站、民乐北站、雅宝站,如图 4.9 所示。

**图 4.9  梅林关方案**

梅林关方案优点:与 4 号线、6 号线均可换乘;6 号线南延方案线形顺直。

梅林关方案缺点:线路集中换乘,工程未作预留,工程量大且换乘不便;对民乐东片区及星河雅宝高科创新园覆盖较差;6 号线与 4 号线平行段较长,6 号线服务较差。

**2. 方案二:创新园站方案**

线路自梅林东站引出后,穿越山体至星河雅宝高科创新园西南侧,再向北沿五和大道敷设。线路长约 5.1 km,共设站 3 座,分别为梅林东站、创新园站、雅宝站,如图 4.10 所示。

网络换乘方案:在梅林东站与规划 9 号线换乘,梅林东站预留衔接条件,并设置联络线。

创新园站方案优点:4 号线、6 号线、10 号线分散布置,网络覆盖较好;增强对民乐北片区和星河雅宝高科创新园的覆盖;10 号线线形顺直;与近期城市更新结合较好。

创新园站方案缺点:不能与 4 号线、6 号线换乘。

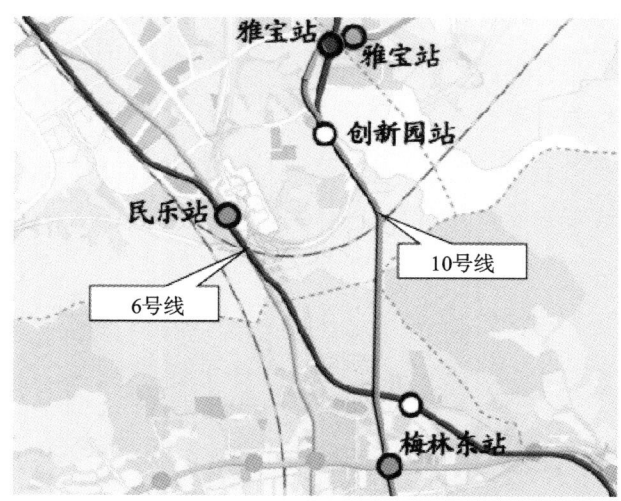

**图 4.10  创新园站方案**

### 3. 线站位方案综合比选

综合考虑民乐段整体服务、与 6 号线南延的关系、客流服务、线形条件等因素,选择创新园站方案。综合评估结果见表 4.4。

**表 4.4  民乐段线站位方案综合评估结果**

| 序号 | 方案 | 线路长度 /km | 车站数 /个 | 线形条件 | 网络换乘 | 客流服务 | 实施难度 | 穿越建筑 | 综合评估 |
|---|---|---|---|---|---|---|---|---|---|
| 1 | 梅林关方案 | 5.8 | 4 | 差 | 中 | 中 | 大 | 多 | 中 |
| 2 | 创新园站方案 | 5.1 | 3 | 好 | 差 | 好 | 较小 | 少 | 好 |

## 4.5.6  坂田南段线站位方案

坂田南段邻近福田中心区,主要为二类居住区,还有大量旧村建筑及少量旧工业厂房,有改造潜力的用地较多。

根据坂田南片区沿线用地特征,结合轨道交通线网布局和工程条件,提出 2 个方案:五和大道方案和坂雪岗大道方案。

### 1. 方案一:五和大道方案

线路自雅宝站引出后,沿五和大道敷设,在五和站与 5 号线换乘后,由五和大道转至布龙路敷设并向北转至坂雪岗大道。线路长约 3.7 km,共设站 3 座,分别为雅园站、五和站和吉华站,如图 4.11 所示。

五和大道方案优点：对坂雪岗片区覆盖较好；与城市更新地块结合较好；五和站已做通道预留，施工难度较小。

五和大道方案缺点：线路穿越城市更新地块，协调难度较大。

**2. 方案二：坂雪岗大道方案**

线路自雅宝站引出后，沿环城南路敷设并转至坂雪岗大道。线路长约 3.8 km，共设 3 站，分别为五园小学站、坂田站和吉华站，如图 4.12 所示。

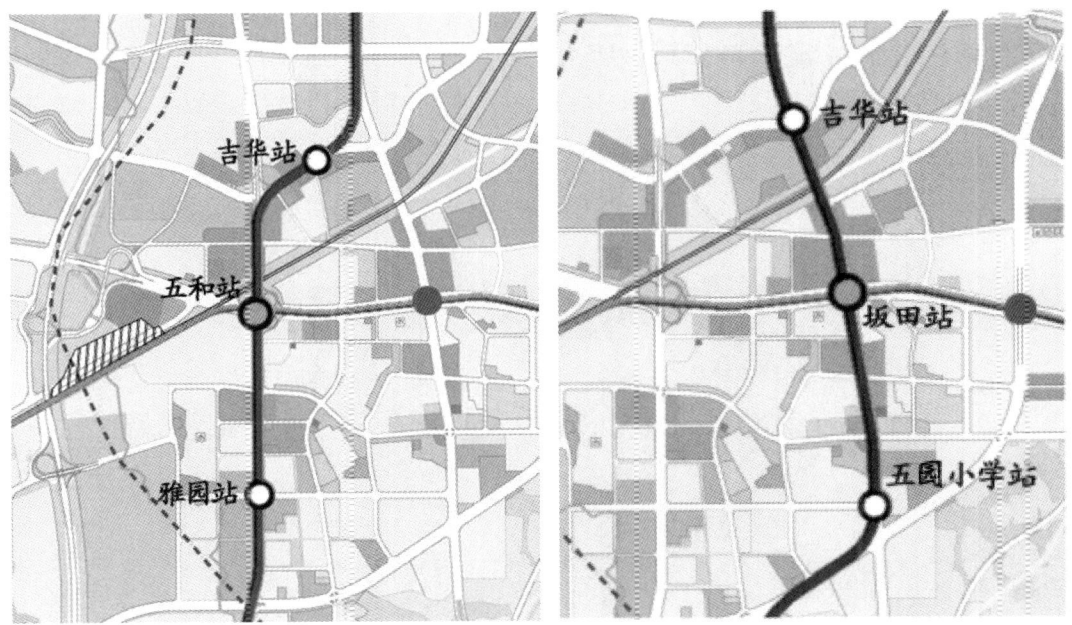

图 4.11　五和大道方案　　　　　　　图 4.12　坂雪岗大道方案

**3. 线站位方案综合比选**

综合考虑与 5 号线换乘条件、城市更新等因素，选取五和大道方案。综合评估结果见表 4.5。

表 4.5　坂田南段线站位方案综合评估结果

| 序号 | 方案 | 线路长度 /km | 车站数 /个 | 线形条件 | 网络换乘 | 城市更新 | 实施难度 | 综合评估 |
|---|---|---|---|---|---|---|---|---|
| 1 | 五和大道方案 | 3.7 | 3 | 差 | 好 | 好 | 大 | 好 |
| 2 | 坂雪岗大道方案 | 3.8 | 3 | 好 | 中 | 中 | 较小 | 中 |

### 4.5.7 坂田北段线站位方案

坂田北片区为密集建成区,主要为高新技术产业园区,还有少量小型商业中心、二类居住区,以及大量旧村建筑、旧工业厂区。

根据坂田北片区 10 号线沿线用地特征,结合轨道交通线网布局和工程条件,提出 3 个方案:冲之大道方案、布澜路方案和中浩一路方案。

**1. 方案一:冲之大道方案**

线路自吉华站引出后,斜穿坂田村地块后向北转至冲之大道,沿冲之大道敷设并设 3 站,向东转至布澜路。线路长约 5.7 km,共设站 4 座,分别为华为站、岗村站、禾塘光站和雪象北站,如图 4.13 所示。

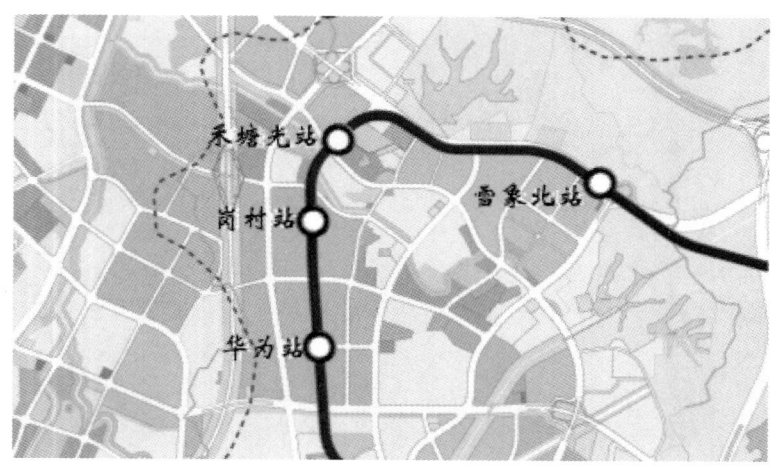

**图 4.13 冲之大道方案**

冲之大道方案优点:线路距车辆段较近,接入条件较好;对华为工业区覆盖较好。

冲之大道方案缺点:与片区城市更新地块结合较差;对坂田北中心区覆盖较差;线路较长。

**2. 方案二:布澜路方案**

线路自吉华站引出后,斜穿坂田村后向北转至坂雪岗大道,沿坂雪岗大道敷设并设 2 站后,向东转至布澜路。线路长约 4.3 km,共设站 3 座,分别为华为站、雪象站和雪象北站,如图 4.14 所示。

布澜路方案优点:线路距车辆段较近,接入条件较好;与用地规划协调较好,与城市更新单元结合较好。

布澜路方案缺点:雪象北站覆盖较差。

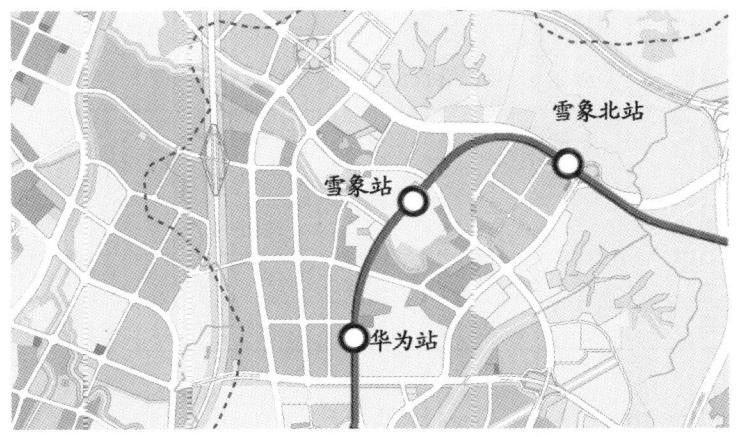

**图 4.14　布澜路方案**

### 3. 方案三：中浩一路方案

线路自吉华站引出后，斜穿坂田村后向北转至坂雪岗大道，沿坂雪岗大道敷设并设 2 站后，向东转至中浩一路，并在雪象站预留 10 号线观澜支线的设置条件。线路长约 4.1 km，共设站 3 座，分别为华为站、雪象站和雪象北站，如图 4.15 所示。

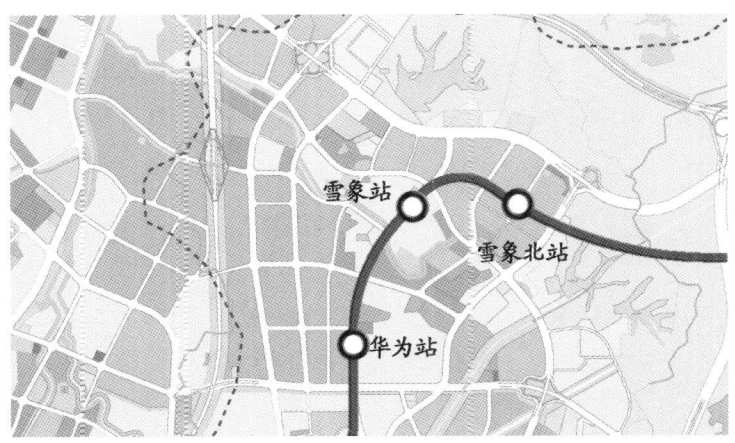

**图 4.15　中浩一路方案线站**

中浩一路方案优点：雪象北站覆盖较好；与用地规划协调较好，与城市更新单元结合较好。

中浩一路方案缺点：线路距车辆段较远，出入段线建设成本较高；线路需穿越佳兆业城市更新地块，有一定的协调难度。

### 4. 线站位方案综合比选

综合考虑客流覆盖、华兴工业区覆盖、与城市更新地块结合、车辆段接轨条件等因素,选取中浩一路方案。综合评估结果见表 4.6。

**表 4.6 坂田北段线站位方案综合评估结果**

| 序号 | 方案 | 线路长度/km | 车站数/个 | 与城市更新地块结合 | 与华为工业区结合 | 客流服务 | 综合评估 |
|---|---|---|---|---|---|---|---|
| 1 | 冲之大道方案 | 5.7 | 4 | 差 | 好 | 差 | 差 |
| 2 | 布澜路方案 | 4.3 | 3 | 中 | 中 | 中 | 中 |
| 3 | 中浩一路方案 | 4.1 | 3 | 好 | 中 | 好 | 好 |

## 4.5.8 上李朗段线站位方案

上李朗段所在片区处于城市化的过渡阶段,以工业发展为主导,有大量旧村建筑及旧工业厂房。规划以产业升级为主,建设土地使用集约高效、生活配套完善、生态环境良好的现代化产业园区。

根据 10 号线上李朗段沿线用地特征,结合轨道交通线网布局和工程条件,提出 2 个方案:甘李三路方案和平吉大道方案。

**1. 方案一:甘李三路方案**

线路自雪象北站引出,穿越山体至秀峰二街、甘李三路敷设,再斜穿上李朗村地块向东南转至平新南路。线路长约 4.8 km,共设站 3 座,分别为甘坑站、凉帽山站和上李朗站,如图 4.16 所示。

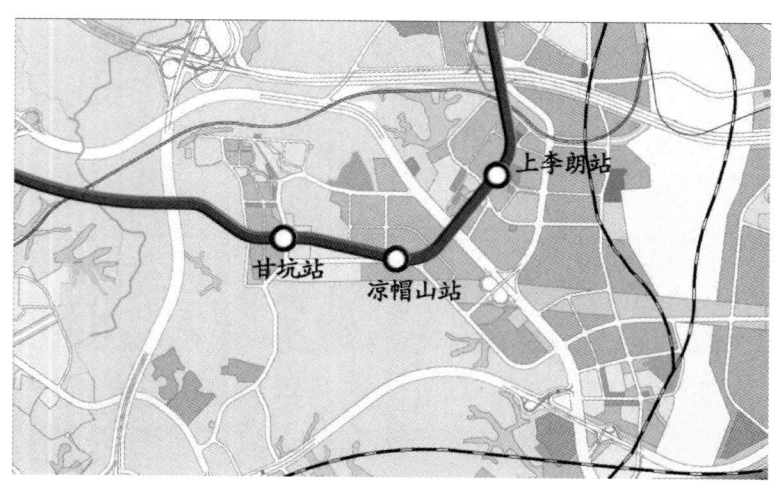

**图 4.16 甘李三路方案**

甘李三路方案优点：与潜力用地结合较好；对上李朗片区覆盖效果较好；车辆段选址合适。

甘李三路方案缺点：穿越建筑较多，协调难度大。

**2. 方案二：平吉大道方案**

线路自雪象北站引出，穿越山体至秀峰一街、甘李二路敷设，再斜穿上李朗村地块向东南转至平吉大道、平新南路。线路长约 5.6 km，共设站 3 座，分别为甘坑站、凉帽山站和上李朗站，如图 4.17 所示。

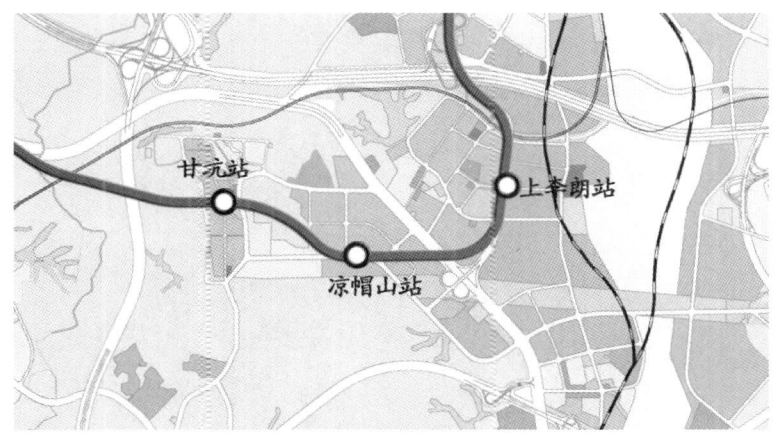

**图 4.17　平吉大道方案**

平吉大道方案优点：与潜力用地结合较好；穿越建筑较少，协调难度小；车辆段选址适应性较好。

平吉大道方案缺点：对上李朗片区覆盖效果较差；线路较长，较方案一约增加 0.8 km。

**3. 线站位方案综合比选**

经过综合考虑，选取甘李三路方案。综合评估结果见表 4.7。

**表 4.7　上李朗段线站位方案综合评估结果**

| 序号 | 方案 | 线路长度/km | 车站数/个 | 线形 | 与潜力用地结合 | 对上李朗片区整体服务 | 车辆段接轨条件 | 穿越建筑 | 综合评估 |
|---|---|---|---|---|---|---|---|---|---|
| 1 | 甘李三路方案 | 4.8 | 3 | 中 | 好 | 好 | 好 | 多 | 好 |
| 2 | 平吉大道方案 | 5.6 | 3 | 差 | 好 | 差 | 好 | 少 | 中 |

### 4.5.9　平湖段线站位方案

平湖段所在地区中部主要为华南城中心的物流园区及配套服务设施;北部主要为原来的平湖镇中心,有大量的旧村建筑及旧工业厂区;南部地区为以新木村等为代表的旧村,同时有大量旧工业区。平湖段共有3个线站位方案,分别为中环大道方案、惠华路方案和守珍街方案。

**1. 方案一:中环大道方案**

线路自上李朗站引出后,沿着华南大道经平龙路向东至水门路向北敷设,至终点金融城站。线路长约5.7 km,共设5座车站,分别是木古站、华南城站、平湖站、辅城站、金融城站,如图4.18所示。

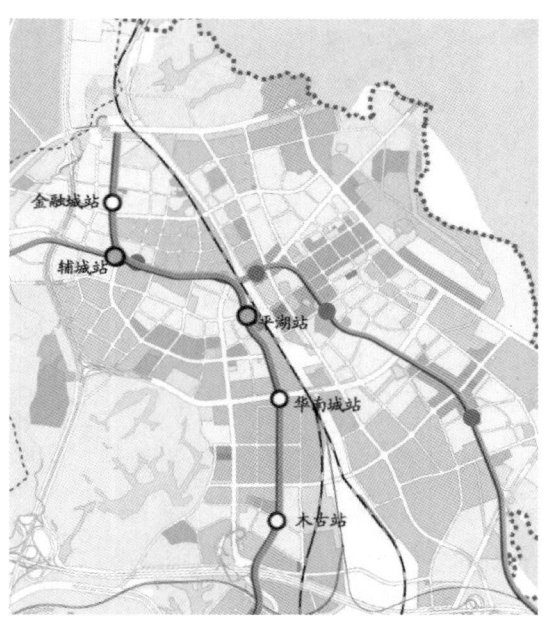

**图 4.18　中环大道方案**

中环大道方案优点:覆盖金融服务基地,支持其开发建设;与平湖火车站距离较近,换乘较为便捷。

中环大道方案缺点:线路穿越地块较多,穿越建筑多;未能覆盖规划的平湖新中心区;线路不具备延伸至龙岗中心城的条件。

**2. 方案二:惠华路方案**

线路自上李朗站引出后,沿平新北路敷设至中环大道,沿中环大道经平湖金融与现代服务基地转向惠华路,经山厦公园后,至终点力昌站。线路长约 8.9 km,共设站 6 座,分别为木古站、华南城站、龙湖学校站、辅城站、山厦公园站和力昌站,如图 4.19 所示。

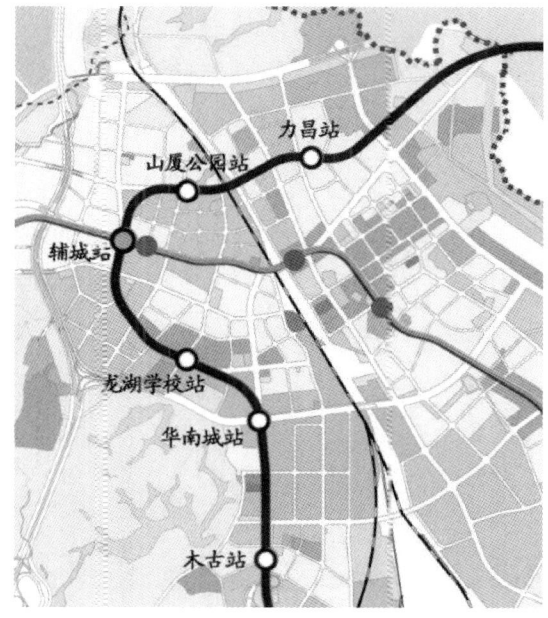

**图 4.19　惠华路方案**

惠华路方案优点:具备延伸至龙岗中心城的条件;覆盖平湖金融与现代服务基地,支持其开发建设。

惠华路方案缺点:线路与旧城改造地块结合较差;与平湖火车站无法换乘;线形较差,线路较长。

### 3. 方案三:守珍街方案

线路沿平新北路敷设,经过平湖火车站后沿守珍街敷设,经过平湖片区商业中心转至平龙路。线路长约 4.7 km,设站 4 座,分别为木古站、华南城站、平湖站和平湖中心站,如图 4.20 所示。

守珍街方案优点:具备延伸至龙岗中心城的条件;对平湖新中心区覆盖效果较好;与平湖火车站距离较近,换乘较为便捷;与潜力地块结合较好。

守珍街方案缺点:未覆盖平湖金融与现代服务基地;线路穿越平湖火车站,施工难度较大。

### 4. 线站位方案综合比选

经过综合考虑,选取守珍街方案。综合评估结果见表 4.8。

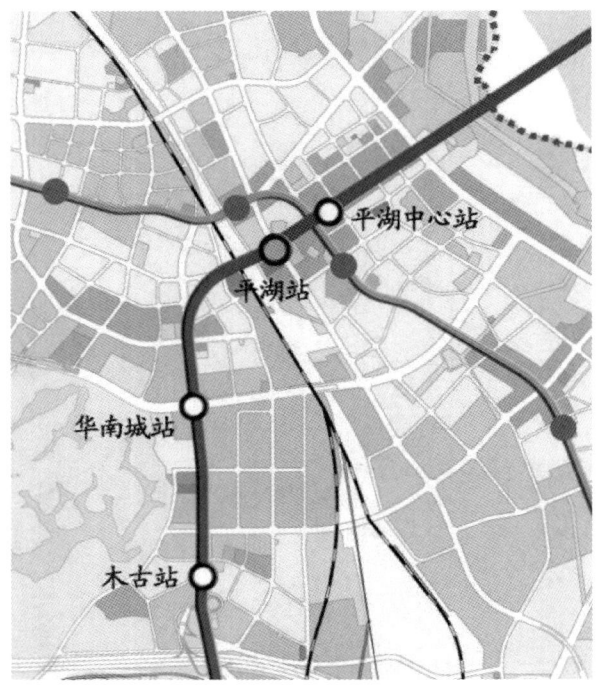

**图 4.20 守珍街方案**

**表 4.8 平湖段线站位方案综合评估结果**

| 序号 | 方案 | 线路长度 /km | 车站数 /个 | 覆盖人口及 岗位数量 | 与潜力 用地结合 | 延伸 条件 | 换乘 条件 | 工程 难度 | 综合 评估 |
|------|------|------------|----------|----------------|--------------|----------|----------|----------|----------|
| 1 | 中环大道方案 | 5.7 | 5 | 中等 | 好 | 差 | 中 | 小 | 差 |
| 2 | 惠华路方案 | 8.9 | 6 | 较多 | 中 | 好 | 差 | 小 | 差 |
| 3 | 守珍街方案 | 4.7 | 4 | 多 | 好 | 好 | 好 | 大 | 好 |

## 4.5.10 线站位推荐方案

在 10 号线线站位规划过程中,对福田段、民乐段、坂田南段、坂田北段、上李朗段、平湖段 6 个区段的线路和车站进行了多方案比选。通过对客流吸引情况、工程实施、线路条件、站位设置情况、换乘条件以及网络形态等多方面的深入研究和分析,在福田段推荐福田口岸站方案;在民乐段推荐创新园站方案;在坂田南段推荐五和大道方案;在坂田北段推荐中浩一路方案;在上李朗段推荐甘李三路方案;在平湖段推荐守珍街方案。

## 4.5.11　换乘站规划

### 1. 换乘节点分布

根据优化后的 10 号线线站位方案,结合远期轨道交通线网规划方案,换乘线路(由南至东北)有 7 号线、1 号线、2 号线、3 号线、9 号线、5 号线、18 号线、深惠线等,共有换乘站 7 座。

### 2. 换乘站规划方案

(1)皇岗口岸站。

皇岗口岸站是 10 号线与 7 号线的换乘站。10 号线与 7 号线采用岛侧节点换乘。10 号线皇岗口岸站为地下三层结构,地下一层为 10 号线、7 号线共用大厅,地下二层为设备层及 7 号线站台层,地下三层为 10 号线站台层。

(2)岗厦站。

岗厦站是 10 号线与 1 号线的换乘站,规划采用岛岛 T 形节点换乘。车站设为地下三层车站,地面为道路,地下一层为 1 号线和 10 号线公共站厅,地下二层为设备层,地下三层为 10 号线站台层。

(3)岗厦北站。

10 号线与 2 号线在岗厦北站采用 L 形通道换乘,10 号线岗厦北站沿彩田路呈南北向布设。车站设为地下三层车站,地面为道路,地下一层为 10 号线站厅,地下二层为设备层,地下三层为岛式站台。

(4)莲花村站。

莲花村站为 10 号线与 3 号线的换乘站。10 号线与 3 号线在彩田路与红荔路十字交叉,10 号线和 3 号线采用岛侧节点换乘形式。车站设为地下三层车站,地面为道路,地下一层为两线共用站厅,地下二层为 3 号线岛式站台,地下三层为 10 号线侧式站台。

(5)梅林东站。

梅林东站是 10 号线与 9 号线的换乘站,采用 L 形通道换乘,10 号线车站南北向布置在彩田路西侧绿地内,9 号线车站沿梅林路东西向布置。受彩田路高架的限制,梅林东站为地下三层车站,地面为道路,地下一层为站厅,地下二层为设备层,地下三层为 10 号线岛式站台。

(6)五和站。

五和站为 10 号线与 5 号线的换乘站。10 号线与 5 号线十字交叉,10 号线沿五和大道南北向布设;5 号线位于上方,10 号线位于下方;两线采用岛岛 T 形节点换乘形式。车站为地下三层车站,地面为道路,地下一层为两线共用 T 形站厅,地下二层为 5 号线岛式站台,地下三层为 10 号线岛式站台。

(7)平湖站。

平湖站为 10 号线与 18 号线、深惠线、17 号线的换乘站,10 号线与 18 号线、深惠线同站台换乘,与 17 号线及平湖火车站采用 T 形通道换乘。

轨道交通 10 号线换乘站规划如表 4.9 所示。

表 4.9　换乘站规划

| 换乘车站 | | 换乘线路 | | 建议换乘方式 |
| --- | --- | --- | --- | --- |
| | | 线路 | 建设分期 | |
| 1 | 皇岗口岸站 | 7 号线 | 三期 | 岛侧节点换乘 |
| 2 | 岗厦站 | 1 号线 | 一期 | 岛岛 T 形节点换乘 |
| 3 | 岗厦北站 | 2 号线 | 二期 | L 形通道换乘 |
| 4 | 莲花村站 | 3 号线 | 二期 | 岛侧节点换乘 |
| 5 | 梅林东站 | 9 号线 | 三期 | L 形通道换乘 |
| 6 | 五和站 | 5 号线 | 二期 | 岛岛 T 形节点换乘 |
| 7 | 平湖站 | 18 号线、深惠线 | 远期 | 同站台换乘 |
| | | 17 号线 | 远期 | T 形通道换乘 |

## 4.5.12　车辆基地规划

10 号线线路长超过 20 km,根据运营要求,需设一段一场,车辆段用地按照 20~30 hm² 控制,停车场用地按照 10~15 hm² 控制。选址要求方便网络资源共享、工程实施可行性好、减少拆迁、降低协调难度,同时有利于集约用地,有条件结合车站进行上盖开发。

下面在轨道交通线网规划车辆基地方案基础上,结合沿线调查研究,对 10 号线沿线可能的车辆基地选址进行分析,提出凉帽山车辆段和彩田停车场方案。

### 1. 凉帽山车辆段

凉帽山车辆段选址位于白沙岭以东、甘李路以南、水官高速路以北的地块内,占地约22.8 hm²,如图 4.21 所示。该地块为山体绿地,规划为工业用地和山体。

选址优势:用地为国有未出让用地和集体用地;拆迁量小,用地权属单一;方案适应性好,对运营组织有利。

实施存在的问题:需平整山体,工程量大,建设成本高;下穿 3 条高压线,需进行迁改;用地为绿地,不利于车辆段物业开发。

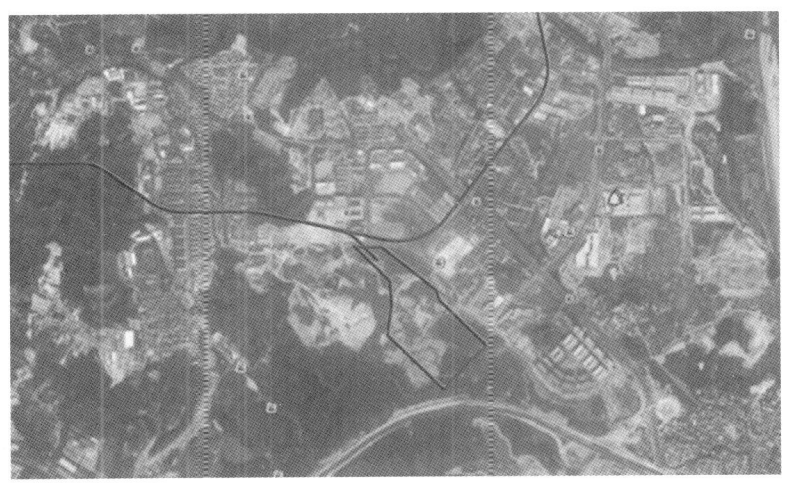

图 4.21　凉帽山车辆段选址方案

## 2．彩田停车场

彩田停车场选址位于北环大道以南、彩田路以东、皇岗路以西、笋岗西路以北的地块内，占地约 7.2 hm²，如图 4.22 所示。该地块为一类工业用地，规划为高新技术园区用地。

图 4.22　彩田停车场选址方案

选址优势：可考虑与工业区升级改造同步实施；可考虑结合车辆段上盖进行开发；方案适应性好，对运营组织有利。

实施存在的问题：车辆段出入段线距离较短，爬升高度有限，车辆段只能设置为地下或半地下停车场；地块用地权属复杂，协调难度大；拆迁量较大，约10万 m²。

### 4.5.13 客流预测

**1. 客流增长趋势**

10号线客流预测年度分别为：初期2022年，近期2029年，远期2044年。

经预测，10号线客流增长趋势如图4.23所示。

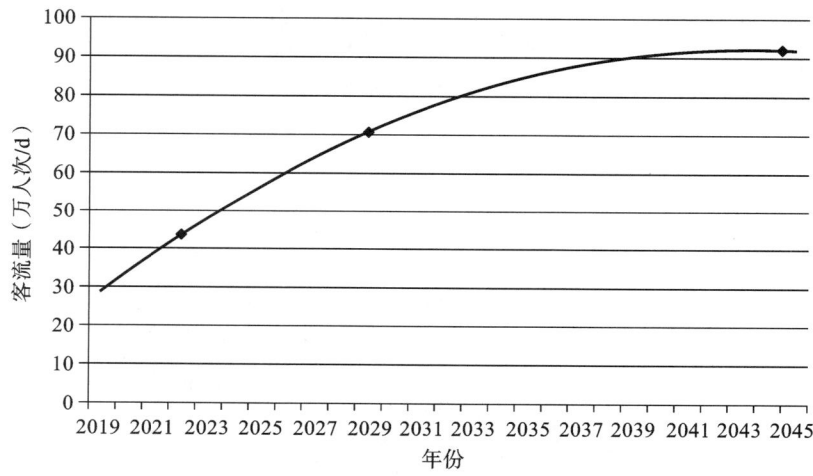

**图4.23 10号线客流增长趋势**

**2. 客流运距分布**

10号线平均站间距约为1.4 km，远期全天平均出行距离约为8.9 km。若以3 km为区间统计10号线乘客的运距分布，可以发现，0～3 km距离的出行频率最高，约占总出行量的31%，其次是3～6 km区间，约占总出行量的21%。

**3. 客流区段分布**

10号线初期全天区段客流分布比重见表4.10，远期区段客流分布如图4.24所示。

**表4.10 10号线初期全天区段客流分布比重**

| 区段 | 客流分布占比 | | | |
|---|---|---|---|---|
| | 福田 | 坂田 | 平湖 | 合计 |
| 福田 | 23.3% | 12.0% | 8.3% | 43.6% |

续表

| 区段 | 客流分布占比 | | | |
|---|---|---|---|---|
| | 福田 | 坂田 | 平湖 | 合计 |
| 坂田 | 12.0% | 12.9% | 8.8% | 33.7% |
| 平湖 | 4.6% | 9.5% | 8.6% | 22.7% |
| 合计 | 39.9% | 34.4% | 25.7% | 100.0% |

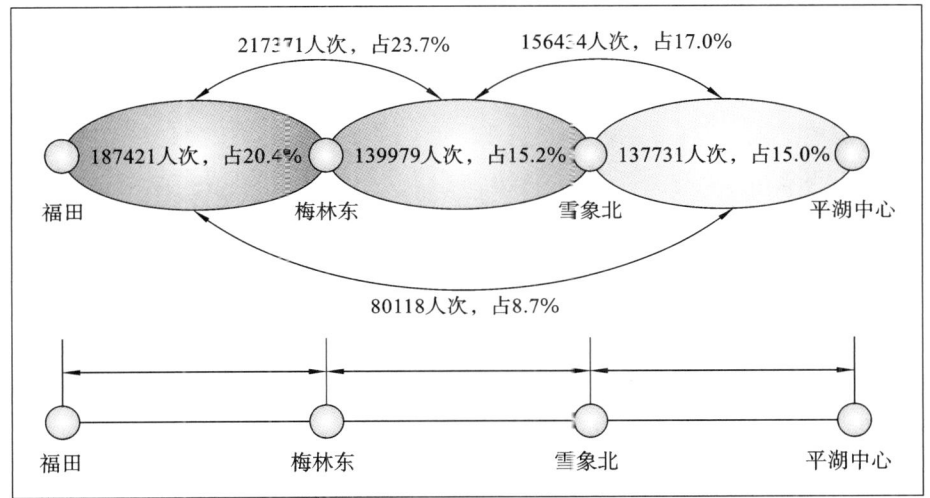

**图 4.24　远期区段客流分布**

### 4. 换乘客流

10 号线换乘客流占全线客流的 40%～60%,其中岗厦站、岗厦北站、莲花村站、梅林东站、五和站、平湖站远期全天换乘客流均超过 4.5 万人次,五和站远期全天换乘客流超过了 10 万人次。10 号线晚高峰、全天换乘客流预测见表 4.11。

**表 4.11　10 号线晚高峰、全天换乘客流预测**　　　　　　　　　　　　（单位:万人次）

| 换乘站 | 初期 | | 近期 | | 远期 | |
|---|---|---|---|---|---|---|
| | 晚高峰 | 全天 | 晚高峰 | 全天 | 晚高峰 | 全天 |
| 皇岗口岸站 | 2100 | 15761 | 3234 | 23139 | 4329 | 33533 |
| 岗厦站 | 5540 | 36267 | 7568 | 51451 | 9351 | 65324 |
| 岗厦北站 | 4222 | 27692 | 6812 | 45110 | 8193 | 56245 |
| 莲花村站 | 5064 | 35417 | 6558 | 45441 | 7212 | 48595 |

| 换乘站 | 初期 | | 近期 | | 远期 | |
|---|---|---|---|---|---|---|
| | 晚高峰 | 全天 | 晚高峰 | 全天 | 晚高峰 | 全天 |
| 梅林东站 | 5182 | 30734 | 7115 | 43945 | 9171 | 58453 |
| 五和站 | 7602 | 61050 | 10576 | 81585 | 10044 | 100511 |
| 平湖站 | — | — | — | — | 6804 | 46729 |

### 5. 站点高峰系数

10 号线远期全线晚高峰系数为 0.10,超高峰系数为 1.25～1.30。其中,换乘站点由于受换乘客流的影响,晚高峰系数并未呈现出明显的规律;周边以居住区为主的站点,乘客出行时间较为集中,晚高峰系数偏高,维持在 0.17～0.18;以覆盖就业岗位为主的站点,乘客出行高峰时段较长,晚高峰系数相对较低,为 0.13～0.10。

## 4.5.14  车站接驳设施

### 1. 车站轨道交通接驳分析

根据城市总体规划、轨道交通线网规划及相关规划,10 号线与城市对外交通及其他轨道交通的接驳车站分析如表 4.12 所示。

**表 4.12  10 号线车站轨道交通接驳分析**

| 车站 | 接驳轨道 |
|---|---|
| 福田口岸站 | 福田口岸 |
| 皇岗口岸站 | 皇岗口岸、7 号线 |
| 岗厦站 | 1 号线 |
| 岗厦北站 | 2 号线 |
| 莲花村站 | 3 号线 |
| 梅林东站 | 9 号线 |
| 五和站 | 5 号线 |
| 平湖站 | 远期 17 号线、18 号线、深惠线 |

### 2. 常规公交接驳分析

为建立以轨道交通为骨干的一体化公共交通体系,常规公交需承担接驳沿线片区轨道交通的作用。10 号线车站常规公交接驳范围见表 4.13。

表 4.13　10 号线车站常规公交接驳范围

| 车站 | 主要接驳范围 |
| --- | --- |
| 福田口岸站、皇岗口岸站 | 福田口岸、皇岗口岸 |
| 岗厦站、岗厦北站 | 岗厦、福华新村、车公庙 |
| 莲花村站 | 景田、莲花村 |
| 有线电视台站 | 彩田村 |
| 梅林东站 | 上梅林、银湖 |
| 创新园站 | 民乐村 |
| 雅宝站 | 南坑村 |
| 雅园站 | 坂田 |
| 五和站 | 民治、龙华 |
| 吉华站 | 山塘尾 |
| 华为站 | 华为工业园 |
| 雪象站 | 雪象村、观澜 |
| 雪象北站 | 雪象村 |
| 甘坑站、凉帽山站、上李朗站 | 甘坑、上李朗 |
| 木古站 | 木古 |
| 华南城站 | 华南城、平湖工业园、平湖金融与现代服务基地 |
| 平湖站、平湖中心站 | 平湖村 |

### 3. 小汽车接驳分析

在沿线道路网络咽喉部位(高速、快速路)附近的车站提供良好的小汽车停车换乘条件,有效引导客流转乘轨道交通,有利于截留进入中心城区的小汽车车流,降低小汽车出行需求,同时提高轨道交通吸引力。10 号线车站小汽车接驳范围见表 4.14。

表 4.14　10 号线车站小汽车接驳范围

| 车站 | 主要接驳范围 |
| --- | --- |
| 创新园站 | 民乐村、龙华 |
| 五和站 | 民治、龙华、坂田 |
| 雪象站 | 观澜 |
| 华南城站 | 平湖工业园、平湖金融与现代服务基地、华南城 |

### 4. 各车站接驳交通需求分析

轨道交通站点的接驳方式主要有步行、自行车、公交车、出租车、小汽车等。10号线各车站接驳交通需求见表4.15。

**表 4.15　10 号线各车站接驳交通需求（晚高峰小时）**　　　　（单位：人次）

| 序号 | 站名 | 车站集散量 | 步行 | 公交车 | 自行车 | 小汽车/出租车 |
|---|---|---|---|---|---|---|
| 1 | 福田口岸站 | 11508 | 10299 | 921 | 115 | 173 |
| 2 | 皇岗口岸站 | 8290 | 7641 | 417 | 126 | 106 |
| 3 | 岗厦站 | 8943 | 8228 | 447 | 89 | 179 |
| 4 | 岗厦北站 | 6668 | 6001 | 467 | 67 | 133 |
| 5 | 莲花村站 | 7926 | 7067 | 639 | 120 | 100 |
| 6 | 有线电视台站 | 12806 | 11398 | 896 | 192 | 320 |
| 7 | 梅林东站 | 8102 | 7129 | 648 | 203 | 122 |
| 8 | 创新园站 | 9798 | 8622 | 784 | 196 | 196 |
| 9 | 雅宝站 | 8811 | 7058 | 1403 | 175 | 175 |
| 10 | 雅园站 | 11145 | 9417 | 1226 | 279 | 223 |
| 11 | 五和站 | 11272 | 8679 | 2029 | 282 | 282 |
| 12 | 吉华站 | 14762 | 11957 | 2067 | 443 | 295 |
| 13 | 华为站 | 11165 | 9379 | 893 | 670 | 223 |
| 14 | 雪象站 | 16096 | 11911 | 3541 | 322 | 322 |
| 15 | 雪象北站 | 9869 | 8734 | 790 | 197 | 148 |
| 16 | 甘坑站 | 11100 | 9877 | 893 | 223 | 107 |
| 17 | 凉帽山站 | 12262 | 10607 | 1226 | 184 | 245 |
| 18 | 上李朗站 | 11064 | 9288 | 1335 | 334 | 107 |
| 19 | 木古站 | 10009 | 8858 | 801 | 200 | 150 |
| 20 | 华南城站 | 9888 | 7218 | 2175 | 297 | 198 |
| 21 | 平湖站 | 11661 | 9446 | 1749 | 233 | 233 |
| 22 | 平湖中心站 | 15302 | 11783 | 2754 | 459 | 306 |

根据10号线各车站接驳交通需求，原特区外轨道交通车站步行接驳覆盖范围有限，交通接驳站和片区接驳站应尽量设接驳公交场站，扩大轨道交通的覆盖范围。

# 第 5 章

## 城市轨道交通车站施工

# 5.1 车站的组成与分类

## 5.1.1 车站的组成

城市轨道交通车站由车站主体(站台、站厅、设备用房、管理用房等)、出入口及通道、通风地道及地面通风亭三大部分组成。

车站主体是列车在线路上的停车点,供乘客集散、换乘,同时又是城市轨道交通运营设备设置的中心和办理运营业务的地方。出入口及通道是供乘客进出车站的建筑设施。通风地道及地面通风亭用于保证地下车站有一个舒适的环境。下面重点对车站主体进行介绍。

车站主体根据功能的不同,可分为乘客使用空间和车站用房两大部分。

乘客使用空间,又可分为非付费区和付费区。非付费区是乘客购票并进入站台前的流动区域,它一般应有一定的空间布置售检票设施。根据需要还可以设银行、公用电话、小卖部等设施。非付费区的最小面积一般可以参照能容纳高峰期 5 min 内可能聚集的客流量的水平来推算。付费区包括站台、楼梯、自动扶梯等,为停车和乘客乘降提供服务。

车站用房包括运营管理用房、设备用房和辅助用房三部分。运营管理用房是为了保证车站具有正常运营条件和营业秩序而设置的办公用房,由进行日常工作的部门及人员使用,是直接或间接为列车运营和乘客服务的,主要包括站长室、列车值班室、业务室、广播室、会议室、公安保卫室、清扫员室等。设备用房是保证列车正常运行、保证车站内具有良好运行环境条件及在事故灾害情况下能够及时排除灾情不可缺少的车站用房,它是直接或间接为列车运行和乘客服务的,主要包括环控机室、变电所、控制室、通信机械室、信号机械室、泵房、票务室、工区用房、附属用房及设施等。设备用房是整个车站的"心脏"。由于设备用房与乘客没有直接联系,因此,一般设在离乘客较远的地方。辅助用房是为保障车站内部工作人员正常工作生活所设置的用房,直接供站内工作人员使用,主要包括卫生间、更衣室、休息室、茶水间、储藏室等,这些用房均设在专供站内工作人员使用的区域内。

## 5.1.2 车站的分类

城市轨道交通车站根据车站与地面的相对位置、埋深、运营性质、横断面形式、站台形式和换乘方式等进行分类。

(1)城市轨道交通车站按车站与地面的相对位置可分为地下车站、地面车站和高架车站三类。

(2)城市轨道交通车站按车站的埋深可分为浅埋车站和深埋车站两类。一般情况下,轨顶至地面距离在 20 m 以内为浅埋车站,大于 20 m 为深埋车站。

（3）城市轨道交通车站按运营性质可分为中间站（一般车站）、区域站（折返线）、换乘站、枢纽站、联运站和终点站。

中间站仅供乘客上下车之用,功能单一,是轨道交通线网中数量最多的车站;区域站是设于两条行车密度不同的线路交界处的车站,设有折返线和设备,区域站兼有中间站的功能;换乘站是位于两条及两条以上线路交叉处的车站,除了具有中间站的功能,还可以从一条线换乘另一条线;枢纽站是由此站分出另一条线的车站,此站可接送两条线的乘客;联运站内设有两种不同性质的列车线路,可以进行联运及客流换乘,具有中间站及换乘站的双重功能;终点站是设于线路两端的车站,相对于列车上下行而言,终点站也是起点站（或始发站）,设有可供列车全部折返的折返线和设备,也可供列车临时停留检修,当线路延长时,终点站将变成中间站。

（4）城市轨道交通车站的横断面形式主要有矩形断面、拱形断面和圆形断面。

矩形断面是车站常用形式,一般用于浅埋车站。车站可设计成单层、双层或多层;跨度可选用单跨、双跨、三跨及多跨的形式。拱形断面多用于深埋车站,有单拱和多拱等。单拱断面中间起拱,高度较高,两侧拱脚相对较低,中间无柱,故建筑空间显得高大宽阔,处理得当,常能获得理想的艺术效果。圆形断面主要用于盾构法施工的深埋车站。

地下车站的横断面形式主要根据车站埋深、水文地质条件、施工方法、建筑艺术效果等确定,在选定其形式时,要考虑结构的合理性、经济性及施工技术和设备条件。

（5）城市轨道交通车站按站台形式可分为岛式车站、侧式车站和岛侧混合式车站。

岛式车站的站台位于上下行线路之间,又称为"岛式站台车站",是常用的车站形式,具有站台面积利用率高、能调剂客流、乘客可中途改变乘车方向、车站管理集中、站台空间宽阔等优点,故常用于客流量较大的车站。侧式车站的站台位于上下行线路的两侧,又称为"侧式站台车站",上下行客流可避免互相干扰,正线和站线间不设喇叭口,造价低,容易改建,但站台面积利用率低,不可调剂客流,中途改变乘车方向须经地道或天桥,管理分散,站台空间不及岛式车站宽阔,故常用于两个方向客流量较均匀（或流量不大）的车站。岛侧混合式车站是将岛式车站及侧式车站同设在一个车站内,其主要用于两侧站台换乘或列车折返,可布置成一岛一侧式或一岛两侧式。

（6）城市轨道交通车站按照换乘方式可分为站台直接换乘、站厅换乘和通道换乘三种形式。

站台直接换乘是乘客在站台通过楼梯、自动扶梯等换乘到另一车站的站台。其特点是换乘线路短,换乘高度小,换乘方便,可节约换乘时间。据站台的布置形式可分为一字形换乘、T 形换乘和十字形换乘三种。一字形换乘是指两个车站站台平面平行,或上下重叠、平面平行设置,两站台面一般通过天桥或通道连接,上下重叠设置时一般构成一字形组合,站台上下对应,便于布置楼梯、自动电梯,方便换乘。T形换乘是两个车站上下立交,其中一个车站的端部与另一车站的中部相连,换乘客流在连接部分集中,可采用站厅和站台换乘,两个车站也可以相互拉开一段距离,以减少下层车站的埋深。十字形换乘是两个车站中部互相立交,在平面上构成十字形组合,采用站台直接换乘。

站厅换乘,是乘客由某车站站台经楼梯、自动扶梯到达另一车站站厅付费区,再经楼梯、自动扶梯到达站台。这种换乘方式线路较长,换乘高度大,换乘时间长。站厅换乘的车站一般采用L形布置,即两个车站上下立交,车站端部相互连接,在平面上构成L形组合。在车站端部连接处一般设站厅或换车厅。有时也可将两个车站拉开一段距离,使其在区间立交,这样可减小两站的高差,还可减小下层车站的埋深。

通道换乘,是两个车站不直接相交,采用单独设置的换乘通道进行换乘。这种换乘方式线路较长,又费时,对老弱孕残幼等人群来说多有不便,且通道长,投资大。采用通道换乘的车站一般呈工字形或L形布置,即两个车站在同一水平面平行设置,通过天桥或地道换乘,在平面上构成工字形或L形结构。

# 5.2 地下车站施工

## 5.2.1 地下车站结构

地下车站的横断面类型比较多,有矩形、拱形和圆形等形式。其结构形式的选择与车站规模、施工方法等有关,目前我国地下车站使用最多的为矩形和拱形横断面。

### 1. 矩形框架结构

这是明挖法和盖挖法施工的车站中采用最多的一种形式。根据功能要求,矩形框架结构可以设计成单层、双层、多层,单跨、双跨、多跨等形式。侧式车站一般采用双跨结构;岛式车站多采用双跨或三跨结构。站台宽度不大于 10 m 时,站台区宜采用双跨结构,有时也采用单跨结构。

矩形框架一般由底板、侧墙、顶板、楼板、梁、柱组合而成。顶板和楼板采用单向板(或梁式板)、井字梁式板、无梁板或密肋板等形式。底板按受力和功能要求,一般采用以纵梁和侧墙为支承的梁式板结构。当采用放坡开挖或用工字钢桩、钢板桩等作为基坑的临时护壁时,侧墙多采用以顶板、底板及楼板为支承的单向板;当采用地下连续墙或钻孔桩护壁时,可利用它们作为主体结构侧墙的一部分或全部。柱一般采用钢筋混凝土柱,可采用方形、矩形、圆形或椭圆形等截面。当车站与地面建筑合建或有特殊荷载,柱的设计荷载很大时,可采用钢管混凝土柱、劲性钢筋高强度混凝土柱。矩形框架车站的横断面如图 5.1 所示。

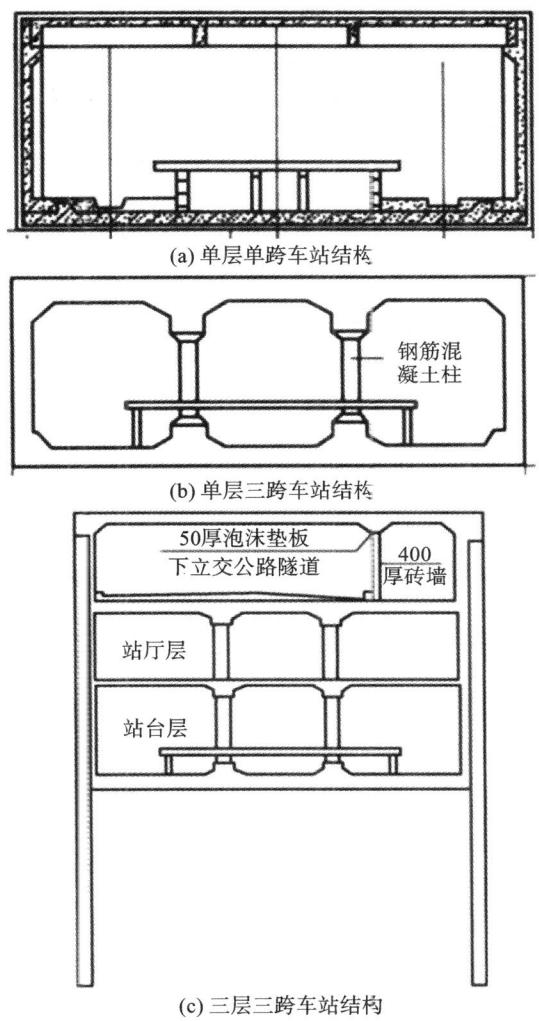

(a) 单层单跨车站结构

(b) 单层三跨车站结构

钢筋混凝土柱

50 厚泡沫垫板
下立交公路隧道
400 厚砖墙

站厅层

站台层

(c) 三层三跨车站结构

**图 5.1　矩形框架车站的横断面(单位:mm)**

**2. 拱形结构**

拱形结构车站多采用浅埋暗挖法或矿山法施工,最早多采用明挖法施工。

采用明挖法施二时,拱形结构多为单层单跨结构,它可以获得较好的建筑艺术效果,如图 5.2 所示为某明挖拱形车站断面,结构由具有拱形顶板的变截面单跨刚架和平底板组成,墙脚与底板之间采用铰接,其外侧设有与底板整浇的挡墙,用以抵抗刚架的水平推力。

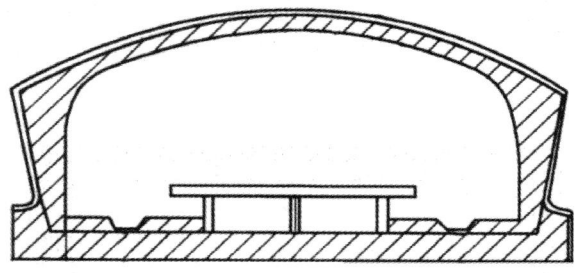

**图 5.2　某明挖拱形车站断面**

拱形结构车站采用浅埋暗挖法或矿山法施工时,根据地层条件、施工方法及使用要求的不同,可采用单拱式、双拱式或三拱式结构,并可根据功能需要做成单层或双层。在第四纪地层中开挖时,常需采用辅助施工措施。

### 3.　圆形结构

圆形结构车站(包括多圆结构车站)多采用盾构法建造。但传统的盾构法车站是采用单圆盾构、单圆盾构与半盾构结合、单圆盾构与矿山法结合修建的,如由两个并列的圆形隧道组成侧式站台车站、由三个并列的圆形隧道组成三拱塔柱式车站与传统立柱式车站等,如图 5.3 所示。

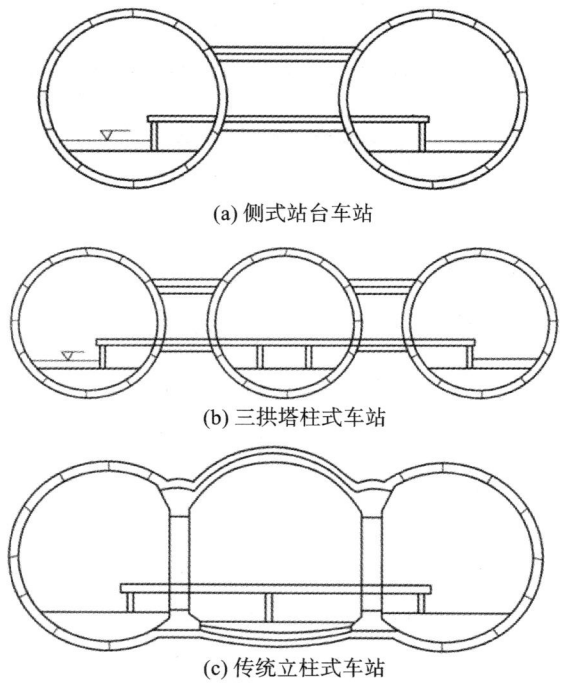

(a) 侧式站台车站

(b) 三拱塔柱式车站

(c) 传统立柱式车站

**图 5.3　圆形结构车站示意图**

## 5.2.2　浅埋暗挖施工

### 1. 浅埋暗挖法

浅埋暗挖技术的核心是依据新奥法的基本原理,在施工中采用多种辅助措施加固围岩,充分调动围岩的自承能力,开挖后及时支护、封闭成环,使其与围岩共同作用形成联合支护体系,是一种抑制围岩过大变形的综合施工技术。

浅埋暗挖法继承和发展了新奥法的基本原理,突出了地层改良、时空效应和快速施工等理念。其方法的实质内涵可由 18 个字进行说明,即管超前、严注浆、短开挖、强支护、快封闭、勤量测。浅埋暗挖法不扰民,不干扰交通,不需要价格非常贵的设备,灵活又方便,人力成本较低,对地面建筑、道路和地下管网影响不大,拆迁占地少,对城市生活干扰小,适用于不同的地层、不同的跨度、多种断面形式。

伴随大量的工程实践和理论研究,浅埋暗挖技术不断完善,应用范围进一步扩大。目前,浅埋暗挖法已经由原来只适用于第四纪地层、无水、无地面建筑物等简单条件拓展到适用于多种地层、超浅埋、大跨度、上软下硬、高水位等复杂环境条件,可用于埋深只有 0.8 m 的地下洞室。暗挖施工的地铁车站跨度已超过 26 m,可用于修建穿越密集建筑物的隧道,并形成了带有各地域、各城市特色的施工工法,如南京地铁软流塑地层暗挖施工工法、广州地铁含水砂层暗挖施工工法等。尤其是信息科学技术在浅埋暗挖法中的应用,实现了工程全过程监控,有效地减少了由于地层损失而产生的地面沉降等问题。如今,浅埋暗挖施工技术不仅在很大程度上降低了对周边环境的影响,而且因能及时对支护参数进行调整和优化,提高了施工质量和施工速度,已成为城市轨道交通等工程中普遍采用的施工方法。

### 2. 浅埋暗挖法的适用条件

虽然浅埋暗挖法对地层的适应性较广,但也并非适用于任何地层。在选用浅埋暗挖法时,对工程地质、水文地质、环境和经济等方面进行充分论证和评估是十分必要的。选用浅埋暗挖法应考虑的基本适用条件如下。

(1) 浅埋暗挖法不允许带水作业。如果含水地层达不到疏干要求,带水作业是非常危险的,开挖面的稳定性会时刻受到威胁,甚至发生塌方。将地下水,尤其是上层带水处理好是非常关键的环节,因为它会直接影响浅埋暗挖法的成效。有大范围的淤泥质软土、粉细砂地层,降水有困难或经济上选用此工法不划算的地层,不宜采用此法。

(2) 采用浅埋暗挖法要求开挖面具有一定的自立性和稳定性。日本土木学会曾提出开挖面土体稳定性的定量判别标准:土壤中的细颗粒(直径小于 0.074 mm)质量分数小于或等于 10%，且均匀系数 $U_c$ 小于或等于 5 的土壤，不具备自立性。我国对土壤的自立性作出定性要求：工作面土体的自稳时间应足以进行必要的初期支护作业。对开挖面前方地层的预加固和预处理是采用浅埋暗挖法的必要前提，目的在于加强开挖面的稳定性，增加施工的安全性。

浅埋暗挖法主要分为中洞法、侧洞法和柱洞法，下面将一一进行介绍。

### 3. 中洞法

（1）工法特点与施工步骤。

①工法特点。

中洞法是在地层中间开挖一个洞穴，然后在洞穴内部进行施工。该工法的基本原理是把地质条件较差地段的大跨度隧道分成三个部分，各部分条块分割，保证开挖期间施工安全。先形成中洞初期临时结构，在临时结构内施作永久衬砌结构，形成中洞稳定支撑，承受围岩主要荷载，然后对称开挖边洞部分的各分块，最后形成整体结构。在体系转换过程中，需要结合监测情况加设钢支撑。

采用交叉中隔壁（cross diaphragm，CRD）法完成中洞开挖，在中洞内完成底板、底梁、钢管柱、中板、顶梁和中拱施工，形成稳定的中洞支撑体系，承受围岩主要荷载，为边洞开挖提供安全条件。

采用 CRD 法对称完成边洞开挖，拆除临时初期支护体系，完成边洞二次衬砌施工。

该工法通过在中洞中设置梁、柱等受力结构，扩大了作业空间，有效地克服了以往 CRD 法工序繁多、空间狭小、施工精度控制困难、施工周期长等问题。

在进行分部开挖支护过程中，应做好地质超前探测和现场地质素描，在不良地质条件下应采用超前大管棚等辅助措施。

处理好工序调整时的受力转换问题是施工的关键。在体系转换过程中，应合理确定分段长度，同时加设钢支撑。将监测、数据处理和信息反馈技术应用于施工，动态修正施工方法和支护参数，确保施工安全。

②施工步骤。

中洞法主要施工步骤如下。

a. 中跨部分（包括立柱）采用 CRD 法施工。先将中洞自上而下分块成环，随挖随撑，及时做好喷锚和钢架初期支护。

b. 由下而上施作中跨部分二次模筑钢筋混凝土结构，中隔墙也逐层拆除。中洞各工序完成后，就会形成一个刚度很大的完整结构支承上部土体，从而有效地减小地表沉降量。

c. 当中洞完成后，两边洞采用台阶法，对称自上而下开挖。

d. 初期支护完成后,再自下而上施作两边洞的二次模筑钢筋混凝土衬砌。

(2) 施工控制要点。

①提前开始降水作业,保证水位降至开挖面以下。当降水作业受到客观条件限制而不能实施时,则应采取地层注浆堵水措施。

②中洞、侧洞开挖采用 CRD 法,各工作面距离控制在 15 m 左右,开挖步距应严格控制,每步距以一榀钢架间距为宜。开挖面一旦形成,应使支护结构尽快封闭,以减少拱脚处的基础压缩变形,并有效地控制地层的松弛变形。

③中洞底纵梁是工程控制要点之一,主要涉及地基承载力和底纵梁位移问题。中洞法施工时,在结构中洞底板封闭以前为最不利受力状态,此时底纵梁基底压力值达到最大。为进一步增强地基承载力,减少由底纵梁基础引起的结构不均匀沉降,需要对底纵梁基底进行注浆加固处理。为了防止结构水平位移,底纵梁纵向每隔一定距离设横向联系梁,可以减少破除底层中隔墙时引起的中洞初期支护结构沉降,并使底纵梁形成桁构框架体系,以保证下部钢管柱及顶纵梁受力稳定。

④顶纵梁施工质量控制。为保证顶纵梁的施工质量,将顶芯梁和拱顶混凝土分开浇筑,应先施作顶芯梁,再施工拱顶衬砌。铺设拱部防水板时,预留好防水板接头并加以保护,对连接部位,做好 V 形节点防水。顶纵梁的混凝土强度达到要求后,在立柱及顶梁上安装可调式拉杆和横向工字钢支撑,间距 1 m,其布置如图 5.4 所示。钢支撑分担由中部拱跨传递的内侧挤压力,钢拉杆承受拱脚外移产生的拉力。

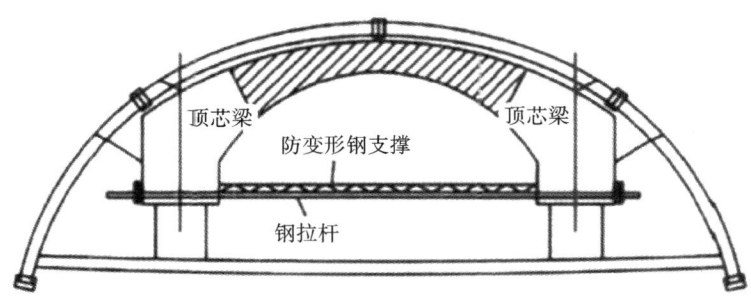

**图 5.4　顶纵梁施工钢支撑及钢拉杆安装示意图**

⑤钢管柱制作、运输及精确定位要严格按照技术规范要求执行。在进行对应钢管柱位置处底纵梁的混凝土浇筑前,需要安装钢管柱底盘、管内锚固钢筋、定位杆和管外错固钢筋。

⑥中洞底纵梁联系梁施工前要破除临时中隔墙,侧洞底板施工中要破除侧洞中隔墙。中洞底纵梁和侧洞底板施工阶段,中隔墙依然是主要承载结构,破除过程中采用主动换撑措施,纵向每隔一定距离设置横梁。

⑦侧洞二次衬砌施工中,需要破除各层的临时仰拱,必须确保临时结构破除后侧墙的安全稳定性。破除临时仰拱时采取左右两侧不对称拆除。

⑧局部临时支撑。二次衬砌施工过程实质是初期支护结构受力转化为二次衬砌结构受力的过程,必要时可在局部增设临时支撑,以减少转换过程的不利影响。

### 4. 侧洞法

(1) 工法特点与施工步骤。

①工法特点。

在软弱地质条件下,侧洞法可化整为零,分块开挖,降低施工难度和风险。因此,比较适用于软弱围岩地质条件的地铁暗挖车站及大断面区间,尤其是对受地下空间限制,不能使用大型机械的地下工程,具有较高的推广价值。

与中洞法相反,侧洞法是先对称地用 CRD 法开挖两个侧洞,待完成侧洞二次衬砌模筑钢筋混凝土结构后,再用台阶法开挖中洞。其开挖、初期支护、二次衬砌结合进行,能够充分利用二次衬砌的支护作用,有效控制变形。

两侧洞施工时,中洞上方土体经受多次扰动,形成危及中洞的上小下大的梯形、三角形或楔形土体,该土体直接压在中洞上。中洞施工存在一定的安全风险,该部分土体常常需要进行注浆加固处理。侧洞法施工的导洞数量较多,施工工序繁杂,分块较小,机械化程度低,施工周期较长。

②施工步骤。

以工序较简单的单层车站为例介绍侧洞法施工步骤,如图 5.5 所示。

a. 施作超前支护,注浆加固地层,前后开挖两侧 1 号洞室,并预留核心土。施作初期支护,两侧洞室纵向间距 30 m。

b. 继续前后开挖两侧 2 号洞室,施作初期支护,1、2 号洞室纵向间距 5 m 左右。

c. 施作超前支护,前后开挖两侧 3 号、1 号洞室,施作初期支护,2 号与 3 号洞室纵向间距 15 m。

d. 继续前后开挖两侧 4 号洞室,施作初期支护,左侧 3 号与 4 号洞室纵向间距 5 m,右侧 3 号与 4 号洞室纵向间距 15 m。

e. 继续前后开挖两侧 5 号洞室,施作初期支护,4 号与 5 号洞室纵向间距 15 m。

f. 继续前后开挖两侧 6 号洞室,施作初期支护,5 号与 6 号洞室纵向间距 15 m。

g. 在临时仰拱上凿洞,施作底梁、中柱与顶梁(含防水),并预留施工缝;对梁进行临时支撑固定。

h. 根据监测情况纵向分段拆除中隔墙,临时支撑,逐步完成侧洞底板防水与二次衬

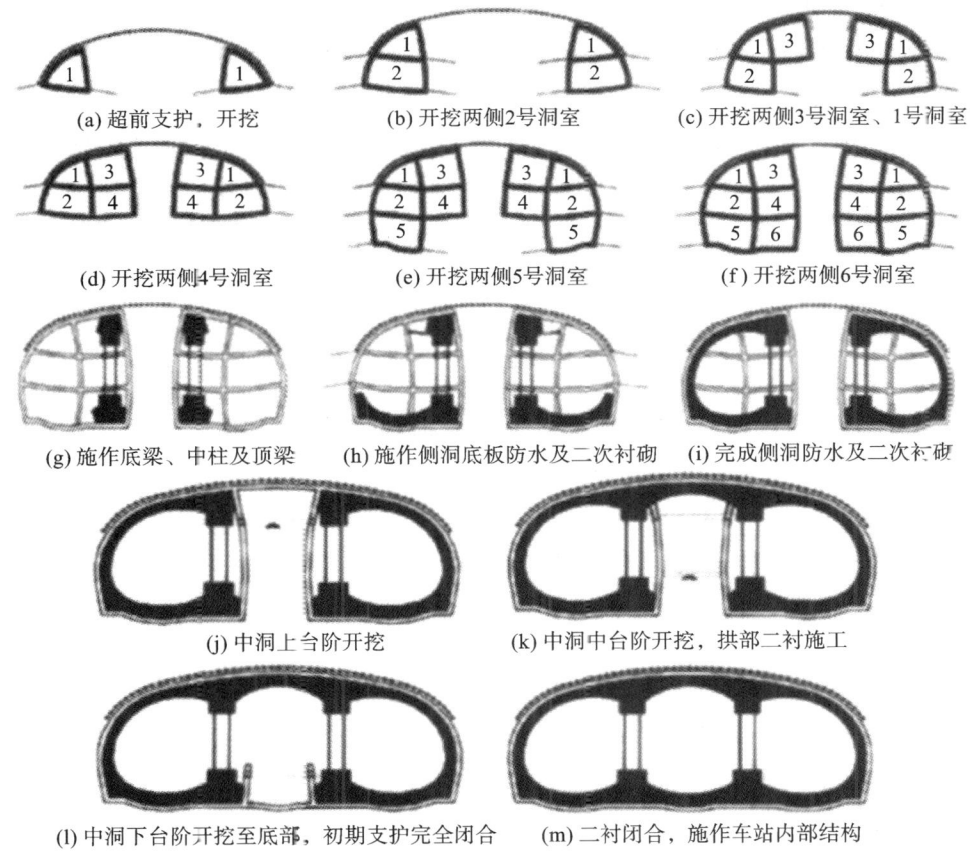

(a) 超前支护,开挖　　(b) 开挖两侧2号洞室　　(c) 开挖两侧3号洞室、1号洞室

(d) 开挖两侧4号洞室　　(e) 开挖两侧5号洞室　　(f) 开挖两侧6号洞室

(g) 施作底梁、中柱及顶梁　　(h) 施作侧洞底板防水及二次衬砌　　(i) 完成侧洞防水及二次衬砌

(j) 中洞上台阶开挖　　(k) 中洞中台阶开挖,拱部二衬施工

(l) 中洞下台阶开挖至底部,初期支护完全闭合　　(m) 二衬闭合,施作车站内部结构

**图 5.5　侧洞法施工步骤**

注:图中数字为洞室序号

砌,两侧导洞内作业面纵向间距 30 m。

　　i. 根据监测情况纵向分段拆除中隔壁、临时仰拱及临时支撑,逐步完成侧洞防水与二次衬砌,两侧导洞内作业面纵向间距 30 m。

　　j. 中洞上台阶开挖,纵向紧跟施作拱顶初期支护,中隔壁穿孔并及时架设顶梁水平钢支撑。

　　k. 中洞纵向紧随中台阶开挖,视监测情况拉结中隔壁,凿除顶部中隔壁并施作顶板防水与二次衬砌。

　　l. 短台阶紧随开挖下台阶土体,穿洞架设临时钢支撑,开挖至基底,封闭初期支护(同时顶板达到强度后可拆除顶部临时支撑)。

　　m. 紧跟前步初期支护,分段拆除临时中隔壁,施作底板防水与二次衬砌结构;拆除临时钢支撑,完成暗挖车站主体结构及站台板。

（2）施工控制要点。

①侧洞法施工时，要严格控制各个导洞的开挖顺序和开挖步距，在施工中做好各个导洞施工的衔接组织工作。

②两侧导洞二次衬砌施工，破除其临时初期支护时，必须确保初期支护体系的安全与稳定。

③在中洞开始施工时，将引起侧洞的二次衬砌结构承受偏压，因此施工时必须处理好侧洞受力的平衡和转换。为使侧洞结构偏压内力能够逐步平衡、安全转换，中洞施工可采取以下措施。

a. 中洞严格按照 0.5 m 的步距进行上台阶开挖，纵向紧跟施作拱顶初期支护，同时中隔壁穿孔及时架设水平钢支撑（顶纵梁施工时在侧壁预埋钢板）。

b. 中洞拱部二次衬砌施工时，需要破除侧洞的临时初期支护，一次破除长度不宜过大，一般以 6 m 左右为宜。

c. 施工全过程对侧洞梁柱结构实施应力、应变及位移监测，根据监测数据动态控制施工步序，指导施工。

d. 在中洞与侧洞的结构交叉施工和拆除转换过程中，必须确保中洞支护体系的平衡与稳定。

e. 群洞施工时，为避免沉降叠加效应，各洞工作面应至少前后错开 15 m；同一导洞内台阶长度保证为 1 倍洞跨且核心土长度不小于 2 m；对于稳定性较差的地层，必要时工作面应全断面注浆以控制地表沉降。

### 5. 柱洞法

（1）工法特点与施工步骤。

①工法特点。

车站主体施工大致步骤为先各自开挖中间的三个导洞，并施作初期支护，待开挖完成之后，施作立柱，之后开挖中间的土体，用钢支撑替代未施作的二次衬砌，待二次衬砌施作完毕并达到强度要求后，拆除临时钢支撑，即在中部形成一个完整闭合的受力体系，再分别进行侧面三个导洞的开挖及施作二次衬砌。

柱洞法施工引起的地面沉降量较小，安全性强，但中洞开挖时受力转换复杂。

柱洞法具有中洞法的特点，即先挖柱洞完成中柱，再开挖中洞，采用一般中洞法可能出现较大的地面沉降。该法常常被用于修建三拱两柱或双拱单柱双层岛式车站。

从既有经验和理论考虑，柱洞法在控制地层沉降方面明显优于中洞法和侧洞法。在开挖阶段，柱洞法施工速度和侧洞法一样快，在二次衬砌阶段受力转换比中洞法简单。

柱洞法的不足之处是操作空间小，天梁（指位于建筑物顶部的横向梁）施工难度大；

另外,柱洞法施工时,中间的土体承受的压力比较大,需要对这部分土体的稳定性进行评估,以确定是否需要采取特别措施来加固。

②施工步骤。

以单拱双柱浅埋暗挖车站为例阐述中柱法施工步骤,如图 5.6 所示。

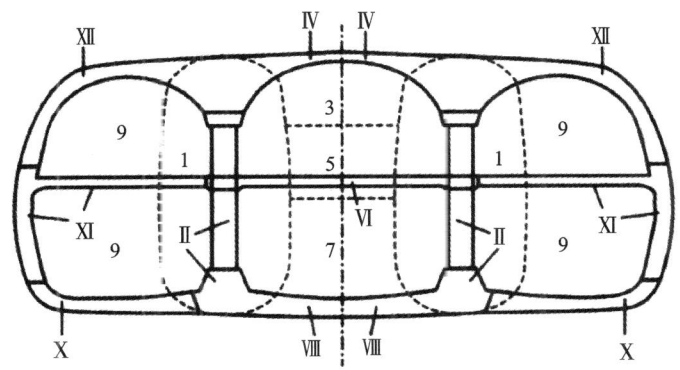

**图 5.6　中柱法施工步骤**

注:1、3、5、7、9—洞室序号;Ⅱ、Ⅳ、Ⅵ、Ⅷ、Ⅹ、Ⅺ—施工顺序

a.超前支护,开挖中部两侧 1 号洞室作初期支护,两侧同步开挖,注浆加固地层。1 号洞室开挖时根据开挖高度及跨度分部开挖,常选用中隔壁(center diaphragm,CD)法开挖,各分部开挖的洞室施工时距离 15 m 左右。

b.局部地基深孔注浆加固,施作底纵梁及防水,架设钢管柱,施作顶纵梁及防水,临时支撑固定。

c.开挖中洞 3 号洞室,纵向施作拱顶初期支护,中隔壁穿孔及时架设顶梁水平钢支撑。

d.开挖中洞 5 号洞室,视监测情况调整钢支撑,分段凿除顶部中隔壁并施作中拱顶板防水与二次衬砌。各洞室施工距离 15 m 左右。

e.开挖中洞 7 号洞室,穿洞架设临时钢支撑,开挖至基底及时封闭底部初期支护。

f.完成中洞底板及防水层,中洞内衬形成稳定承重结构后,开挖侧洞 9 号洞室。9 号洞室开挖时可根据开挖高度及跨度分部进行,常选用的分部开挖方式为 CD 法,各洞室施工时距离 15 m 左右。

g.根据监测情况纵向分段拆除中隔壁、临时支撑,完成侧洞底板防水与二次衬砌;纵向分段拆除剩余所有临时仰拱、中隔壁,逐步封闭并完成防水层以及内衬结构施工。

(2)施工控制要点。

理论分析表明,柱洞法施工既可以充分发挥该工法的安全优势,又能有效控制地面沉降。为保证工程安全,需要注意以下施工控制要点。

①上、下部加固。大断面施工需要严格控制大管棚施工精度。同时,为了减小地面沉降,在开挖时隔一定距离需要将初期支护格栅与管棚刚性连接,称为"上部加固";若地层承载力不够,地梁处初期支护在开挖时也需要换填加固,称为"下部加固"。

②拱脚加强。柱洞上、中、下三层开挖时,累计沉降较大。根据经验,上一层开挖时将其两侧拱脚加大可有效控制沉降。具体方法是打设双倍数量的锁脚锚杆,并对锚杆进行张拉、注浆,最终形成大拱脚。

③中间土体加固。柱洞初期支护开挖过程中,中间土体已经不多,需要加固处理,具体方法为注浆及设对拉锚杆。注浆能够提高土体的工程性质参数。另外,可在临时竖向中隔壁的中间部位设置对拉锚杆,以提高中间土体的整体稳定性。

④二次衬砌阶段要注意天梁间临时支撑的加强。中洞开挖时,拱未形成前,天梁左右侧所承受的土压力很大,因此两天梁之间需要设水平钢支撑。为便于洞内操作,可采用工字钢支撑。

⑤上层洞室内施作天梁难度比较大。从工艺上来说,上层洞室大对施工有利,但上层洞室偏大对地面沉降控制不利。设计施工方案时,需要将两种情况对地层沉降的影响进行比较,如果影响相差不大,则应该采用上层洞室偏大的方案。

⑥二次衬砌天梁施工质量控制。天梁结构复杂,钢筋密度大,操作空间小,施工困难。要确保天梁顶部浇筑密实,减小初期支护与二次衬砌混凝土之间的空隙,应多设置预留浇筑孔位进行隔孔浇筑,并在天梁两侧及底部三面振捣,同时加强对混凝土施工缝的处理,这样才能保证天梁的施工质量。

⑦二次衬砌地梁横向连接重点控制。在中洞开挖前,两侧柱洞相互无较大联系,整体性不强。因此,地梁施工前应先做横导洞,分段将两侧地梁连成整体,以提高结构整体的稳定性。

⑧侧洞分层施工。单拱大跨结构施工时,为保障安全和控制地层沉降变形,侧洞一般分三层开挖,但施工中操作空间比较小,不便于机械开挖。从提高施工工效考虑,应探讨侧洞分两层开挖的可行性。主要分析两层地层沉降变形值以及初期支护受力情况。如果初期支护安全系数足够,可以考虑减少侧洞开挖分层数量。

## 5.2.3 明挖施工

明挖法是一种相对简单的施工工艺成熟的地铁车站施工方法。一般来说,明挖法具有以下显著优点:工序简单、管理方便;施工场地宽敞、施工机械选择方便;施工进度快;施工质量可以得到充分保证;造价低。

然而,明挖法也有缺点:影响施工场地附近的居民生活以及交通;对环境的污染比较大;基坑坑壁的稳定性难以把控。

下面对该方法的主要施工工艺进行介绍,具体包括地下连续墙施工、基坑降水、二方开挖和支撑架设。

**1. 地下连续墙施工**

明挖车站通常设计为深基坑,宽度也较大,为了减小环境土压力对基坑内施工安全的影响,一般需要在开挖前疳作围护结构。地下连续墙以施工工艺成熟的优势·成为常用的围护结构。

地下连续墙施工流程包括:场地平整、测量放样、导墙施工、槽段施工、清孔验收、吊放钢筋笼及工字钢、采取防扰流设备、下设导管、泥浆使用、浇筑混凝土等。其中的控制要点包括导墙施工、槽段施工及泥浆使用,具体分析如下。

(1)导墙施工。

导墙的作用是防止地表土体坍塌,同时为槽段施工提供支撑平台。导墙的施二质量关系到地下连续墙的施工质量,必须引起高度重视。

导墙形式一般采用¬г形。地质条件较差时,也可以采用]形,并适当加深导墙。当混凝土强度达到设计强度的 70% 时,可以进行拆模,并立即使用方木顶紧两侧导墙。

在地下连续墙拐角处应根据成槽机的断面形状多延伸出 300 mm。分段施工现浇导墙时,水平段的钢筋应提前预留连接筋,以方便与相邻段导墙的钢筋相连接。导墙养护期间,重型机械不得在附近停置或从事施工作业。

导墙的质量标准如表 5.1 所示。

表 5.1 导墙的质量标准

| 序号 | 验收项目 | 标准 |
| --- | --- | --- |
| 1 | 内墙面与地下连续墙纵轴线平行度 | ±10 mm |
| 2 | 内外导墙间距 | ±10 mm |
| 3 | 导墙内墙面垂直度 | 3‰ |
| 4 | 导墙内墙面平整度 | 3 mm |
| 5 | 导墙顶面平整度 | 5 mm |
| 6 | 导墙顶面标高 | ±10 mm |

(2)槽段施工。

在土层中,常采用液压抓斗成槽机进行地下连续墙的成槽施工;在强度较高的中、微风化岩层中,则常用冲击钻冲击成槽。

①液压抓斗成槽机成槽施工流程。

地下连续墙采用分幅施工的方式,以 6 m 为一个标准段。每幅连续墙施工时需要先抓取两侧土体,再抓取中间土体,防止两边受力不均对槽壁垂直度造成影响。

成槽机掘进时应做到稳、准、轻放、慢提,并及时监测成槽机内导杆和钢丝绳的垂直度。在成槽过程中应保持泥浆面在导墙顶面以下 0.3 m,同时高于地下水位 0.5 m。

采用液压抓斗成槽机成槽时,挖槽完成后需要采用超声波测壁仪进行检测,从而确保槽壁垂直度。

②冲击钻冲击成槽施工流程。

采用冲击钻进行冲击成槽施工时,首先要采用冲击钻冲击主孔,主孔间距一般为地下连续墙厚度的 1.5 倍。然后针对主孔之间的部分,采取冲击副孔的形式进行冲击。最后用方形锤修整槽壁。

冲击钻冲击成孔过程中每进尺 0.5～1.0 m,要测量一次钻孔的垂直度,超过标准时应随时纠偏。同时钻机应保持勤松绳、勤掏渣的状态,并随时检查钻头推进和提升钢丝绳之间的联结。

（3）泥浆使用。

泥浆材料包括水、膨润土、增黏剂、其他外加剂等。外加剂的用量需要根据实际情况合理选择。泥浆的拌制：将原材料称量后进行投料,混合搅拌后,检测泥浆的性能指标,静置 24 h 后使用。

新鲜的泥浆要经过检验才能使用。使用过一次的泥浆,需要经过振动筛和旋流器进行分离和净化。处理之后与新鲜泥浆相混合,必要时补充一部分掺入材料,检验各项性能指标并符合要求后,即可循环使用。

挖槽过程中泥浆密度保持在 1.05～1.25 g/cm³,清孔后泥浆密度保持在 1.05～1.15 g/cm³。

## 2. 基坑降水

基坑降水的目的是降低土体的含水率,提高土体的抗剪强度及稳定性,以防止土体在开挖中发生滑坡破坏。基坑降水包括集水明排和井点降水。

（1）集水明排。

集水明排是指通过在基坑周边设截水沟和集水井来收集地表水,防止地表水流入基坑内的排水方法。常见的做法是在基坑内设置排水沟,排水沟每隔 20～30 m 设置一个集水井,集水井低于排水沟,从而保证地表水可以及时汇集到集水井内。集水井内要配备水泵,保证随集随排。

（2）井点降水。

井点降水是人工降低地下水位的一种方法,是在基坑开挖前,在基坑四周埋设一定数量的滤水管（井）,利用抽水设备抽水使所挖的土始终保持干燥状态的方法。

### 3．土方开挖

（1）土方开挖程序。

土方开挖程序：测量放线→分层、分段开挖→排水→钢支撑工作面整平→钢支撑、钢围檩等施工。

（2）土方开挖施工。

土方应分层、分段、分块开挖。分层开挖是指土方开挖需要根据施工组织设计中的支撑设置情况进行分层，每层均开挖至支撑底面标高以下 0.5 m。分段开挖是指在分层开挖之后再沿车站的纵向，以若干个支撑的范围为一段，逐段进行土方开挖工作。分块开挖是指每层、每段内的土方应采用分块的方式进行开挖，可以先挖两侧部分，再挖中间部分。同一层开挖时，常见的做法有两种：沿基坑的纵向，由一端向另一端开挖；从两端向中间开挖。

基坑土方开挖遵循先撑后挖、限时支撑、严禁超挖的原则。先撑后挖是指土方开挖过程中，支撑的架设应及时，完成支撑后才可以进行下一层土方的开挖。限时支撑是指施工中要把握好土方开挖的时间和土方开挖后支撑架设完成的时间，不应拖延。严禁超挖是指土方开挖过程中要严格控制单次土方开挖量，土方开挖至距离基底 200 mm 时，应采用人工开挖的方式。

### 4．支撑架设

支撑架设的施工流程如图 5.7 所示。

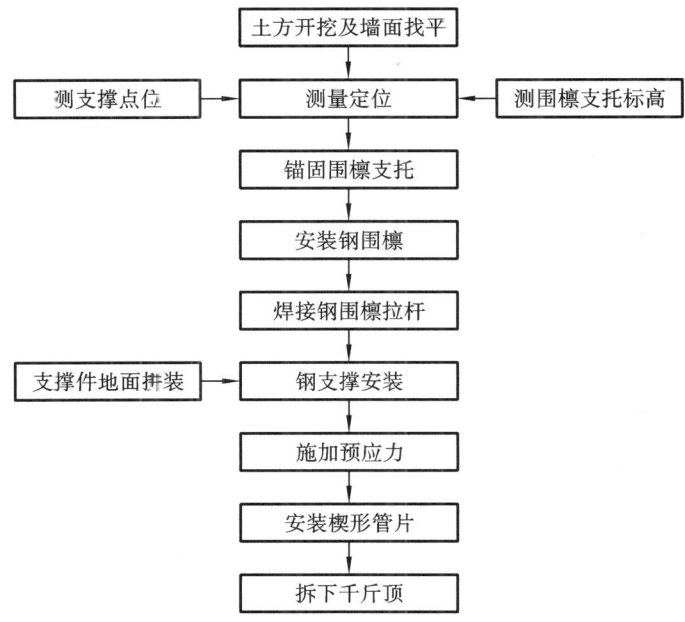

图 5.7　支撑架设的施工流程

下面主要介绍安装钢围檩、钢支撑安装和施加预应力三个方面的内容。

（1）安装钢围檩。

钢支撑一般选用钢管,作用在地下连续墙的预埋钢板中。钢围檩分节逐段吊装,人工配合起重机将钢围檩安放于钢牛腿上,采用拉筋将钢围檩上部与围护桩拉结,防止钢围檩侧翻坠落。

钢围檩之间的连接钢板应焊接牢固,焊接完后应检查有无漏焊、虚焊现象。钢围檩支撑安装完成后应检查钢牛腿是否因撞击而松动。钢围檩背后空隙需用高强度混凝土填充密实,以便钢围檩均匀受力。

（2）钢支撑安装。

钢牛腿、钢围檩安装完成后,先用吊车将各规格钢支撑配节吊至基坑一侧拼装场地进行组装,组装完成后用吊车吊装至支撑设计位置的钢围檩上。安装时,腰梁、端头千斤顶各轴线要在同一平面上,为确保平直,横撑上的法兰盘螺栓应先中间、后两边、对角并沿顺时针方向依次、分阶段紧固,纵向腰梁就位时,放置速度要慢,不得碰撞冲击。

（3）施加预应力。

钢支撑固定后,应按照设计要求施加预应力。将两台千斤顶对称、平行地安置后,同步对称地施加预应力。当预加的轴力达到设计值后,焊紧钢楔块,松开千斤顶。预应力应匀速并逐级增加。

# 5.3 高架车站施工

## 5.3.1 高架车站的类型

高架车站受气候影响较大,立面造型设计要求与当地的气候条件相适应。

高架车站属于地面建筑,它既不是单一的房屋结构,也不是单一的桥梁结构,而是桥梁与房建结合的结构体系。总体来说,高架车站可按车站建筑结构与车站桥梁结构的结合形式和连接方式分为桥－建分离式和桥－建结合式两大类型。

### 1. 桥-建分离式

行车部分的轨道梁从车站穿过,车站建筑结构与车站桥梁结构完全脱开,各自形成独立的结构受力体系。该体系传力途径明确,结构耐久性好,但车站体量较大,且由于桥墩截面大,建筑平面布局易受影响。

### 2. 桥-建结合式

行车部分的轨道梁支承在车站框架横梁上,车站建筑结构与车站桥梁结构结合在一起共同受力,支承轨道梁的横梁、支承横梁的墩柱及墩柱基础承受列车动荷载。该体系整体性和稳定性较好,但结构传力途径不太明确,车站设计时需要考虑列车动荷载的影响。

相关调查统计资料表明,国内城市轨道交通高架车站结构以桥-建结合式为主。

## 5.3.2　高架车站施工要点

### 1. 桩基施工要点

地铁高架车站基础一般采用桩基础,在成桩方式上,常选用钻孔桩。当受场地条件限制时,也可以采用人工挖孔桩,其适用的地质和水文条件是无地下水或有少量地下水的土层和风化软质岩层。因人工挖孔桩较少采用,以下仅以钻孔桩为例说明桩基施工要点。

(1)钻孔设备的选择。

钻孔桩常用的三种成孔方式是旋挖钻成孔、回旋钻成孔、冲击钻成孔。

旋挖钻成孔适用于各种黏土质地层、砂类土、碎(卵)石土或中等硬度以下基岩。施工前应根据不同的地质条件采用不同的钻头。回旋钻成孔所用设备按照泥浆的循环方式分为正循环钻机和反循环钻机。正循环钻机适用于黏土、粉土、砂性土等各类土层;反循环钻机适用于黏土、砂土、卵石土和风化岩层。冲击钻成孔则适用于卵石、坚硬漂石、岩层及各种复杂地质。

应根据地质条件、工期、环境要求及经济效益综合考虑,选择最合理的施工设备。

(2)施工工序。

钻孔桩施工工序:施工准备→搭设作业平台→钻机就位→钻进→成孔检测→清孔→安放钢筋笼→安放导管→浇筑水下混凝土→拔出导管、护筒→桩基检测。

下面仅对重点工序进行简述。

①施工准备。

a.埋设护筒。护筒采用 6~8 mm 厚的钢板卷制,护筒内径一般较桩径大 20~30 cm。准确定位后由人工干挖至设计标高,埋入护筒,使护筒中心与桩位中心重合,最后在四周换填并夯实。当孔口土质较差时,在护筒下部浇 30 cm 厚的 C20 混凝土,上部用黏土夯填密实。护筒顶高出地面 30 cm。护筒埋设示意图如图 5.8 所示。

b.泥浆制备。泥浆由水、黏土(膨润土)和添加剂组成。造浆用的黏土应符合以下技术要求:胶体率不低于 95%,含砂率不大于 4%,造浆率不低于 2.5 m³/kg。泥浆性能指标应符合以下技术要求:泥浆相对密度为 1.05~1.20,泥浆黏度为 16~22 s,含砂率为 4%~8%,胶体率不小于 96%,失水率不大于 25 mL/30 min。

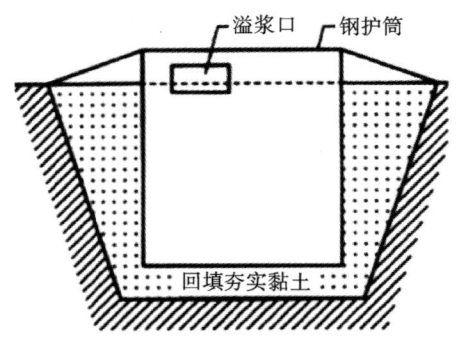

**图 5.8　护筒埋设示意图**

②钻机就位。

钻机就位施工要求:一是精确测量定位,钢护筒安装标准、稳固;二是钻机安装遵循水平、稳固、三点(天车、转盘、护筒中心)一垂线原则,保证垂直度和桩位精度,允许偏差和检验方法见表 5.2。

**表 5.2　钻孔桩钻孔允许偏差和检验方法**

| 序号 | 项目 | | 允许偏差 | 检验方法 |
|---|---|---|---|---|
| 1 | 护筒 | 顶面位置 | 50 mm | 测量检查 |
| | | 倾斜度 | 1% | |
| 2 | 孔位中心 | 群桩 | 100 mm | |
| | | 单排桩 | 50 mm | |
| 3 | 倾斜度 | | 1% | |

③钻进。

钻进过程中需要进行以下技术控制:a. 保持连续施工,防止出现施工中断;b. 钻进过程中泥浆循环量应根据地层和钻进速度加以调整,保证成孔质量;c. 终孔时,需要对桩孔的孔深、孔径、倾斜度进行检测,符合要求才能终孔。

④清孔。

采用两次清孔,以保证清孔质量。第一次清孔在钻至设计深度后进行,第二次清孔在下完钢筋笼和导管以后利用导管进行,目的是清除下钢筋笼及下导管期间沉淀的沉渣。需要特别注意的是,不得用加深钻孔深度的方式替代清孔。

⑤安放钢筋笼。

钢筋笼制作及安装要求:a. 钢筋笼直径应符合设计尺寸要求;b. 制作好的钢筋笼应平卧堆放在平整干净的场地,堆高不得超过两层;c. 在下放过程中应控制下放速度,一般桩孔应在钻孔结束后 2～4 h 内完成。其各项偏差应符合的要求见表 5.3。

**表 5.3　钻孔桩钢筋骨架允许偏差和检验方法**

| 序号 | 项目 | 允许偏差 | 检验方法 |
|---|---|---|---|
| 1 | 钢筋骨架在承台底以下长度 | ±100 mm | 尺量检查 |
| 2 | 钢筋骨架外径 | ±20 mm | 尺量检查不少于 5 处 |
| 3 | 主筋间距 | ±0.5d | |
| 4 | 加强筋间距 | ±20 mm | |
| 5 | 箍筋间距或螺旋筋间距 | ±20 mm | |
| 6 | 钢筋骨架垂直度 | 1% | 吊线尺量检查 |

注:d 为钢筋直径,单位为 mm。

⑥浇筑水下混凝土。

水下混凝土浇筑施工应控制以下几点。

a. 水下混凝土浇筑前应检查桩底的沉淀层厚度与泥浆指标,不符合要求应再次清孔。

b. 水下混凝土浇筑过程中应及时测量混凝土面的高度,准确计算导管的埋深,做到勤提勤拆,始终控制导管埋入混凝土面以下 2～6 m。

c. 当混凝土浇筑到孔口不再返出泥浆时,应及时提升导管。

**2. 承台施工要点**

(1)基坑开挖。

承台基坑根据开挖深度、地质条件及周边环境条件选择放坡开挖或型钢支护开挖。当采用型钢支护开挖时,可以采用槽钢、工字钢。当开挖深度较大、土质较差时也可以打设钢板桩防护。拉森钢板桩(也称"U 型钢板桩")是现场常用的钢板桩桩型。钢板桩打设后,随基坑开挖及时架设内部型钢围檩、型钢支撑形成完整的受力体系,保证基坑开挖安全。

(2)凿除桩头。

桩头挖出后,人工用风镐凿除上部浮浆及劣质混凝土并清理干净。

(3)绑扎钢筋。

①钢筋原材料质量控制重点为钢筋原材料合格,钢筋表面无油污、锈蚀和裂纹。

②钢筋下料和加工必须严格按照设计图纸和钢筋施工规范的要求进行,钢筋的规格、间距和摆放的位置应与设计图纸相符。

③承台钢筋的纵横交叉点除四周全部用扎丝绑扎外,其余可采用梅花形交错绑扎。

④承台处钢筋绑扎时需预留结构柱的钢筋。

（4）安装模板。

模板安装控制要点如下。

①模板采用无拉杆式大块钢模板，四周用钢管和顶托支撑加固，支撑间距控制在1.2～1.5 m。

②模板安装稳固，表面平整，拼缝严密，安装轴线偏差不大于±15 mm，表面平整度偏差不大于5 mm，顶面高程偏差不大于±20 mm，相邻两块模板表面高差不大于2 mm。

（5）浇筑混凝土。

①采用商品混凝土，用臂架式混凝土泵车泵送入模，采用人工插入式振捣棒振捣。

②承台混凝土分层浇筑，分层厚度不得大于30 cm，振捣上层混凝土时振捣棒应插入下层混凝土3～5 cm，确保新旧混凝土结合得更加密实。浇筑时应连续进行，避免出现冷缝。

③混凝土振捣时应均匀振捣，不得漏振、过振。同时，振捣的时间也不宜过长，以免混凝土产生离析现象。

④在混凝土浇完4 h左右应及时进行提浆抹面。

在混凝土达到强度要求后方可拆模，拆模时严禁用力猛撬，模板拆下后应检查结构面有无空洞或蜂窝麻面，若有应及时用高标号水泥浆进行修补，并且及时洒水养护14 d以上。

### 3. 墩柱施工要点

高架站墩柱形式不一，多采用 Y 形墩、门式墩。随着工艺水平的提高，墩柱模板一般采用整体定型钢模板。为确保混凝土外观质量，降低模板拼装难度，同时为了确保模板拼缝的平整度，墩柱模板的连接采用定位销加螺栓连接的方式。上述连接方式能保证在现场拼装时减少因螺栓间隙而导致的拼装误差。

采用人工配合吊车安拆模板，墩柱四角设钢丝绳固定于地锚，在模板周围人工搭设钢管脚手架，脚手架外立面满包安全网防护。

（1）测量放样。

在承台混凝土强度达到设计强度的70%以上后，开始将柱底部范围内的混凝土表层浮浆彻底凿毛并清理干净，用全站仪定位出墩柱中点，弹出柱四边的墨线。

（2）钢筋安装。

钢筋笼采用现场加工、现场绑扎，严格按照设计和规范要求进行。绑扎前先调整好承台中的预埋墩柱主筋间距，使保护层厚度、间距符合要求，主筋间距及竖直度为检查重点。

（3）逐节拼装模板。

墩柱模板采用定制大块钢模板，模板横竖向拼缝粘贴密封条以防止漏浆。支撑方式采用钢管支撑，拉索固定，底部用预埋在承台上的地锚固定。

（4）浇筑混凝土。

墩柱采用商品混凝土，混凝土输送泵泵送入模，插入式振捣器振捣。要保证分层连续浇筑，每层厚度不大于 30 cm。混凝土浇筑前要对振捣工进行技术交底，做到不过振、不漏振，以保障混凝土结构内实外光。

（5）养护、拆模。

墩柱混凝土浇筑时，试验室要制作同条件养护试块，在强度达到 2.5 MPa 时才可拆模。柱体采用塑料薄膜养护，时间不少于 10 d。

#### 4. 盖梁施工要点

盖梁为预应力钢筋混凝土结构，在地基条件较好、交通不受限制的情况下，盖梁采用满堂支架法现浇施工比较经济合理。但当地基条件较差或盖梁下部有交通要求时，则可采用型钢加贝雷架组合门式支架，如图 5.9 所示。无论采用哪种形式，支架系统必须经过预压。

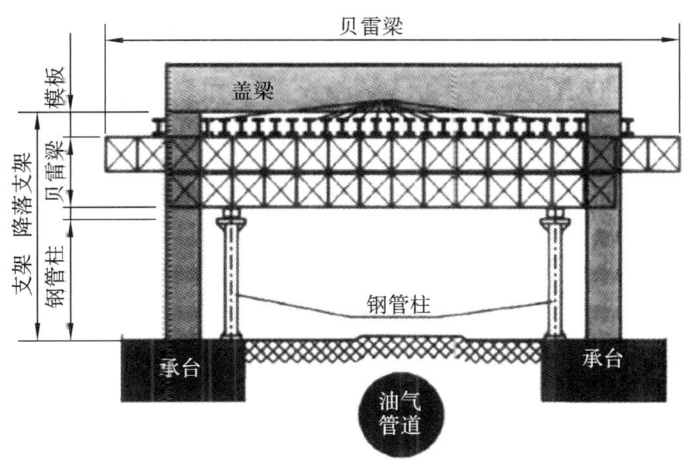

**图 5.9 型钢加贝雷架组合门式支架示意**

施工时采用商品混凝土；人工配合吊车拼装现浇支架和钢模板；钢筋在钢筋加工场集中下料加工，现场绑扎成型；混凝土输送泵泵送入模，人工振捣。

各工序施工控制要点如下。

（1）清基。

将柱顶凿毛，清理干净，并进行柱顶标高检查。

（2）钢筋绑扎。

钢筋现场加工、绑扎，绑扎前先调整好预埋主筋间距，并在盖梁底模上放线定位钢筋骨架，钢筋的安装绑扎应满足图纸及规范要求。均匀设置混凝土垫块，以满足保护层厚度要求。

严格按要求预埋波纹管，沿预应力管道长度方向每 50 cm 设置一道井字形定位钢筋和防崩钢筋，焊接在主筋上，以确保管道在混凝土浇筑时不上浮、不变位。

当预应力钢绞线与普通钢筋位置有冲突时，可适当调整普通钢筋位置。

如预应力钢束张拉有需要，槽口处梁体纵、横钢筋及箍筋可作截断处理。同时，浇筑封锚混凝土前，截断的钢筋应采用焊接的方式予以恢复，并保证锚固面与钢束相垂直。

（3）模板与支撑。

盖梁采用定型钢模板，模板的拼缝处用密封胶条填塞压实，用 1.5 mm 厚胶带封闭，防止漏浆出现蜂窝，两侧模顶口安装拉杆固定。施工时为保证支架的稳定和安全，支架和模板必须有足够的强度和刚度。支架搭设完毕后进行预压，并采取有效措施减少支架变形或支架沉降不均匀对结构的影响。

（4）浇筑混凝土。

盖梁混凝土采用商品混凝土，泵送入模，插入式振捣器振捣。浇筑混凝土前，先浇筑 5 cm 厚的砂浆，利于施工缝的结合；纵向浇筑顺序为从盖梁两端同时开始浇筑，从低侧向高侧浇筑。浇筑过程中随时观测支承结构下沉的情况。要求制作一组同条件养护试块，作为底模和支架拆除的依据。

（5）拆模、养护。

混凝土强度达到 2.5 MPa 时，方可拆除侧端模；混凝土强度达到设计强度时，方可拆除支承结构和底模，洒水养护。

（6）盖梁预应力张拉。

盖梁需要进行预应力张拉，预应力张拉的施作必须在混凝土强度达到设计强度以后进行。在横断面上，每批钢束张拉应按左右、上下顺序对称进行。钢束均采用两端张拉，预应力根据伸长量与张拉力指标控制，以张拉力指标为主。当张拉力达到控制应力时要持荷 2 min 再锚固。

（7）孔道压浆、封锚。

张拉完成后确定预应力筋无断丝、滑丝现象，然后切除多余钢绞线，封堵锚头。封锚水泥浆强度达到 10 MPa 时即可压浆。压浆时间以张拉完毕不超过 48 h 控制。同一管道压浆作业要一次完成，不得中断，且梁体及环境温度不得低于 5 ℃。

**5．框架结构施工要点**

（1）搭设脚手架。

室外采用双排钢管脚手架，室内采用满堂脚手架，以支撑和加固梁板、柱的模板。脚手架基础应夯实、平整。设扫地杆，脚手架的纵距、横距、步距均按规范要求进行设置。扣件、螺栓的质量要符合规范要求。钢管脚手架的剪刀撑、斜撑的搭接长度不得小于 1 m，且用不少于 2 只扣件进行紧固。室外脚手架超过两层后设密目式安全防护立网和横向安全隔离层，网应高出施工层 1 m 以上。

（2）模板架设与安装。

地铁高架车站一般为全现浇框架结构，模板使用量较大，其施工质量直接影响混凝土的外观质量，模板架设与安装是整个框架结构施工的关键工序。下面以面板采用竹胶板的情况对相关施工要点和技术要求予以说明。

①模板系统要求。模板主要采用钢管支撑，辅以木支撑。立柱、梁板均采用大块竹胶板作面板、方木作框架。柱箍和梁板采用钢管作竖档及围檩。钢管柱箍转角处用铸铁十字扣件连接。框架梁板模板支撑加固如图 5.10 所示。墙模板安装前必须在其根部加设直径不小于 14 mm 的钢筋限位，以确保模板位置正确，墙模采用螺栓对拉固定。

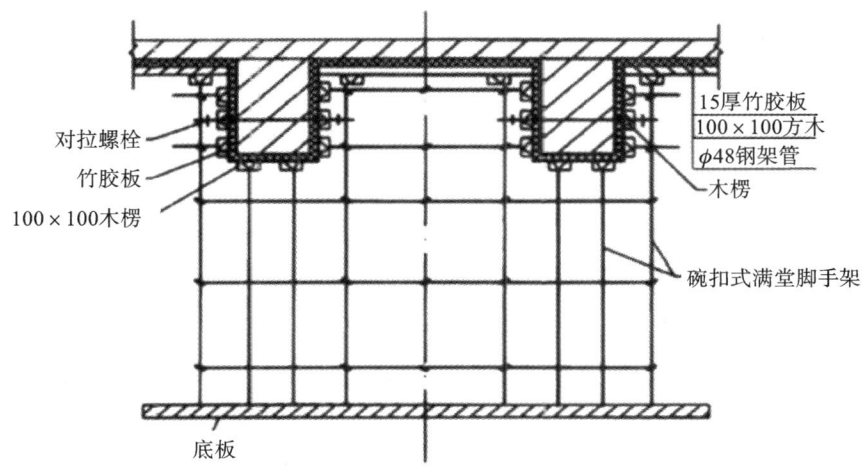

**图 5.10　框架梁板模板支撑加固示意图（单位：mm）**

②模板安装质量控制要点。模板及支架必须具有足够的强度、刚度和稳定性，支模前应先根据设计图纸弹出模板边线及模板的控制线，上下两相对应的控制点的连线垂直度应通过测量仪器检查，通过这些连线检查和验收墙面模板。模板的接缝和错位不大于 2.5 mm。柱模内垃圾采用水冲，吸尘器清理，柱模下脚外侧采用水泥砂浆护壁。梁的跨度大于 4 m 时应起拱，起拱高度要符合规范要求。

③模板拆除。模板拆除时间应满足有关规范的要求。非承重模板拆除时,其结构强度应不低于 2.5 MPa;承重模板拆除时,其结构强度应达到设计强度的 70%。拆模顺序为后支先拆、先支后拆;先拆非承重模板、后拆承重模板。拆除跨度较大的梁底模时,应先从跨中开始,分别向两端拆。拆模时不要用力过猛过急,拆下来的模板应及时运走,并清理干净、板面刷油,按规格分类、堆码整齐。

（3）混凝土施工。

地铁高架车站结构混凝土施工流程如图 5.11 所示。

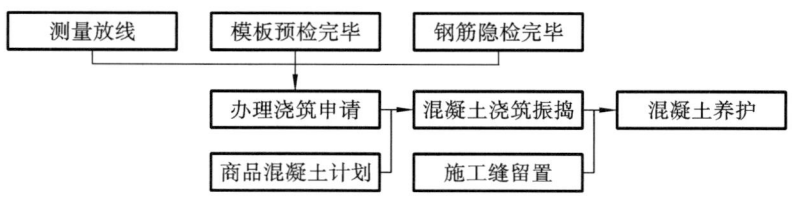

**图 5.11 地铁高架车站结构混凝土施工流程**

混凝土施工技术措施如下。

①在混凝土浇筑施工前应用高压水或高压风对钢筋、模板以及新旧混凝土接触面进行清洗,确保要浇筑的施工区清洁无杂物。

②浇筑框架柱混凝土时,尽量将混凝土泵车的输送管伸至柱子的模板内,使混凝土输送管出料口与浇筑面的距离不大于 2 m。

③分层浇筑时每层厚度控制在 30 cm 以内。高度大于 30 cm 的框架梁采取分层浇筑,待第一层充分捣实后再下第二层的料。

④每一施工段的梁、板混凝土必须一次性连续浇筑完毕,如果由于特殊原因无法连续浇筑,施工缝留置在次梁跨度中间 1/3 的范围内。

⑤混凝土捣固采用插入式振捣器振捣与平板式振捣器振捣两种方法,其中梁、柱、墙混凝土采用插入式振捣器振捣,板混凝土采用插入式振捣器配合平板式振捣器振捣。

⑥混凝土在浇筑 6～12 h 后即进行养护,结构表面使用麻袋覆盖,并随时洒水,保持湿润,养护时间一般为 14 d。

混凝土施工质量控制要点如下。

①混凝土试件的取样、制作、养护和试验要符合施工规范的有关规定。

②振捣密实,不得有蜂窝、孔洞、露筋、缝隙、夹渣等质量缺陷。

③楼梯板混凝土浇筑应自下向上进行,待底下踏步混凝土充分振捣密实后再进行上面踏步的振捣,避免踏步根部出现蜂窝现象。

④在主次梁、楼梯梁交接处加强振捣,以保证混凝土密实,必要时使用同强度等级的

细石混凝土浇筑,避免出现孔洞或蜂窝等缺陷。

⑤截面较小的柱、墙混凝土以插入式振捣器振捣为主,必要时辅以平板式振捣器振捣。

⑥混凝土浇筑过程中,派专人负责检查模板,及时处理漏浆、跑模等问题。

# 第 6 章

# 城市轨道交通区间隧道施工

# 6.1 盾构隧道施工

## 6.1.1 盾构机的定义、基本工作原理和应用

盾构机的全名为盾构隧道掘进机，是一种隧道掘进的专用工程施工机械。现代盾构机集光、机、电、液、传感、信息技术于一体，具有开挖切削土体、输送土渣、拼装隧道衬砌、测量导向纠偏等功能，涉及地质、土木、机械、力学、液压、电气、控制和测量等多门学科的技术，而且要按照不同的地质进行设计制造，其可靠性要求极高。

盾构机的基本工作原理是一个圆柱体钢组件沿隧洞轴线一边向前推进，一边对土壤进行挖掘。该圆柱体钢组件的壳体即护盾，它对挖掘出的还未衬砌的隧洞段起着临时支撑的作用，承受周围土层的压力，有时还起着承受地下水压以及将地下水挡在外面的作用。挖掘、排土、衬砌等作业在护盾的防护下进行。

盾构机已广泛用于地铁、铁路、公路、市政、水电等隧道工程施工。用盾构机进行隧道施工具有自动化程度高、节省人力、施工速度快、一次成洞、不受气候影响，开挖时可控制地面沉降、减少对地面建筑物的影响和在水下施工时不影响水面交通等特点，在隧道洞线较长、埋深较大的情况下，用盾构机施工更为经济合理。

## 6.1.2 盾构机的类型与构成

### 1. 盾构机的类型

根据盾构机的工作原理、挖掘方式、横断面的形状及盾构机的功能和用途等可将盾构机进行以下分类。

（1）根据工作原理划分。

盾构机根据工作原理划分为手掘式盾构机、挤压式盾构机、半机械式盾构机（局部气压、全局气压）、机械式盾构机（开胸式切削盾构机、气压式盾构机、泥水加压盾构机、土压平衡盾构机、混合型盾构机、异形盾构机）。

（2）根据挖掘方式划分。

盾构机根据挖掘方式划分为敞开式盾构机、机械切削式盾构机、网格式盾构机和挤压式盾构机等。

（3）按横断面的形状划分。

盾构机按横断面的形状划分为半圆形盾构机、圆形盾构机、椭圆形盾构机、马蹄形盾

构机、双圆搭接形(竖双圆形、横双圆形)盾构机、三圆搭接形盾构机、矩形(矩形、凸字形、凹字形)盾构机等。

（4）按盾构机的功能和用途划分。

盾构机按功能和用途划分为弯隧道盾构机、偏心急弯曲线盾构机、大坡度盾构机、地中对接盾构机、侧接盾构机、路线可变扭曲盾构机、竖向掘削盾构机、扩径盾构机、变径盾构机、大深度盾构机、长距离盾构机、高速掘进盾构机等。

### 2. 盾构机的构成

盾构机整体结构从前往后依次为盾构机本体(刀盘、前盾、中盾、盾尾)、连接桥架、台车。

盾构机按构造主要划分为五部分：壳体、排土系统、推进系统、衬砌拼装系统和辅助注浆系统，具体如下。

（1）壳体。

盾构机的通用标准外形是圆筒形，壳体由切口环、支承环和盾尾三部分组成，各部分与外壳钢板连成一体，如图 6.1 所示。

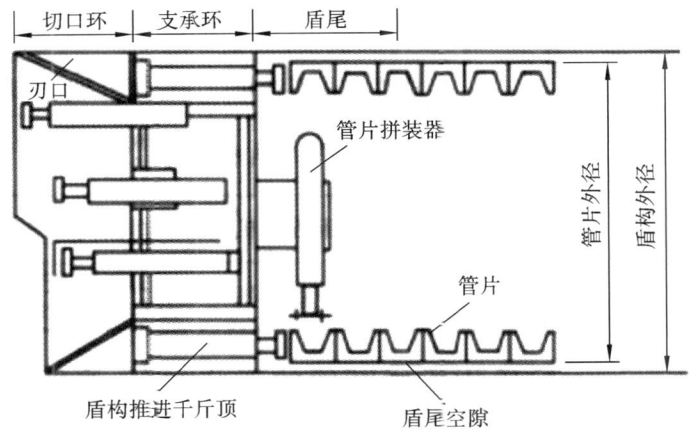

**图 6.1　盾构机的壳体**

①切口环。

它位于盾构机的最前端，施工时切入地层并掩护开挖作业。切口环前端设有刃口，以减少切土时对地层的扰动。切口环的长度主要取决于支撑和开挖方法、开挖机具和操作人员的工作回旋余地等。大部分手掘式盾构机切口环的顶部比底部长，犹如帽檐。有的还设有千斤顶操纵的活动前檐，以增加掩护长度。机械式盾构机的切口中容纳各种专门挖土设备。在局部气压、泥水加压和土压平衡盾构机中，其切口部分的压力高于隧道内常压，故切口环与支承环之间需用密闭隔板分开。

②支承环。

支承环紧接于切口环后,位于盾构机中部。它是一个刚性较好的圆环结构。地层土压力、千斤顶的顶力以及切口、盾尾、衬砌拼装时传来的施工荷载均由支承环承担。支承环的外沿布置盾构推进千斤顶。大型盾构机的所有液压设备、动力设备、操纵控制系统、衬砌拼装机具等均设在支承环位置。中、小型盾构机则可把部分设备移到盾构机的后部车架上。当切口环内压力高于常压时,支承环内要设置人工加压与减压闸室。

③盾尾。

盾尾一般由盾构机外壳钢板延长构成,主要用于掩护隧道衬砌的安装工作。盾尾末端设有密封装置,以防止水、土及注浆材料从盾尾与衬砌之间的缝隙进入盾构机内。盾尾密封装置损坏时应及时进行更换。盾尾长度要满足进行以上各项工作的需求。从结构上考虑,盾尾厚度应尽可能薄,但盾尾除承受地层土压力外,遇到隧道纠偏及弯道施工时,还有一些难以估计的施工荷载,受力情况复杂,所以其厚度应综合考虑上述因素来确定。

(2)排土系统。

排土系统由切削土体的刀盘、泥土仓、螺旋出土器、皮带传送机、泥浆运输电瓶车等部分组成。控制螺旋出土器排土的速度和盾构推进速度,可以保持开挖面土体的平衡。

(3)推进系统。

推进系统是由液压设备和盾构千斤顶组成,可使盾构机在土层中向前推进的机构,主要设备是设置在盾构壳体内侧环形中梁上的推进千斤顶群。

(4)衬砌拼装系统。

衬砌拼装系统由举重臂(也称"衬砌拼装器"或"机械手")和真圆保持器组成,其中举重臂是拼装系统的主要设备,常由油压系统提供动力。

(5)辅助注浆系统。

辅助注浆系统包括浆液搅拌机、注浆泵等设备。管片衬砌离开盾尾时,要及时压注浆液充填环形衬砌外的建筑间隙,以减少地面的沉降。

## 6.1.3 盾构开挖方法

常用的盾构开挖方法有敞开式开挖、机械切削式开挖、网格式开挖和挤压式开挖等,具体如下。

### 1. 敞开式开挖

手掘式及半机械式盾构机均采用敞开式开挖,这种方法适用于地质条件较好、开挖面在掘进中能维持稳定或在有辅助措施时能维持稳定的情况,其开挖一般是从顶部开始逐层向下挖掘,若土层较差,还可借用千斤顶加撑板对开挖面进行临时支撑。采用敞开式开挖方法时,处理孤立障碍物、纠偏、超挖等问题均比其他方法容易。为尽量减少对地层的扰动,要适当控制超挖量与开挖面暴露时间。

**2．机械切削式开挖**

机械切削式开挖就是对与盾构机直径相仿的全断面采用旋转切削刀盘开挖的方法。根据地质条件,刀盘可分为刀架间无封板和有封板两种。刀架间无封板刀盘适用于地质较好的情况。机械切削式开挖的刀盘开挖效果在弯道施工或纠偏中不如敞开式开挖,此外,清除障碍物的能力也不如敞开式开挖。

**3．网格式开挖**

采用网格式开挖的开挖面由网格梁与格板分成许多格子。开挖面的支撑力是由土的黏聚力和网格厚度范围内的阻力提供的。当盾构机推进时,土体就从格子里挤出来。根据土的性质来调节网格的开孔面积。采用网格式开挖时,在所有千斤顶缩回后,会产生较明显的盾构机后退现象,导致地表沉降。因此,在施工时务必采取有效措施,防止盾构机后退。

**4．挤压式开挖**

当采用挤压式开挖时,由于不出土或仅出部分土,对地层有较大的扰动,在施工放线时,应尽量避开地面建筑物。挤压式开挖可分为局部挤压式和全挤压式开挖:局部挤压式施工时,要注意控制出土量,以减少和控制地表沉降;全挤压式施工时,盾构机把四周一定范围内的土体挤压密实。

## 6.1.4　盾构法隧道衬砌

隧道衬砌是直接支撑地层,保持规定的隧道净空,防止渗漏,同时又能承受施工荷载的结构。它由管片拼装的一次衬砌组成,必要时在其内灌注混凝土作为二次衬砌。一次衬砌为承重结构的主体,二次衬砌是为了一次衬砌的补强、防水和防侵蚀而修筑的。

盾构法修建的区间隧道衬砌类型,按照建筑材料划分有铸铁衬砌、钢管衬砌、钢筋混凝土衬砌和钢纤维混凝土衬砌等;按制作方法划分有单层装配式衬砌、双层复合式衬砌和挤压混凝土衬砌三大类,如图 6.2 所示。

**1．单层装配式衬砌**

单层装配式衬砌为工厂预制的构件,一般称为“管片”,是在盾构机尾部拼装而成的。

（1）分类。

①按材料分类。

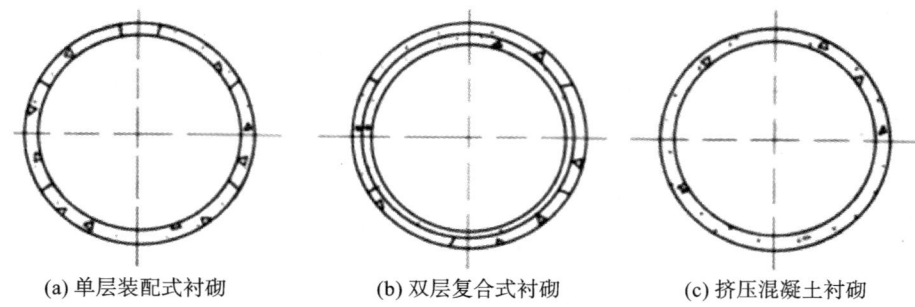

(a) 单层装配式衬砌      (b) 双层复合式衬砌      (c) 挤压混凝土衬砌

**图 6.2　盾构法修建的隧道衬砌横断面示意图**

管片按材料可分为钢筋混凝土管片、钢管片、铸铁管片以及由几种材料组合而成的复合管片。

钢筋混凝土管片的耐压性和耐久性都比较好。钢管片的强度高,具有良好的焊接性,便于加工和维修;重量轻,便于施工。与钢筋混凝土管片相比,钢管片刚度小、易变形,而且容易锈蚀,在不做二次衬砌时,必须采取抗腐、防锈措施。铸铁管片强度高,防水和防锈蚀性能好,易加工,和钢管片相比,刚度也较大,故在早期的地下铁道区间隧道施工中得到广泛的应用。钢管片和铸铁管片造价较高,除了在需要开口的衬砌环或预计将承受特殊荷载的地段采用,一般都采用钢筋混凝土管片。复合管片包括填充混凝土钢管片和扁钢加筋混凝土管片两种。填充混凝土钢管片是以钢管片的钢壳作为基本结构,在钢壳中用纵向肋板设置间隔,经填充混凝土后形成的简易复合管片结构。扁钢加筋混凝土管片是控制矩形和椭圆形等特殊断面管片厚度和钢筋用量,以降低制作成本为目的而开发出的管片结构。

②按螺栓手孔大小分类。

按螺栓手孔大小还可将管片分为箱形管片和平板形管片。

箱形管片是指因手孔较大而呈肋板形的管片,如图 6.3(a)所示。手孔较大不仅方便接头螺栓的穿入和拧紧,而且也节省了材料,使单块管片重量减轻,便于运输和拼装。但因截面削弱较多,在盾构千斤顶推力作用下容易开裂,故只有强度较大的金属管片才采用箱形结构。当然,直径和厚度较大的钢筋混凝土管片也有采用箱形结构的。在箱形管片中纵向加劲肋是传递千斤顶推力的关键部位,一般沿衬砌环向等距离布置,加劲肋的数量应大于盾构千斤顶的台数,其形状应根据管片拼装和是否需要灌注二次衬砌混凝土等施工要求而定。

平板形管片是指因螺栓手孔较小或无手孔而呈曲板形的管片,如图 6.3(b)所示。由于管片截面削弱少或无削弱,故对盾构千斤顶推力具有较大的抵抗力,对通风的阻力也较小。无手孔的管片也称为"砌块",现代的钢筋混凝土管片多采用平板形结构。

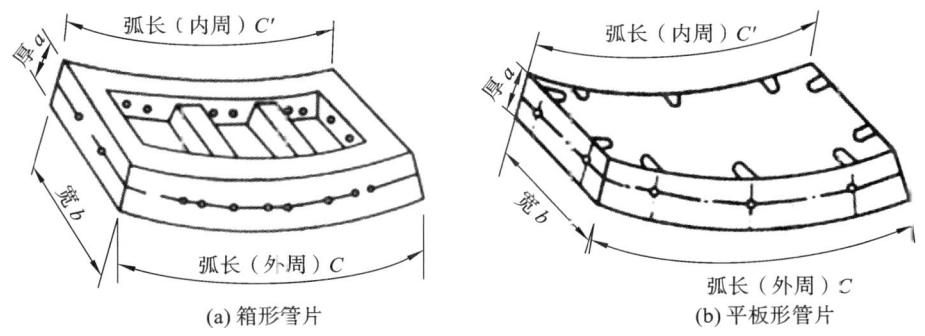

(a) 箱形管片      (b) 平板形管片

**图 6.3 管片按螺栓手孔大小分类**

（2）管片的连接。

衬砌环内管片之间以及各衬砌环之间的连接方式，从力学特性来看，可分为柔性连接和刚性连接。柔性连接允许相邻管片间产生微小的转动和压缩，使衬砌环能按内力分布状态产生相应的变形。刚性连接则通过增加连接螺栓的排数，力图在构造上使接缝处的刚度与管片本身相同。实践证明，刚性连接不仅拼装麻烦、造价高，而且会在衬砌中产生较大的次应力，带来不良后果。因此，目前较为常用的是柔性连接，主要有以下几种形式。

①单排螺栓连接。

单排螺栓连接按螺栓形状又可分为直螺栓连接、弯螺栓连接和斜螺栓连接三种，如图 6.4 所示。

直螺栓连接的优点是连接结构刚度好，承载能力强，抗松动性能好。其缺点是连接过程中需要及时进行调整，并且由于连接位置固定，不利于在拆卸时进行维护。

弯螺栓连接的优点在于连接方便，强度适中，适用范围广。其缺点是在承载能力和防松动性能方面不如直螺栓连接和斜螺栓连接，在受力不平衡时容易出现疲劳破坏。

斜螺栓连接的优点在于连接结构稳定，承载能力好，能够自动调整。此外，与直螺栓连接相比，拆卸时更加方便。其缺点是在连接时连接角度需要精确，且在扭矩发生变化时，斜螺栓容易松动。

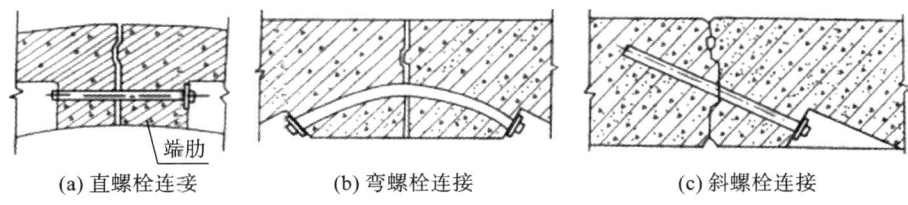

(a) 直螺栓连接      (b) 弯螺栓连接      (c) 斜螺栓连接

**图 6.4 单排螺栓连接按螺栓形状分类**

②销钉连接。

销钉连接可用于纵向接缝,也可用于横向接缝。所用的销钉可在管片预制时埋入,也可在拼装时安装。销钉的作用除了临时稳定管片、保证防水密封垫的压力,在安装管片时还起导向作用,将相邻衬砌环连在一起。用销钉连接的管片形状简单,截面无削弱,建成的隧道内壁光滑平整。和螺栓连接相比,销钉连接既省力、省时,又价格低廉,连接效果也相当好。销钉是埋在衬砌内的,不能回收,故通常用塑料制成。

③无连接件连接。

在稳定的不透水地层中,圆形衬砌的径向接缝也可不用任何连接件连接。因管片沿隧道径向呈楔形,外缘宽、内缘窄,在外部压力作用下,管片将相互挤紧,形成稳定的结构。

**2. 双层复合式衬砌**

为了防止隧道渗水、衬砌腐蚀,修正隧道施工误差,减少噪声和振动以及作为内部装饰,可以在装配式衬砌内部再做一层整体式混凝土或钢筋混凝土内衬,即二次衬砌。根据需要还可以在装配式衬砌与内衬之间铺设防水隔离层。双层复合式衬砌主要用在含有腐蚀性地下水的地层中。现在由于混凝土耐腐蚀性能和管片防水性能的提高,采用双层复合式衬砌的必要性已大为降低。

**3. 挤压混凝土衬砌**

挤压混凝土衬砌(extruded concrete lining,ECL)就是随着盾构机向前掘进,用一套衬砌施工设备在盾尾同步灌注的混凝土或钢筋混凝土整体式衬砌。因其灌注后即承受盾构千斤顶推力的挤压作用,故有此称谓。挤压混凝土衬砌可以采用素混凝土,也可以采用钢筋混凝土,目前采用最多的是钢纤维混凝土。

挤压混凝土衬砌一次成型,内表面光滑,衬砌背后无空隙,故无须注浆,且对控制地层沉降特别有效。但因挤压混凝土衬砌施工需要较多的设备,其中包括混凝土成型用的框模、拼拆框模的系统和混凝土配送系统,而且混凝土制备、配送及钢筋架立等工艺较为复杂,在渗漏性较大的土层中要达到防水目的尚有困难,故挤压混凝土衬砌在地铁隧道中应用较少。

# 6.1.5  盾构法的施工内容

盾构施工的主要工序有盾构机的出发与到达、土体开挖与推进、衬砌拼装与防水等。其中出发和到达是盾构机掘进施工中最容易产生事故的工序,也是最关键的工序。

**1. 盾构机出发**

盾构机出发是指使用竖井内临时组装的管片、反力架等设备,把盾构机在座架上推进,从出发口处贯入围岩并沿着规定路线开始推进的一系列准备工作。

（1）盾构机出发的施工要点。

①盾构机的安装。

所谓安装是指把盾构机组装在竖井内设置的座架上,进入设定位置。设定位置是以设计的中心位置及高度为主,进行若干修正而求出的。所谓修正,是指考虑到盾构机在软弱围岩中贯入时会产生下沉而需事先留出富余量（数厘米）,以便盾构机准确就位。

②反力架设备。

该设备以临时组装的管片和型钢为主材,为保证其能够承受必需的推力,应具有充足的强度和不发生有害变形的刚度。临时组装的管片,需要确保临时安装时的位置正确,以免给其后正式组装的管片带来不良影响。

③始发口。

因为始发口的开口作业引起围岩坍塌的危险较大,所以必须小范围分片拆除临时挡土体,在盾构机前面及时进行支护,不得疏忽大意。通常,在靠近始发口处需设置入口密封圈或浇筑洞口混凝土,以确保施工的可靠性和安全性。在设置入口密封圈时,需要充分注意其材质、形状和尺寸是否符合设计要求。

④始发方法。

盾构机始发的方法很多,根据拆除临时挡土墙方法和防止掘削面地层坍塌方法的不同,主要分为注浆法、冻结法、高压喷射注浆法、竖井压气法、双重钢板桩法、SMW（soil mixed wall,型钢水泥土搅拌桩）拔芯法、开挖回填法和直接掘削法等,如图 6.5 所示。

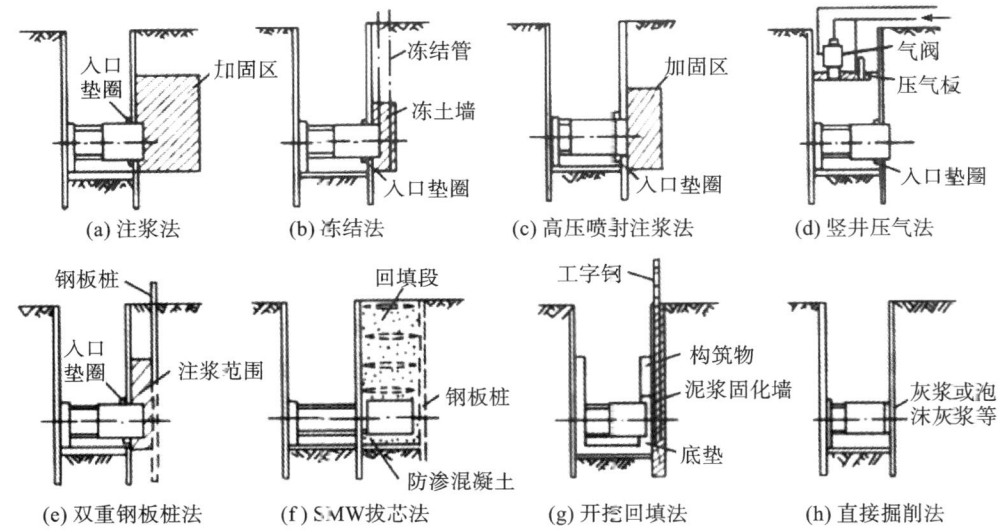

**图 6.5　盾构始发方法**

这些方法,有单独使用的,有组合使用的。但不论采用哪种方法,都必须结合土质、地下水、盾构机型、覆土厚度和作业环境等来选定,同时还要考虑安全、经济和工程进度等要求。

(2)盾构机始发的工作内容及工艺流程。

盾构机始发工作内容主要包括:始发端头地层加固,安装始发基座,盾构机组装、空载调试,安装反力架、洞门密封,安装负环管片与盾构机负荷调试,盾尾通过洞门密封后进行注浆回填,盾构机掘进与管片安装等。

盾构机始发主要的工艺流程如图 6.6 所示。

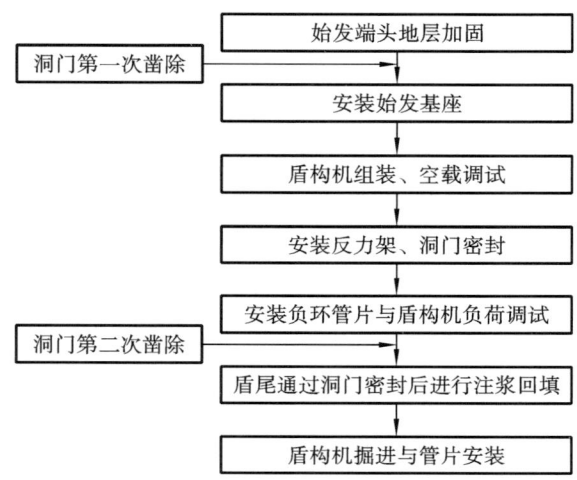

**图 6.6 盾构机始发主要的工艺流程**

(3)盾构机始发的主要施工技术。

盾构机始发施工容易发生各种事故,如出现沉降、涌水、涌泥、大面积塌陷等。引发这些事故的主要原因有:洞门土体无支撑或欠支撑的时间过长;洞门处地下水存在直接暴露的可能;盾尾未进入洞门,不能同步注浆;洞门帘布止水效果有限。熟练掌握盾构机始发的各项施工技术是保证盾构机安全出发的关键。

①始发端头地层加固。

盾构机始发之前,要根据洞口稳定情况评价地层,并采取相应的加固措施。常见的始发端头地层加固方法有搅拌桩、旋喷桩、水平冻结及垂直冻结、SMW 工法等。各种方法的施工成本、施工速度及安全性不同,选择哪一种方法要根据地层具体情况而定,并要严格控制施工过程。

a. 加固原则:根据隧道埋深及盾构机穿越地层情况,确定加固方法和范围;充分考虑洞门破除时间和方法,确保洞门破除和盾构机进洞的安全。

　　b.加固目的:消除构筑竖井时造成的周围土体松动;防止拆除临时挡土墙时振动的影响;在盾构机贯入掘削面前使地层自稳及防止地下水流入;降低对入口填塞物的压力;防止因掘削面压力不足引起掘削面坍塌;防止地表沉陷或对埋设物产生不良影响。

　　c.加固要求:加固土体无侧限抗压强度大于 1.0 MPa;渗透系数不大于 $1.0 \times 10^{-8}$ cm/s。

　　②洞门破除。

　　为保证开挖面稳定,洞门破除分两次进行:第一次先将围护结构主体凿除,只保留围护结构的外排钢筋和保护层;在盾构机始发前进行第二次洞门破除,将洞门剩余部分凿除,并确保洞门范围内无剩余钢筋。洞门破除按先下后上、先中间后两侧的顺序进行,切忌大面积同时破除。第二次破除需要速度快,尽量缩短洞门土体无支撑时间。

　　③洞口密封。

　　洞口密封是对起始推进段与盾构机或管片之间的间隙采取的防渗措施,防止地下水和背后所注砂浆外泄,确保施工可靠和安全。在盾构机开始推进后不久,就可以对开挖面加压,盾构机尾部通过洞口之后,立即进行壁后注浆,尽早稳定洞口。洞口密封施工分三步:第一步是在始发井结构施工过程中,要做好预埋件的安装工作,特别需要注意的是预埋件必须与始发井结构钢筋连在一起,保证预埋件的锚固长度;第二步是在盾构机始发之前完成洞口密封的安装,特别要检查螺栓的紧固程度;第三步是在盾尾进入洞门后,壁后注浆开始前,在洞门密封压板上设置防反转装置。

　　④反力架和始发托架的安装。

　　反力架(后座)设计制造必须满足以下要求:要有足够的强度和刚度,保证传力的可靠性;留有足够的空间,使垂直运输和水平运输时方便通过,尤其要保证后续台车能顺利通过;保持盾构机推进轴线和后座壁垂直,保证盾构机推进方向的准确;反力架基面要有足够的平整度,以保证管片的拼装质量;反力架的结构形式要根据始发井的结构形式进行设计,要做到因地制宜;反力架的结构最好做成可组装的形式,便于吊运和安装。

　　反力架的安装时间根据始发井的大小来确定,安装好后需对反力架进行加固,保证能提供足够的反力。

　　盾构机始发托架不仅用于安装和搁置盾构机,更重要的是设在始发托架上的导轨可使盾构机进出洞时能获得正确的导向。因此盾构机始发托架除了要承受盾构机自重,还要可以抵抗盾构机在导向钢轨上移动时的摩擦力引起的位移。盾构机始发之前,对始发托架两侧用 H 型钢进行加固。同时在盾构机推进过程中,在中盾和前盾的盾壳上加焊抗扭转牛腿。

　　导轨需要根据隧道的设计轴线、盾构机进洞时的施工条件等因素决定其平面位置、高程和坡度。在围护结构破除后,始发台与开挖面的空间很大,为保证盾构机在始发时不至于因刀盘和盾体悬空太多而产生"磕头"现象,需要将导轨接长至洞口。同时导轨末端应留有足够的空间,以满足刀盘旋转需求。

⑤反力架的确定。

反力架确定的主要依据是洞口第一环管片的起始位置、盾构机的长度、洞门的厚度以及刀盘在始发前所能到达的最远位置。

⑥第一环负环管片安装。

在安装负环管片前(盾构机始发时,在始发竖井里,盾构机的后端是一个反力架,盾构机向前推进时需拼装管片环并向后安装到位,以给盾构机掘进提供反作用力,在反力架到始发竖井井壁之间安装的管片就是负环管片,负环管片段实际上全部在始发竖井中),为保证负环管片不破坏盾尾尾刷和负环管片能顺利向后推进,在盾尾内安设厚度同盾尾间隙的方木,以保证管片在盾构机内的位置准确。

负环管片的最终位置通过推进油缸的行程进行控制,负环管片与钢管片之间的空隙要用钢板或铜板塞满。

⑦盾构机始发。

盾构机始发采取小推力、低扭矩向前推进。刀盘进入洞门前,在刀头和铰接密封装置上涂抹油脂,以避免刀盘上刀头损害洞门密封装置。

推进过程中,跟踪加固负环管片。在负环管片脱出盾尾后,及时用钢丝和木方等进行加固,以保证在传递推力过程中管片不会浮动和下沉变位。

⑧洞口注浆。

当盾尾完全进入洞体以后,停机调整洞门密封,采用壁后注浆的方式进行洞口注浆。

(4)常见问题的预防和处理。

①洞门失稳。

破除洞门时易发生洞门失稳现象,主要表现为土体坍塌和水土流失,其根本原因就是端头地层加固不良。在失稳范围小的情况下,可在破除洞门混凝土的同时喷素混凝土对土体临空面进行封闭。当坍塌失稳情况严重时,只能封闭洞门,重新加固。

②洞门密封效果不好。

洞门密封效果不好,会造成土体流失,其主要原因也是端头地层加固不良和洞门密封安装精度不高。在始发过程中发现洞门密封效果不好时,可以及时调整配合比,使注浆后能及早封闭,也可以采用在洞门密封外侧向洞门内部注快凝的双液浆来解决。

③地面沉降较大。

由于始发的特殊性,始发阶段的地面沉降量往往较大。因此在始发阶段应尽快地建立土压平衡,并严密注意出土量及土压力情况,同时加大监测频率,控制地面沉降。必要时,通过事先向土仓内灌土,提前建立土压平衡。

④始发后盾构机"磕头"。

始发推进过程中,在盾构机刀盘到达开挖面及脱离加固区时,容易出现盾构机"磕头"现象,根据地质条件的不同,有可能出现超限的情况。为此,通常采用抬高盾构机的始发姿态、合理安装始发导轨以及快速通过的办法尽量避免"磕头"或减小"磕头"的影响。例如广州地铁 3 号线在客村站—大塘站盾构区间始发时,根据现场的洞门距开挖面远的特点,在洞内底部按盾构机的弧面浇筑了素混凝土导台,从而避免了"磕头"现象的出现。

⑤支撑系统失稳。

反力架、始发托架、负环管片等支撑系统,在某些情况下会由于盾构机推进的瞬时推力或扭矩较大而产生失稳,这样将引发整个始发工作失败。防止支撑系统失稳只能从预防角度进行,同时在始发阶段对支撑系统加强监测。

⑥盾尾失圆。

盾尾失圆是指在盾构施工过程中,盾尾筒体由于各种原因无法保持原有的圆度,呈现椭圆形或不规则形状的现象。这种现象会影响盾构机的正常推进和隧道的质量。由于受盾尾钢板厚度较薄、始发阶段的约束力小、盾构自重和吊装的影响,盾尾常会出现失圆现象,从而引起漏浆、尾刷损坏、轴线偏位等。可以采用整圆器进行整圆,必要时在拼装管片前人工对盾尾进行校正。

**2. 盾构机到达**

盾构机到达是指盾构机推进到前方事先准备的竖井壁面(也称"到达面"),然后把盾构机拉到竖井内。

(1)盾构机到达前的准备工作。

在盾构机到达前必须预先对到达竖井洞口段进行加固,其方法有注浆、深层搅拌桩、旋喷桩等化学加固方法,还有井点降水疏干土体、冻结等物理加固方法。

为确保顺利到达,还应认真研究确定:到达部分附近的地层是否需要预加固及设置出口密封圈;盾构机位置测量方法和隧道内外的联络方法;减慢推进速度,采用微速推进的开始位置;采用泥水加压盾构机时泥水减压的开始位置;竖井到达面的干挖方法及其开始时间;防止土和砂从盾构机主体及到达面之间的空隙流入或涌入的对策;到达部分附近的壁后注浆方法;到达竖井内的盾构机承台等临时设备。

盾构机进出竖井前后 50 m 是盾构法施工较困难的地段之一。经常因为地层处理不当引起洞口周围大面积土体涌陷。在软黏土地质条件下,如果洞口封门材料强度低,抗渗透能力差,则不能起到挡土止水及保证井内工作空间的效果。相反,如果封门材料太硬,洞周土体加固强度过高,又会造成盾构刀盘切削困难。盾构机进出竖井必须注意以下几个方面:封门材料选择和制作,洞周土体的滑移和沉陷,盾构机水平和竖直方向的偏移。

同济大学地下建筑与工程系和上海市基础工程集团有限公司试验研究用膨胀珍珠岩、砂和水泥制作封门填充材料,成功用于国网上海市电力公司闸北发电厂引水隧道东区水井盾构封门,该封门既能抵抗较大的侧向水土压力,又便于盾构机刀盘切削。上海延安东路隧道南线 2 号井采用 C10 级素混凝土作为封门材料。泥水盾构机刀盘可以直接切削素混凝土进入检修井,代替了传统方法(人工凿除地下连续墙或低药量密孔松动爆破),节约了拆除封门钢筋混凝土结构的劳动力,使盾构机直接进入土体,从而加快了施工进度。

(2)盾构机到达的方法。

盾构机到达方法有两种:一种是盾构机到达后拆除到达竖井的挡土墙再推进,如图6.7 所示;另一种是事先拆除挡土墙,再推进到指定位置,如图 6.8 所示。

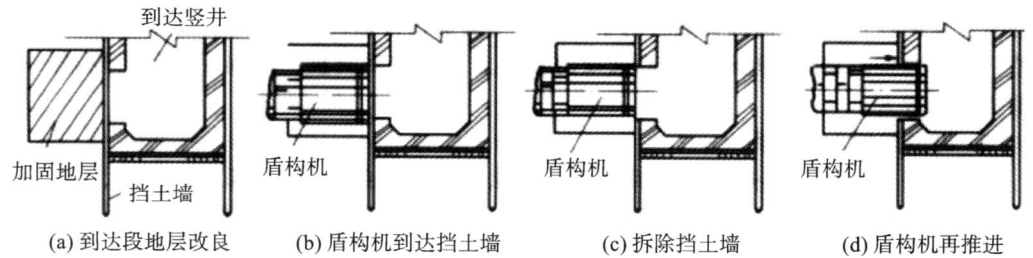

(a) 到达段地层改良 (b) 盾构机到达挡土墙 (c) 拆除挡土墙 (d) 盾构机再推进

**图 6.7 盾构机到达后拆除到达竖井的挡土墙再推进方法**

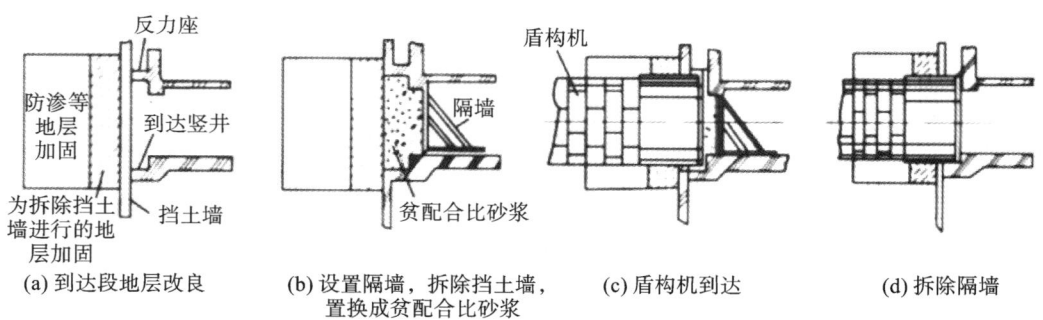

(a) 到达段地层改良 (b) 设置隔墙,拆除挡土墙,置换成贫配合比砂浆 (c) 盾构机到达 (d) 拆除隔墙

**图 6.8 盾构机到达前拆除挡土墙再推进方法**

①盾构机到达后拆除到达竖井的挡土墙再推进方法。

该方法是将盾构机推进到到达竖井的挡土墙外,利用地层加固使地层自稳,同时拆除挡土墙,再将盾构机推进到指定位置。

该方法拆除挡土墙时,盾构机刀盘与到达竖井间的间隙小,故自稳性强。且由于工序少,便于施工,被广泛用于地层稳定性好的中小断面盾构工程。

②盾构机到达前拆除挡土墙再推进方法。

该方法事先需拆除挡土墙,要在拆除前进行高强度的地层加固,在井内构筑易拆除的钢制隔墙,然后从下至上拆除挡土墙,用水泥土或贫配合比砂浆顺次充填地层及加固体与隔墙间的空隙。待完成水泥土或贫配合比砂浆换填后,将盾构机推进到隔墙前,拆除隔墙,完成到达。因为不让盾构机继续推进,所以有防止地层坍塌的效果,洞体防渗性能也很强。但地层加固的规模增大,而且必须设置隔墙,故扩大了到达准备作业的规模。这种方法多在大断面盾构工程中使用。

(3)盾构机到达的工作内容。

盾构机到达的工作内容包括:盾构机定位及接收洞门位置复核测量、出洞段的地层加固、洞门破除、安装洞门密封圈、安装接收基座等。

①盾构机定位及接收洞门位置复核测量。

在盾构机推进至盾构到达范围时,对盾构机的位置进行准确的测量,明确成泀隧道中心轴线与隧道设计中心轴线的关系,同时应对接收洞门位置进行复核测量,确定盾构机的贯通姿态及掘进纠偏计划。在考虑盾构机的贯通姿态时注意两点:一是盾构机贯通时的中心轴线与隧道设计轴线的偏差;二是接收洞门位置的偏差。结合隧道设计中心轴线进行适当调整。纠偏要逐步完成,每一环纠偏量不能过大。

②出洞段的地层加固。

到达前一个月进行端头地层加固,常用的加固方法有高压喷射注浆法、深层搅拌法、冻结法和素混凝土灌注桩法。根据地质情况选择合适的加固方法,并检查加固效果是否满足盾构机到达掘进要求。

③洞门破除。

在盾构机到达端头墙一定期前,对洞门进行第一次破除,先将围护结构的主体凿除,只保留围护结构的外排钢筋和保护层。待盾构机进入加固范围时快速将洞门围护结构剩余部分破除,确保钢筋割除干净。

④安装洞门密封圈。

洞门密封圈由止水垫圈、防止垫圈反转的压板及固定它们的铁件构成,在修筑混凝土洞口时密封圈被固定在混凝土洞口上。

⑤安装接收基座。

接收基座的中心轴线应与隧道设计轴线一致,接收基座安装还需要兼顾盾构机出洞姿态。接收基座的轨面标高除了要适应线路情况,还要适当降低 20 mm,以便盾构机顺利驶上托架。为保证盾构机刀盘贯通后拼装管片有足够的反力,将接收基座沿盾构机出洞方向以 5% 的坡度进行安装。特别注意对接收基座的加固,尤其是纵向的加固,保证盾构机能顺利到达接收基座。

（4）盾构机到达施工。

盾构机到达施工是指从盾构机距离接收井（或矿山法隧道扩大段）之前 50 m（称为"到达段"）,到盾构机贯通区间隧道、进入接收井、被推上盾构机接收基座的整个施工过程。施工时应注意以下几点。

①根据盾构机的贯通姿态及掘进纠偏计划进行推进,纠偏要逐步完成,每一环纠偏量不能过大。

②在盾构机距离到达面 50 m 时,选择合理的掘进参数,逐渐放慢掘进速度,控制在 20 mm/min 以下,推力逐渐降低,缓慢均匀地切削洞口土体,以确保到达端的稳定和防止地层坍塌。

③盾构机进入到达段后,加强地表沉降监测,及时反馈信息以指导盾构机掘进。

④盾构机刀盘距离贯通还剩 10 m 时,在掘进过程中,由专人负责观测出洞洞口的变化情况,始终保持与盾构机司机的联系,及时调整掘进参数。

⑤在拼装的管片进入加固范围后,改用快硬性浆液,提前将泥水堵在加固区外。

⑥在最后一环管片拼装完成后,通过管片的二次注浆孔注入双液浆进行封堵。注浆的过程中要密切关注洞门的情况,一旦发现有漏浆的现象立即停止注浆并进行处理。

⑦当盾构机前盾被推出洞门时,通过压板卡环上的钢丝绳调整折页压板,使其尽量压紧帘布橡胶密封板,以防止洞门泥土及浆液漏出。在管片脱出盾尾时再次拉紧钢丝绳,使折页压板能压紧帘布橡胶密封板,让帘布一直发挥密封作用,如图 6.9 所示。

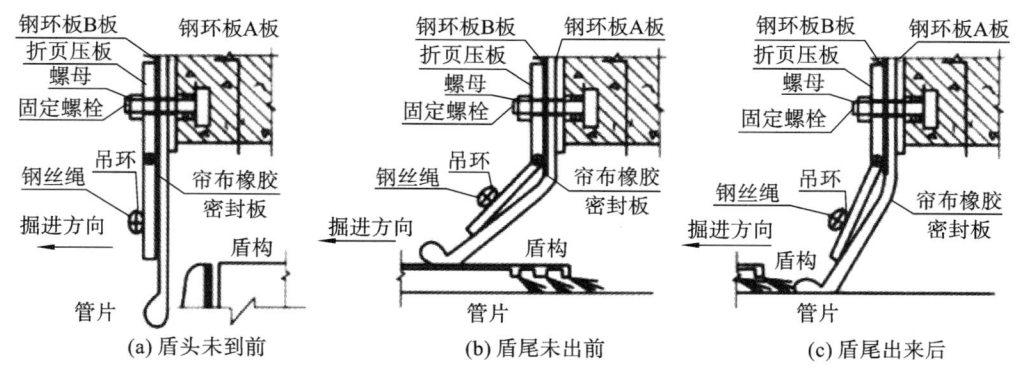

图 6.9　帘布橡胶密封板示意图

⑧由于盾构机到达时推力较小，洞门附近管片环与环之间连接不够紧密，因此要做好后 20 环管片的螺栓紧固和复紧工作，并用槽钢沿隧道纵向拉紧后 20 环管片，使后 20 环管片连成整体，防止管片松弛，影响密封防水效果。

### 3. 土体开挖与推进

盾构法施工的出发和到达环节固然重要，但所需时间相对于整个区间施工来说较短，工程量也较少。整个区间的土体开挖与盾构机推进才是工程的主体，所需要的时间也较长，在施工中应重点注意以下几个问题。

（1）千斤顶精准配置。

盾构机是在千斤顶的推力作用下前进的，因此要正确选择推进千斤顶及其数量。合理使用盾构千斤顶，对正确地沿预定的线路推进至关重要。推进方向是由施加的推力、千斤顶的位置来决定的，必须事先考虑曲线、坡度等来选择千斤顶的数量和位置。有时在曲线、坡道、蛇行修正等场所，只用单侧的千斤顶推进。

①千斤顶的选择和配置。

千斤顶的选择和配置应根据盾构机的灵活性、管片的构造、拼装衬砌的作业条件等来确定。选定千斤顶必须注意的事项有：采用高液压系统，使千斤顶结构紧凑；千斤顶的重量要尽可能地小，且经久耐用，易于维修、保养和更换；千斤顶要均匀地配置在靠近盾构机外壳处，使管片受力均匀；千斤顶应与盾构机轴线平行。

②千斤顶的数量。

千斤顶的数量要根据盾构机直径、千斤顶推力、管片的结构、隧道轴线的情况综合考虑。一般情况下，中小型盾构机每台千斤顶的推力为 600～1500 kN，在大型盾构机中每台千斤顶的推力多为 2000～4000 kN。

千斤顶的数量 $N$ 可按式（6.1）确定。

$$N = \frac{D_e}{0.3} + (2 \sim 3) \qquad (6.1)$$

式中：$D_e$ 为盾构机外径，m。

③千斤顶的行程。

千斤顶的行程选择应考虑盾尾管片的拼装及曲线施工等因素，通常取管片宽度加上 100～200 mm 的余量。

另外，成环管片总有一块封顶块存在，若采用纵向全插入封顶成环，在相应的封顶块位置应布置数台双节千斤顶，其行程大致是其他千斤顶的 2 倍，以满足拼装成环的需要。

④千斤顶的速度。

千斤顶的速度必须根据地质条件和盾构形式来确定，一般取 50 mm/min 左右，且可无级调速。为了提高工作效率,千斤顶的回收速度要求越快越好。

⑤千斤顶块。

千斤顶活塞的前端必须安装顶块,顶块必须采用球面接头,以便将推力均匀作用在管片的环面上。根据管片材质的不同,还必须在顶块与管片的接触面上安装橡胶或其他柔性材料垫板,对管片面起到保护作用。由于盾构机推进时所需的推力会因围岩条件(粒度组成、围岩强度、密实度、地下水压力等)、盾构形式、超挖量、隧道曲率半径、坡度等的不同而有所不同,应以不对管片产生不良影响为基础,注意始终使用适当的推力。

(2)不得破坏开挖面的稳定。

闭胸式盾构机因同时进行开挖和推进,所以要确保开挖面的稳定,避免发生过量取土和压力舱内堵塞。敞胸式盾构机要根据围岩的情况,开挖后立即推进或同时开挖与推进,以免开挖面破坏。管片组装完成后,要尽快进行开挖、推进,而且要尽量减少开挖面的暴露时间。对于土压平衡盾构机,要实现开挖面的稳定,可以通过两条途径:控制土仓压力与开挖面地层压力的差值;控制排土量。土压平衡盾构机借助土仓压力来平衡工作面的水、土压力,以减少推进对地层的扰动。工程实践表明,这是一个动态平衡过程,由于推进速度和排土量的变化,土仓压力也会在地层侧压力值附近波动。因此,应特别注意调整推进速度和排土量,将压力波动控制在最小幅度。

土仓压力 $p$ 需满足的条件见式(6.2)。

$$p = p_z + p_w \leqslant p_i \tag{6.2}$$

式中:$p$ 为土仓压力,kPa;$p_z$ 为侧向土压力,kPa;$p_w$ 为侧向水压力,kPa;$p_i$ 为密封舱压力,kPa。

实践证明,当满足 $p_i \geqslant (1.15 \sim 1.20)(p_z + p_w)$ 时,地表变形比较小。盾构机未到达时,地表略有 3~5 mm 隆起,随后被沉降所抵消。

土压平衡盾构机推进中的主要控制参数有:刀盘和密封舱的压力、排土量和推进速度、螺旋出土器转速、千斤顶总推力和分区千斤顶推力、注浆压力和时间、注浆量和注浆方式、浆液性能、盾构机的坡度和姿态、管片拼装偏差等。这些施工参数与隧道所处区域的水文地质条件和隧道埋深相关。在盾构机推进洞内 50~100 m 时,结合地表沉降、土体的水平与垂直变形、孔隙水压力、比贯入阻力、标贯指数等参数的测量数据,对盾构机推进的施工参数进行优化选择和试验。其目的在于使盾构机达到最佳的推进状态,即对周围地层及地表扰动小,地层强度、超孔隙水压力变化小,盾构机推进速度快,轴线控制和管片拼装质量好。

(3)不能损坏管片等后方结构物。

推进时最好在考虑管片强度的基础上,尽量减小每台千斤顶的推力,使用更多的千斤顶来提供所需的推力。在曲线部分、坡度变化部分、蛇行修正部分等不得不只使用部分千斤顶时，也要注意尽量使用多台千斤顶。

当要采用的推力可能损伤管片等后方结构物时，必须对管片进行加固。不得已时，闭胸式盾构机可使用全面外扩式或部分外扩式超挖刀进行超挖；而敞胸式盾构机在确保开挖面稳定的基础上可以进行超前开挖。

（4）尽量防止横向、纵向和转动偏差的发生。

在盾构机推进时，要正确掌握盾构机的位置和方向，同时，使推力作用在适当的位置。当盾构机通过曲线部分、坡度变化部分或进行蛇行修正时，可使用部分千斤顶。为尽量使盾构机中心线和管片面正交，在推进时可采用锥形管片或者锥形管片环。

盾构机的横向、纵向和转动偏差，往往是由围岩阻力、千斤顶操作误差、盾构机的结构特性、土质变化、管片刚度和测量误差等综合因素引起的。要根据测量数据提前进行修正。

由于软弱地基或管片结构等原因，盾构机发生前端低头时，对闭胸式盾构机来说，一般需对下侧的千斤顶加朝上的力矩向前推进；而对于敞胸式盾构机来说，一般需在盾构机前端底部浇注混凝土或进行化学加固等进行地基改良，或在盾构机前面底部加上抗力板等来推进。

另外，敞胸式盾构机在方向急剧变化时，对于可进行超前开挖的土质，有时也采用先进行超前开挖再进行推进的方法。对长径比大的盾构机，因为难以弯曲，可借用反力板辅助转向。

蛇行修正最好尽早进行，趁蛇行量小时修正。急剧的方向修正往往会增加相反一侧的蛇行量，造成盾尾内管片组装困难，最好考虑在较长的区间内逐渐地进行修正。在推进过程中，土质突变经常是导致蛇行的原因，故对土质的变化要予以关注。横向、纵向和转动偏差要用测锤、倾斜仪、可转罗盘、经纬仪等来检测，并适当选定千斤顶来进行修正。转动偏差的发生会引起施工效率的下降。对于闭胸式盾构机，转动偏差多通过改变刀盘的旋转方向，施加反向的旋转力矩来进行修正。

**4. 衬砌拼装与防水**

盾构法施工的软土层隧道，衬砌多由预制衬砌管片拼装而成，很少采用双层复合式衬砌或挤压混凝土衬砌。

预制拼装衬砌通常由称为"管片"的多块弧形预制构件拼装而成。为了闭合拼装方便，通常将管片分成 A（标准块）、B（邻接块）和 K（封顶块）三种类型。而 K 型管片又有半径方向插入与纵向插入之分。衬砌环的拼装程序有先环后纵和先纵后环两种。先环后纵是拼装前缩回所有千斤顶，将管片先拼装成圆环，然后用千斤顶使拼好的圆环沿纵向与已安装好的衬砌靠拢,联结成洞。此法拼装的特点是环面平整,纵缝质量好,但可能出现盾构机后退。先纵后环因拼装时只缩回该管片部分的千斤顶,其他千斤顶则轴对称地支撑或升压,所以可有效地防止盾构机后退。

管片拼装是盾构法施工的一个重要工序,整个工序主要由盾构机司机、管片拼装机操作工和拼装工三个特殊工种配合完成。在整个施工过程中必须由专人负责指挥,拼装前应全面检查拼装机械、工具和索具,并根据所用管片形式和特点详细向施工人员作技术和安全交底。衬砌拼装系统较常用的是杠杆式拼装机,它由举重臂和驱动部分组成。举重臂采用杠杆作用原理,一端为卡钳装置,另一端为可调节的平衡锤。举重臂的功能是夹住管片或衬砌构件,将其送到需要安装的位置。驱动部分由液压系统及千斤顶组成,采用手动操纵阀能驱动举重臂作平面旋转与径向移动。举重臂多数安装在盾构机支承环上,也有与盾构机分离,安装在车架上的。

(1)准备工作。

在衬砌管片拼装前必须做好下述准备工作。

①盾构机推进油缸顶块与前一环管片环面之间必须有足够的空间,可使封顶块插入;检查管片与盾尾间隙,结合上一环状态,决定本环拼装时的纠偏量及纠偏措施。盾构机纵坡和拼装机在平面、高程的偏离值,决定了管片拼装位置和调整的纠偏值。

②清除上一环环面和盾尾内的杂物,检查上一环环面防水密封条是否完好,如有损坏应及时修补;发现环面质量问题,应在下一环管片拼装时进行纠正。

③按有关盾构设备操作要求,全面检查拼装机的动力及液压设备是否正常,举重臂是否灵活与安全可靠。

④管片在地面上按拼装顺序排列、堆放,粘贴好防水密封条等防水材料。准备管片连接件、配件、防水垫圈等,并随第一块管片运至工作面。

(2)拼装作业。

管片拼装时,一般应先拼装底部管片,然后自下而上、左右交叉拼装其他管片,每环相邻管片应均匀拼装,并控制环面平整度和封口尺寸,最后插入封顶块。管片拼装成环时,应逐片初步拧紧连接螺栓,脱出盾尾后再次拧紧。当盾构机推进至下一环衬砌时,在管片拼装之前,应对相邻已成环(3环范围内)的管片连接螺栓进行全面检查并再次紧固。逐块拼装管片时,应注意确保相邻两管片接头的环面平整、内弧面平整、纵缝密贴。

封顶块插入前,检查已拼管片的开口尺寸,要求略大于封顶块尺寸。用拼装机把封顶块送到位,伸出相应的千斤顶将封顶块插入,对圆环进行校正,并全面检查所有纵向螺栓。封顶成环后测量,并按测得的数据对圆环进行校正,然后再次测量并做好记录,最后拧紧所有纵向和环向螺栓。

按各块管片位置,缩回相应位置的千斤顶,形成拼装空间,待管片就位,伸出推进千斤顶完成管片的拼装作业。盾构机司机在反复伸缩推进油缸时必须保持盾构机不后退、不变坡、不变向,同时应与管片拼装机操作工等密切配合。

(3)防水。

在含水土层中采用盾构法施工时,其钢筋混凝土管片除应满足强度要求外,还应解决防水问题。管片拼接缝是防水的关键部位,目前多采用纵缝、环缝设防水密封垫的方式。防水材料应具备抗老化性能,在承受各种外力而产生往复变形的情况下,应有良好的黏着力、弹性复原力和防水性能。特种合成橡胶比较理想,实际应用也较多。

衬砌完成后,盾尾与衬砌间的建筑空隙需及时充填,通常采用壁后压浆,以防止地表沉降,改善衬砌受力状态,提高防水性能。

# 6.2　沉管隧道施工

沉管隧道是指用沉埋管段法(简称"沉管法")进行施工的隧道。沉管法是 20 世纪初发展起来的一种修建水下隧道的方法。沉管隧道的优点是现场施工工期短,两岸工程、基槽开挖、管节预制可同时施工。管节的浮运、沉放、水下对接和基础处理等工序相对总工期来说比较短。这些工序完成后,在隧道内实施其他工程项目(例如压载水舱的拆除、压重层的浇筑、接头处理、内装修、机电安装工程等)对外部没有什么影响。因此,航道条件如何(是否有足够的水深和足够宽的航道来实施管节浮运、转向)、是否能在隧道地址附近选择合适的干坞(包括水文、地质条件,足够大的干坞面积)、在隧道口部是否有可能利用为干坞的地形等,都是采用沉管法时需要重点考虑的问题。

## 6.2.1　基础施工

沉管段的基础施工是沉管隧道施工的重要工序之一,在长期运营工况下沉管段的抗浮系数仅为 1.1。可以说,沉管段设计及施工时主要考虑的是浮起问题,而不是基础承载力问题。

### 1. 沉管段基础施工的目的

沉管段虽对各种地质条件的适应性强,一般无须构筑人工基础,但施工时仍须进行基础处理。其目的不是解决地基土的固结沉降问题,而是解决基槽开挖作业所造成的槽底不平整问题。因为不论使用何种挖泥船,浚挖后的基槽底面总留有 15~50 cm 的不平整度(采用铲斗挖泥船可达 100 cm),基槽底面与管节底面之间存在着众多不规律的空隙,导致地基土和管节结构受力不均而产生管节局部破坏、地基不均匀沉降。沉管隧道的基础处理就是将基础垫平,以消除这些有害空隙。

### 2. 沉管段基础的施工方法

沉管段基础的施工方法大体上可分为先铺法和后填法两大类。

(1) 先铺法。

先铺法实际上只有刮铺法一种,早期刮铺法采用简单的钢刮板对铺垫材料进行扫平,后来采用不受潮汐影响的刮板船替代。下面介绍先铺法中的简易刮铺机刮平和水下人工刮平。

①简易刮铺机刮平。

在基槽开挖时,往下超挖 60~80 cm;在基槽底两侧打设两排短桩,安放控制高程及坡度的导轨;用抓斗或通过刮铺机的输料管投放铺垫材料(粗砂或最大粒径不超过100 mm 的碎石),每次投料铺垫宽度可为管节底宽加 1.5~2 m,长度则与一节管节的长度相同;按导轨调整铺垫材料的厚度、高程以及坡度,用简单的钢犁或特制的刮铺机刮平。

②水下人工刮平。

铺设水下导轨支座;铺设行走导轨,要求导轨面标高误差不超过±20 mm;给砂(或石)装置沿导轨行进,由工程船舶上的给料斗不断供砂(或石),由潜水员在水下人工刮平。

先铺法的主要缺点:须制造专用刮铺船舶,费用昂贵;如用简单的钢犁进行刮平作业,则精度较难控制,作业时间也较长;须按设计高程、坡度以及厚度要求,在水底架设导轨,导轨的安装须具有较高的精度,否则会造成基础处理失败;潜水员在水底架设导轨时间较长;刮铺完成后,仍有回淤或坍坡,必须不断加以清除,直到管节沉放完毕为止;刮铺作业时间比较长,作业船在水上停留占位时间较长,对航运影响较大;在流速大、回淤快的河(海)道上施工较困难;管节底宽超过 15 m 时施工比较困难;在地震区应尽量避免采用刮砂垫层,只能采用刮石垫层。

(2) 后填法。

后填法主要有灌砂法、喷砂法、灌囊法、压浆法、压砂法等几种方法,具体如下。

①灌砂法。

管节沉放完毕后,从工程船舶上通过导管沿着管节侧面向管节底部灌填粗砂,构成纵向垫层。此法无须专用设备,施工方便,较适用于底宽较小的圆形、八角形或花篮形钢壳管节。这是一种较早使用的基础处理方式,美国早期的沉管隧道沉管段的基础处理常用此法,1969 年建成的阿根廷 Parana(Hernandias)隧道也用此法。

②喷砂法。

　　管节宽度较大时，先铺法、灌砂法均不适用。这时可以采用喷砂法，该法主要是在水面上用砂泵将砂、水混合料通过伸入管节底面的喷管向管节底部喷注，以填满其空隙。喷砂所筑的垫层一般厚 1 m。

　　喷砂作业之前，需在沉放完毕的管节顶面上安设一套专用台架。台架在水面以上的部分作为施工工作平台，台架可沿铺设在管节顶面的轨道作纵向移动。在台架的外侧，吊着一组由三根钢管组成的管组。管组下端弯成工字形，以伸入管节底下的空隙。在喷砂、水的同时，经两根吸管抽汲回水。根据回水的含砂量判定喷填的密实程度。喷砂法施工示意图如图 6.10 所示。

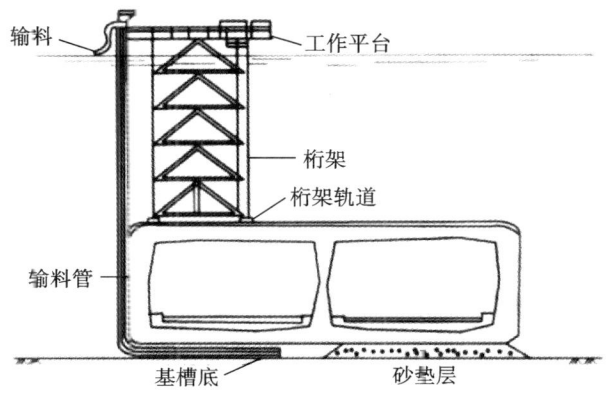

图 6.10　喷砂法施工示意图

　　喷砂作业时，从管节前端开始，逐步喷填到管节后端，然后用浮吊将台架吊移到管节的另一侧，再从后端向前端喷填。喷砂作业的施工速度约为 200 m²/h。当管节底面积为 3000～4000 m² 时，喷砂作业所需时间为 15～20 h，一般 2 天可完成。

　　在喷砂前，可利用吸砂设备将基槽底面的回淤土或松散的土块清除干净。喷砂完毕后，随即将支承在临时支座上的千斤顶卸荷，使管节全部（包括压重层）重量压到砂垫层上将之压密，此时产生的沉降量一般在 5 mm 以内。竣工、通车后的最终沉降量一般在 15 mm 以内。

　　③灌囊法。

　　先在开挖好的基槽底面铺一层砂石垫层，然后于管节沉放前在管节底面系上空囊袋，随管节一并下沉，先铺垫层与管节底面之间留出 15～20 cm 的空间。

　　待管节沉放完毕后，从工程船舶上向囊袋内灌注由黏土、水泥和黄沙配制成的混合砂浆，直至管节底面以下的空隙全部充填满为止，如图 6.11 所示。

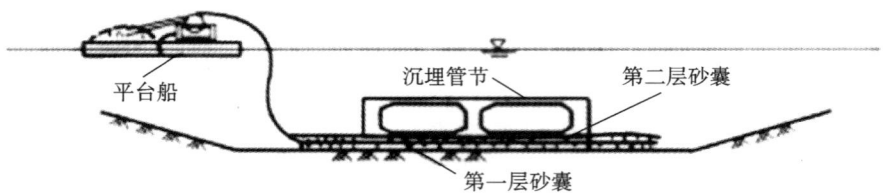

**图 6.11  灌囊法施工示意图**

囊袋的尺度按一次灌注量确定,一般不宜过大,以能容纳 5~6 m³ 砂浆为度。制造囊袋的材料要有一定牢度,并有较好的透水性和透气性,以便灌注砂浆时顺利地排出囊袋中的水和空气。

混合砂浆的强度要求不高,略高于基槽原状土即可,但其流动性应较强。灌注砂浆时,从水面通过直径 100 mm 的消防软管,靠砂浆自重自行灌注,而不用加压(所以不称为"压浆")。灌注时须采取适当措施防止管节顶起,除密切观测外,还可采取间隔轮灌等措施。

④压浆法。

压浆法是在灌注法基础上进一步改进和发展而来的,可省去较贵的囊袋、繁复的安装工艺、水上作业和潜水作业。

采用此法时,沉管段基槽也需向下超挖 1 m 左右,然后摊铺一层碎石岩渣(厚 30~40 cm),但不必刮平,再堆设作为临时支座的碎石岩渣堆。管节沉放对接结束后,沿着管节两侧边及后端底边抛堆砂石混合料至离管节底面标高以上 2 m 左右,以封闭管节周边,然后从管节内部用压浆设备经预埋在管节底板上带单向阀的压浆孔(直径 30 mm)向管节底部空隙压注混合砂浆,如图 6.12 所示。

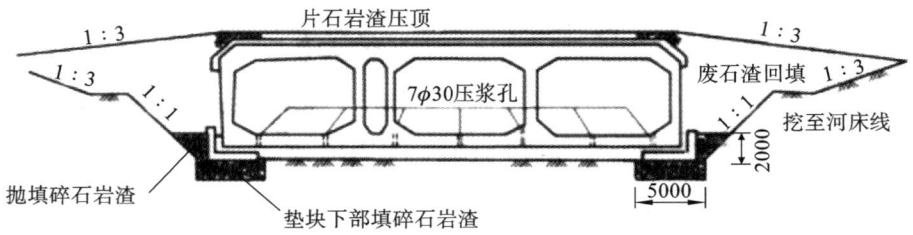

**图 6.12  压浆法施工示意图(单位:mm)**

压浆所用混合砂浆是由水泥、蒙脱土、砂和适量缓凝剂配成的。蒙脱土也可用黏土代替,其掺用目的是增加砂浆的流动性,同时可节约水泥。混合砂浆的强度为 5 MPa 左右,不低于地基原状土的强度便可。管节作用在基槽底面的压力很小,一般只有 1~2 MPa,最大仅为 3 MPa 左右。每立方米混合砂浆的配合比为:水泥 150 kg、蒙脱土 25~

30 kg、砂 600～1000 kg。压浆时所用压力不宜过大,以防顶起管节,一般比水压大 0.1～0.2 MPa 即可。

⑤压砂法。

压砂法也称"砂流法",与压浆法颇为相似。压砂法是从管节内向管节底面以下的空隙压注砂、水混合物。混合料由沉管隧道一端经管道(一般为 $\phi200$ mm 的钢管)以 2.8 MPa 气压输入管节内(流速约为 3 m/s),再经预埋在管节底板上的压砂孔(带有单向阀)注入管节底面以下的空隙,如图 6.13 所示。

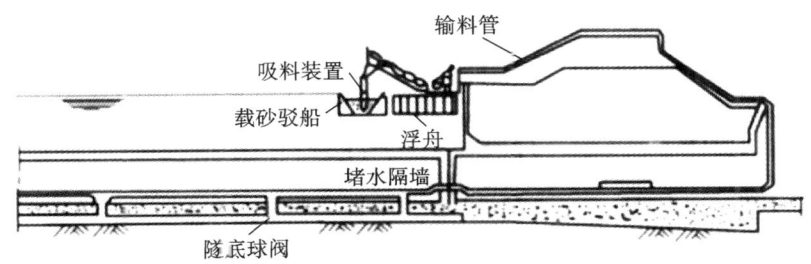

**图 6.13　压砂法施工示意图**

后填法的主要优点:临时支座小且少,因而设置临时支座的潜水工作量相较于先铺法少很多;高程调节简便,精度易于达到要求;作业时,施工设备占用河道时间短,对航运的干扰小。

**3. 软弱土层上的沉管段基础施工方法**

在选择基础施工方法时主要考虑:沉管段基槽底的工程地质条件、抗震设防要求、航道通航及封航要求、管节尺寸(主要是管节底宽尺寸)、沉管隧道所在地区充填料供应条件、沉管隧道所在地区现有可供施工选择的工程船舶配备条件、河(海)水深、工期及经济性要求等。

软弱土层上的沉管段基础施工方法主要有水下混凝土传力法、灌囊传力法和活动桩顶法。

(1) 水下混凝土传力法。

基桩打设好后,先浇一、二层水下混凝土,将桩顶裹住,然后再于其上设置刮砂或碎石垫层,使管节荷载经砂石垫层和水下混凝土层传递到桩基上去。使用水下混凝土传力法工程费用较高,且在地震区有液化的风险。水下混凝土传力法施工示意图如图 6.14 所示。

(2) 灌囊传力法。

在管节底面与桩群顶部之间,用灌囊法(即后填法之一)填实。使用灌囊传力法除增

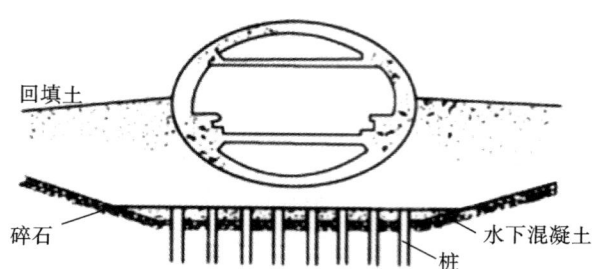

**图 6.14　水下混凝土传力法施工示意图**

加工料费外,不论加载多少,使地基土达到固结密实都需要很长时间,对工期影响太大,故一般不用。灌囊传力法施工示意图如图 6.15 所示。

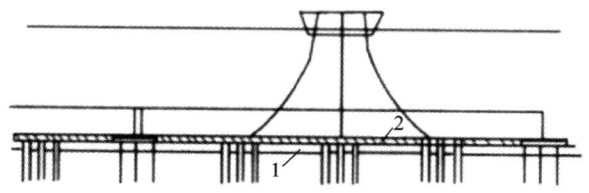

**图 6.15　灌囊传力法施工示意图**

注:1—砂石垫层;2—砂浆囊袋

（3）活动桩顶法。

在所有桩上设一小段预制混凝土活动桩顶,活动桩顶与预制混凝土桩之间留有空腔,周围用尼龙布(能积物,排水、气)裹住,形成囊袋。管节沉放后,向囊袋里灌注水泥和砂浆,将活动桩顶升起,使之与管节底面密贴接触。待砂浆强度达到要求后,卸除支承千斤顶,管节荷载便能均匀地传递至桩群。在使用此法时,预制混凝土桩不能直接打入土中,因顶部空腔不能承受锤击,故须先打入钢管作为套管,然后再于套管中插入预制混凝土桩。活动桩顶法施工示意图如图 6.16 所示。

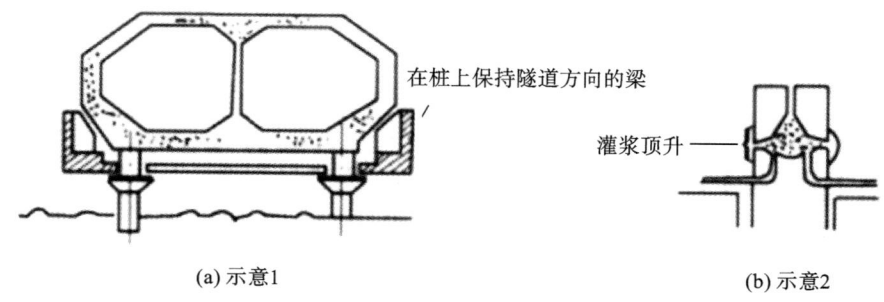

（a）示意1　　　　　　　　　　　　　　（b）示意2

**图 6.16　活动桩顶法施工示意图**

综合考虑各种因素,软弱土层上的沉管段基础施工比较适宜的方法是活动桩顶法。

在沉管段中采用桩基时,会遇到一个地面建筑施工时所碰不到的特殊问题,即柱群的桩顶标高在实际施工中不可能绝对齐平,而管节又是在干坞预制的,管节沉放后,无法保证各桩均与管节底面接触,所以必须采取一些措施以使各桩均匀受力。

如果沉管段管节底面以下的地基土过于软弱,则仅做"垫平"处理是不够的。这虽在实际工程中不多见,但如遇到这种情况,则必须认真对待,一般解决的方法有:以粗砂置换软弱土层;打砂桩,并加载预压;减轻管节重量;采用桩基。

## 6.2.2　管节施工

管节施工工序包括管节制作、管节浮运、管节沉放、管节对接等,具体如下。

### 1. 管节制作

在施工中,矩形钢筋混凝土管节先在临时干坞内制作,制成后往干坞内灌水,使管节浮起并拖运至预定位置沉放。在管节的同一横断面内可以容纳 4～8 条车道。这种管节的优点:横断面空间利用率较高,建造多车道隧道时这一优势尤为突出;车道的标高可以抬高,隧道埋深较浅,隧道长度也相应较短,因而工程量较小,造价较低,并可节省大量钢材。但由于矩形断面管节宽度较大,基础处理不如圆形断面管节简便,同时为保证防水、抗渗及满足干舷高度要求,对钢筋混凝土管节制作工艺要求较高。但采用钢筋混凝土管节是大势所趋。

在钢筋混凝土管节预制过程中,需采取多种混凝土裂缝控制技术措施以确保其质量,特别是要防止贯穿裂缝的出现。除采用传统技术措施控制混凝土裂缝的产生外,为了增加管节结构的抗拉强度,可采用纵向预应力措施,使用钢纤维或化学纤维混凝土,还可以提升钢筋混凝土管节的抗渗能力。

目前,钢筋混凝土管节的预制已由传统干坞预制发展为工厂化流水线生产。例如1995 年动工修建、2000 年建成通车的丹麦哥本哈根到瑞典马尔默之间的厄勒海峡大桥海峡沉管隧道沉管段长 3.5 km,由 20 节钢筋混凝土管节组成,每节管节长 175 m,宽42 m(分八个施工段浇筑)。预制厂濒临海边,呈东西向布置(东面临海),西端设预制车间,内有两条平行的浇筑管节生产线。预制场东面设置高低两个蓄水区(高蓄水区底标高在海平面之上,低蓄水区底标高在海平面以下,两个蓄水区的水深都能保证管节起浮的吃水深度),高蓄水区西端设置滑行闸门,低蓄水区东端设置浮运闸门,滑行道延至高蓄水区内(超过一节管节长度)。当浇筑完成的管节滑至高蓄水区内时,关闭两端闸门,往高蓄水区注水,管节起浮后,浮运至低蓄水区,然后打开东端的浮运闸门,高蓄水区的水排至海中,管节即可浮运出低蓄水区。厄勒海峡大桥海峡沉管隧道施工平面图如图6.17所示。

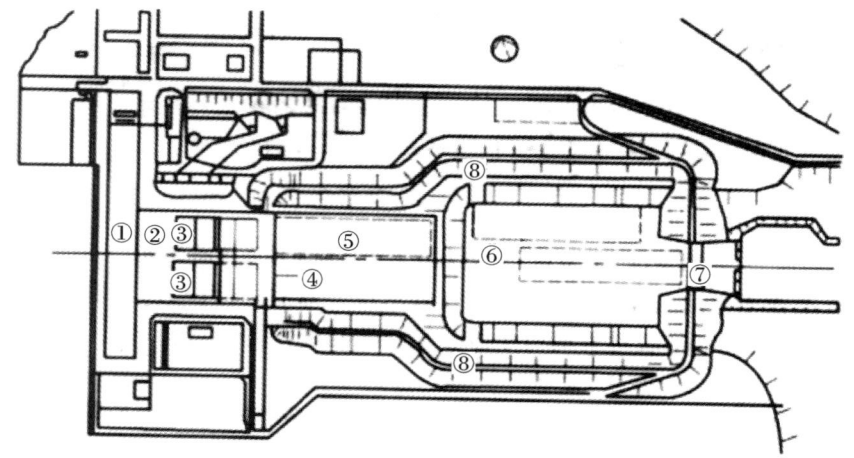

**图 6.17 厄勒海峡大桥海峡沉管隧道施工平面图**

注:①—钢筋预制车间;②—预浇筑车间;③—浇筑底座;④—滑动门;
⑤—高蓄水区;⑥—低蓄水区;⑦—坞门;⑧—干坞围堰

### 2. 管节浮运

(1)管节浮运前的准备工作。

首先,应做好管节沉放点的基槽检查,包括临时支座安放位置及顶面标高的检查,已完工的岸上段对接端面或已沉放好的管节对接端面的检查,系泊锚块安放位置的检查等。

其次,要查看预定浮运沉放日期前后 7~10 d 的气象预报,估算浮运沉放作业时的最大风速,一般应小于 10 m/s。

再次,要进行浮运沉放日水文调查,浮运沉放时间宜选在上午 10:00。水文调查内容包括水的比重和水温、两次高潮位的时间及潮高、两次低潮位的时间及潮高、水流速度。

最后,向港务及港监部门申请浮运沉放作业时间。

(2)管节在干坞内起浮。

管节在干坞内起浮前,应对压载水舱注水调平,并安装好必要的附属设施,包括系缆柱、缆绳、导轮等。为了保证管节在干坞内顺利起浮,根据需要可在干坞周边设置系缆柱及必要的系缆绞车,一般在管节起浮过程中采用这种系缆系统来稳定管节。由于管节起浮时系缆系统将承受较大的冲击力,故起浮后要重新检查系缆系统。如在某些情况下不能采用系缆系统,就要待管节起浮后,再由潜水员系上出坞牵拉缆。

为了使管节起浮,必须排除掉压载水舱中的部分水,此时可把压载水舱分为若干个排水区,一边观察每个排水区的水位,一边用阀门来控制排水量,从而保证管节慢慢安全地起浮。对于多管节一起预制的干坞,管节可按出坞浮运的顺序逐节起浮。由于管节内温度、湿度都很高,可能会降低排水泵等电气设备的稳定性,因此要进行试运行。

管节起浮后,一侧可利用干坞的系缆柱系泊,另一侧可利用尚未起浮的管节的系缆柱系泊,确保起浮的管节平稳无漂移,如图 6.18 所示。

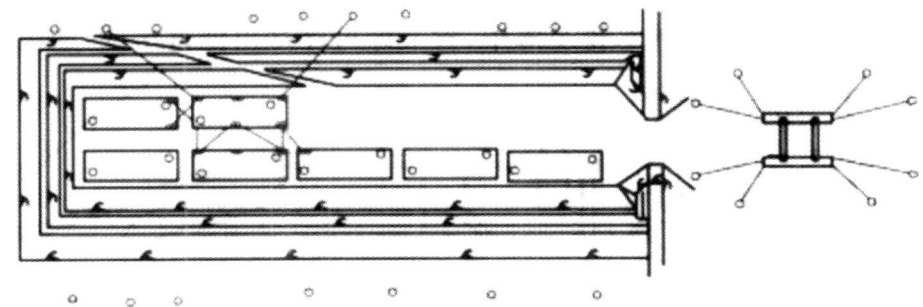

**图 6.18　管节在干坞内起浮时的系泊系统示意图**

起浮的管节系泊好后,向坞内灌水至坞内外水位一致后,打开坞门或破除坞堤。如采用双吊驳吊沉管节,则需把双吊驳对着坞口中线在坞口附近系泊好。

(3)管节出坞。

可通过绞车系泊缆绳系统牵引管节出坞。出坞作业应选在高潮的平潮前半小时进行。

管节出坞后,移至双吊驳内,与双吊驳连接,如图 6.19 所示。通过缆绳系统把管节与双吊驳系泊在一起,然后用双吊驳的两个联结横梁上起吊系统的缆绳挂住管节上的四个起吊环。

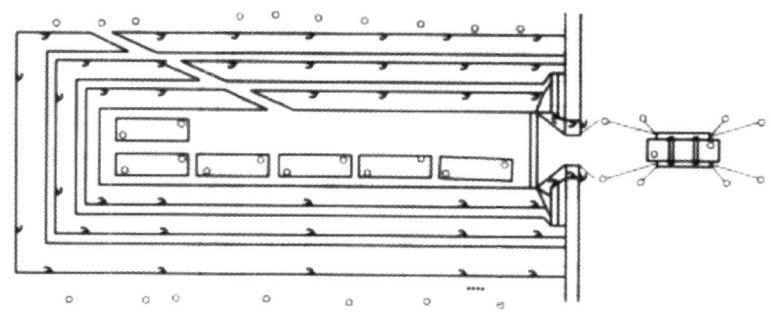

**图 6.19　管节与双吊驳连接**

如采用起重船(或专用船舶)起吊管节,管节出坞前,先在坞口外将两艘导向拖轮沿坞口中线对称锚泊定位。出坞后的管节由拖轮拖进两艘导向拖轮之间,管节与两艘导向拖轮用缆绳系统系泊在一起。

(4)浮运。

管节浮运应在水流速度最小时进行,并根据模型试验结果配备拖轮和拖轮功率。大型管节从系泊区浮运到沉放位置之前,要安装拖缆。管节在浮运时,虽然其在水中相对较轻,但是由于管节质量大,惯性力和水阻力也很大,因此要用很大的拖拽力才能使管节启动或制动。在拖航时,主拖轮与侧拖轮一起拖航,并在管节后部用制动拖轮来系拽缆。

### 3. 管节沉放

(1)沉放作业。

管节应在高潮位时下沉就位,并力争在一个潮期内沉放好,否则要使管节保持在基槽内,以减少水流对管节的影响,待下一个潮期再沉放。管节锚泊系统的锚泊力应大于模型试验阶段确定的最大水流速度时整个系统的总阻力。管节沉放过程一般分为以下三个阶段。

①强制灌水作业。

当管节完成吊挂作业,利用调节缆调整好管节位置后,开始强制灌水作业。管内压载水舱的注水由值班人员控制,负浮力状态由沉放船舶吊挂系统上的测力计反映,加载过程与沉放过程是一个连续工况,管节顶面沉入水面下 20 cm,即停止初始负浮力的加载,这一过程在 1 h 内完成。根据模型试验,负浮力控制在 2000~4000 kN。下沉速度一般为 0.3~0.5 m/min,在平潮期下沉速度可能小于 0.025 m/s。下沉至管节顶面距水面 4 m 时,管节受力状态最为复杂,各种作用力变化很大,必须引起重视,并要有足够的安全保障措施。

②平移沉放船舶。

管节底面距基槽底面 2~2.5 m 时停止沉放,利用沉放船舶的吊挂系统对管节进行调坡(即接近设计坡度),然后平移沉放船舶,使两个管节的对接端面相距 600 mm±30 mm,初步调整各项误差,再连续下沉至距设计标高 500 mm 处,用对接定位装置(鼻式托座或对接定位梁)进行水平定位,定位范围为±170 mm。

③精确就位。

利用对接定位装置不断减少管节的横向摆幅,并自然对中,以提高安装精度。管节继续缓慢下沉,后支承装置早于对接定位装置着地(高差 100 mm),后临时支承即开始起作用；当管节基本稳定后，管节对接端继续下沉至对接定位装置起垂直导向作用为止。

　　在沉放过程中，要注意管节底面下的河（海）水浮力将随着管底与基槽间隙的减小而逐渐加大，尤其是在泥砂含量较高的江、河中更为明显，需及时调整负浮力或采取其他措施，保证管节能继续下沉就位。

　　（2）管节沉放的辅助设备。

　　①管节沉放用的测量塔。

　　管节沉放用的测量塔上设有控制室，也可称为"控制塔"。单纯用于测量的测量塔的结构形式如图 6.20 所示。

　　一般是每节管节配备一套测量塔。如果测量塔兼作微调绞车安装平台，一般在管节顶面配置两套（每端一套）测量塔。

　　测量塔的设计一般考虑两种工况：第一种工况为台风吹袭；第二种工况为测量。一般在测量塔内还设置人孔井，供施工人员由水面进入管节。

　　②管节微调对口系统。

　　微调对中系统有两种形式：一种是将微调绞车安装在测量塔顶部平台上；另一种是将微调绞车及其缆绳系统安装在管节顶面。

　　③拉合千斤顶。

　　在管节沉放、对接时需要在管节端部配置两套拉合千斤顶，其拉力根据 GINA（吉娜）橡胶止水带的压缩弹性及总长度来确定。一般每套拉合千斤顶的额定起重量为 200 t 左右，行程为 1.00～1.20 m。

　　拉合千斤顶有两种设置方式。第一种是将拉合千斤顶设置在已沉放好的管节内，其优点是整套液压

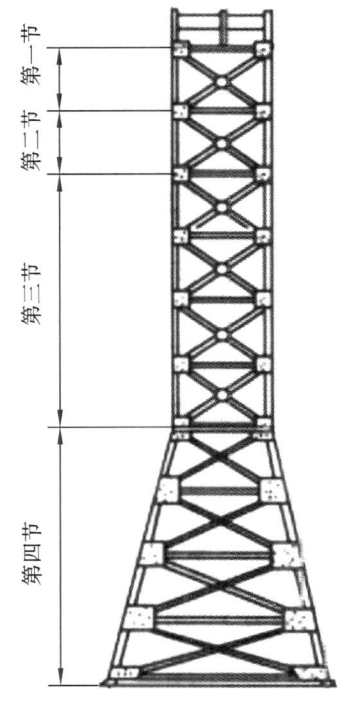

图 6.20　测量塔的结构形式

站（包括油管）都设在管节内，而且拉合力均匀；其缺点是伸入水中的千斤顶活塞杆穿过的端封墙上需要设置密封装置，活塞杆端部的拉合头要在水中连接上另一节要对接的管节，水下工作量增加。第二种是拉合千斤顶及拉合座设置在管节顶面端头，其优点是从水面下放拉合千斤顶十分方便；其缺点是油压站设置在水面工程船舶上，需要很长的油管，拉合力偏离管节垂向中心线。拉合千斤顶及拉合座设置在管节顶面端头示意图如图 6.21 所示。

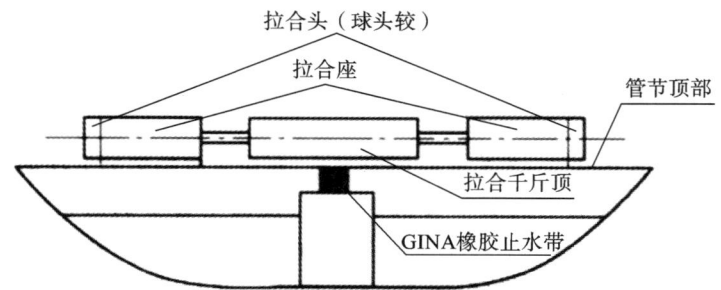

**图 6.21　拉合千斤顶及拉合座设置在管节顶面端头示意图**

④管节对接定位设施。

目前沉管隧道管节沉放对接普遍采用鼻式托座定位设施,它一般被放置在管节对接端的隔墙上,共有两对,对称布置,每对由上下鼻托组成,如图 6.22 所示。上鼻托设置在准备沉放对接的管节上,而下鼻托设置在已沉放好的管节上(或岸上段对接管节端头)。

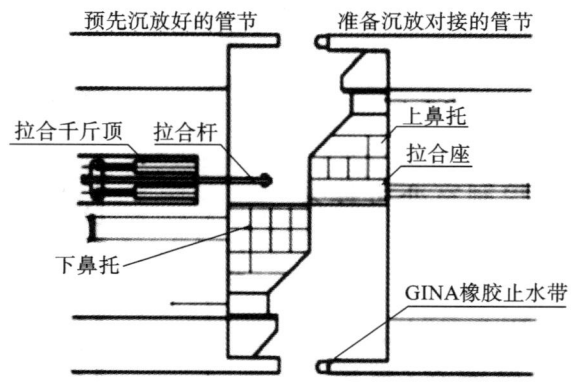

**图 6.22　鼻式托座示意图**

采用鼻式托座对接定位精度高,上、下鼻托悬臂较小,受力状态好。但准备沉放对接的管节的另一端需配置两套支承千斤顶及两块相应的临时支座,在每一套鼻托上还需配置顶升千斤顶。在基础处理完成后用配置在已沉放好的管节上(或岸上段与管节对接端)的顶升千斤顶把管节顶起,拆除鼻托,然后油缸泄压,再把沉放对接好的管节放回已处理好的基础上。顶升千斤顶的液压站设置在管节内,油管要穿过管节的端封墙,顶升千斤顶(包括连接油管)在管节沉放对接过程中都暴露在水中。

如果每节管节配置四个支承千斤顶及四块相应的临时支座,则在鼻托上可不设顶升千斤顶,而用靠近管节对接端的两个支承千斤顶代替。但此时需在准备沉放对接的管节顶面放置两根对接定位梁,在预先沉放好的管节的顶面(或岸上段与管节对接端)设置对接定位座。这种对接定位方式成功地用于广州黄沙至芳村的珠江隧道工程中。

⑤支承千斤顶。

为了使管节精确定位,在管节内设置大量供微调用的支承千斤顶,其中包括安装在管节内的支承千斤顶,其活塞杆通过密封装置伸出管节底部,如图 6.23 所示。

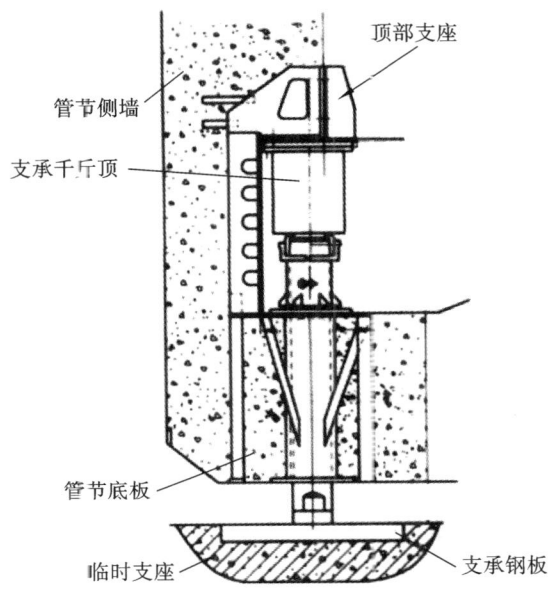

**图 6.23　管节内安装的支承千斤顶**

还有安装在管节侧墙外壁的千斤顶,液压站设在管节内,千斤顶在水中工作,油管在水中与千斤顶连接,如图 6.24 所示。

垂直支承千斤顶与水平调节千斤顶有两种安装方式:垂直支承千斤顶与水平调节千斤顶一并安装在临时支座上,液压站设置在水面的工程船舶上,油管在水中与千斤顶连接;垂直支承千斤顶安装在管节内,水平调节千斤顶安装在临时支座上,如图 6.25 所示。

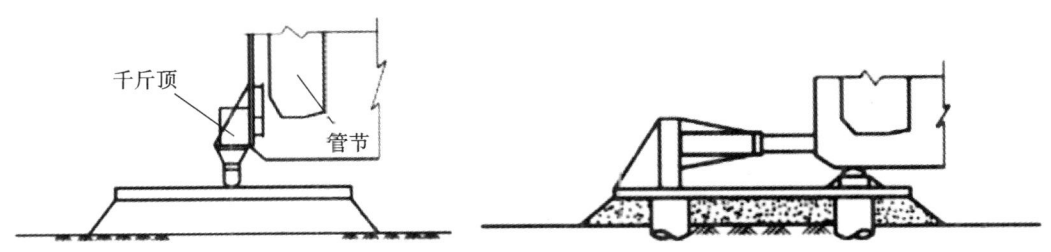

**图 6.24　安装在管节侧墙外壁的千斤顶**　　　**图 6.25　水平调节千斤顶安装在临时支座上**

⑥管节沉放时的其他设备。

为了保障施工安全,管节内还需设置一些临时设施,包括施工临时通风系统(风机、风阀)、动力照明配电系统等。由工程船舶提供动力照明电源和供电电缆,通过人孔井接入管节内。管节内设置配电屏对动力、照明设备进行配电和提供施工用临时照明等。

**4. 管节对接**

管节沉放、精确就位后，即拆除 GINA 橡胶止水带保护罩，派潜水员检查 GINA 橡胶止水带及对接端面是否有附着物或损坏。一切准备好后，吊装或安装拉合千斤顶，对 GINA 橡胶止水带进行预压。对接拉合的速度应不大于 7 cm/min，当两端面相距 210 mm 时，对管节进行精细微调，直至满足设计要求的安装精度，再继续拉合到初步止水工况。潜水员检查初步止水没问题后，进行水压压接（施工人员在管节内打开排水阀及进气阀，开动排水水泵，抽掉两管节间隔舱中的水，形成负压），压接速度不小于 2 cm/min。然后用垂直调整系统（支承千斤顶和鼻托上的顶升千斤顶）把管节顶起，顶起高度为基础处理所需的预留量，最后再灌水加载至负浮力为 12000～15000 kN，使抗浮系数达到 1.05。

加载完毕后，撤除沉放及其他工程船舶、锚泊系统，解除封航，打开对接舱门（水密门）；同时接通岸上段的电力、通风系统，测量管节安装后的各项误差。潜水员下水拆除管节预留的各种临时施工设施。安装 OMEGA（欧米茄）橡胶止水带，安装前要检验 OMEGA 橡胶止水带的水密性能。第二道 OMEGA 橡胶止水带安装完毕后，可拆除接口隔舱两侧的端封墙，沉放、对接作业即告完成。

# 6.3　盾构隧道施工案例

下面以广州供电局轨道交通 13 号线二期凰岗停车场项目输电线路迁改工程（以下简称"本工程"）为例，从工程概况、盾构机始发、盾构机试掘进、盾构机到达、洞门施工、复杂条件下盾构隧道施工技术、盾构双向掘进水平运输施工技术和带压开仓换刀施工技术这八个方面对盾构隧道施工内容进行阐述。

## 6.3.1　工程概况

**1. 工程位置**

本工程属于城市轨道交通工程，位于广州市白云区庆槎路［广清高速（现许广高速）桥下］，珠江东侧，鸦岗大道南侧；沿着庆槎路西侧人行道设置隧道，隧道为南北走向，最北端位于 220 kV 石井站（工作井 1）西侧菜地，往南沿着庆槎路人行道至凤凰大道往北约 150 m 的某汽车销售服务公司的二手车停车场（工作井 5）。本工程线路位置平面图如图 6.26 所示。

**图 6.26　工程线路位置平面图**

### 2. 盾构隧道长度

本工程共设置 4 个区间隧道,全长 2.8867 km,其中盾构隧道长 2.7089 km,其余均为明挖隧道。

### 3. 地质条件

本工程线路场地位于广花凹陷构造区,区内不良地质主要有岩溶、硬岩凸起等复合地层,沿线主要为珠江三角洲冲积平原地貌。

## 6.3.2　盾构机始发

下面主要对安装始发基座、盾构机组装、盾构机调试、安装反力架、洞门密封、钻水平探孔、负环管片拼装、安装延长管线和洞门注浆封堵等内容进行介绍。

### 1. 安装始发基座

盾构机始发时,需要一个稳定的导向基座。先将盾构机吊装至基座上,然后利用反力架提供反向推力,盾构机按照掘进动作拼装临时负环管片,盾构机在基座上前进,以设计姿态贯入洞门内的土体,完成盾构机始发。

始发基座是盾构机在始发井底板上的支撑和定位托架。始发基座安装具体施工流程包括：测量放线→工字钢铺设连接→基座下井→基座安装→位置粗调→复核测量→基座位置细调→测量，再次复核→基座固定焊接→台车及盾体下井。始发基座安装如图6.27所示。

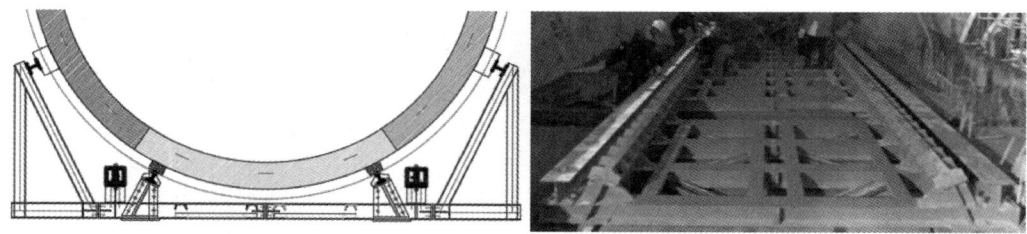

图 6.27　始发基座安装

### 2. 盾构机组装

在盾构机正式下井安装前，须预先完成各项准备工作：起重机工作场地的硬化；起重机的安装和调试；将测量控制点从地面引到井下底板上；铺设盾构机的始发托架和后配套台车轨道；检查各部件在运输过程中是否受到损坏；检查各部件的吊点是否牢固可靠。

盾构机及后配套台车组装在井下一次完成，下井安装顺序如图6.28所示。吊装设备为：260 t履带式起重机一台，130 t汽车起重机一台，80 t液压千斤顶四台，以及相应的吊具、机具、工具。盾构机抵达施工现场后，根据盾构机组装程序进行现场组装。

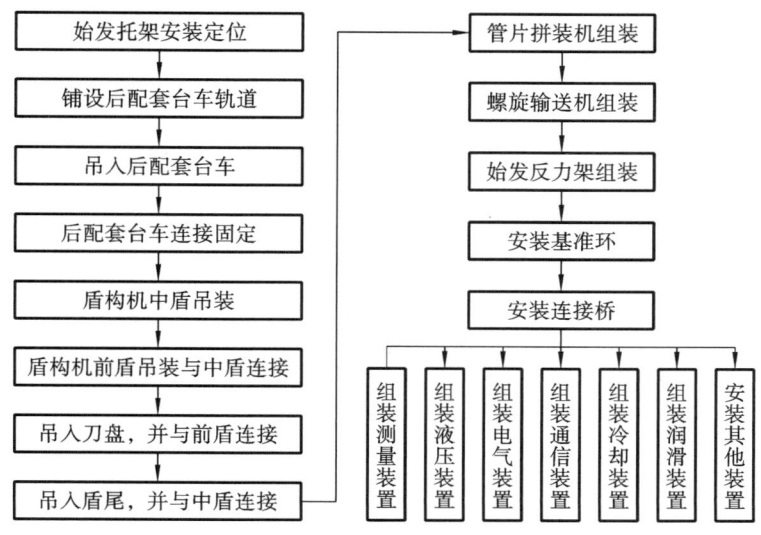

图 6.28　盾构机下井安装顺序

### 3. 盾构机调试

盾构机运抵施工现场经过组装并检查完所有管线后,即可进行调试工作。调试工作由盾构机生产厂家负责,由施工单位的机械、电气工程技术人员配合共同完成。

### 4. 安装反力架

反力架提供盾构机推进时所需的反力,因此反力架应具有足够的刚度和强度。反力架及支撑通过底板预埋件及始发台架预留的 2 cm 厚钢板固定,以保证反力架的稳定性。

反力架安装流程:清理反力架安装区→测量放线→预埋钢板清理→反力架部件斥装→定位微调→焊接斜撑及支腿并固定。

### 5. 洞门密封

为了防止盾构机始发掘进时泥土、地下水及循环泥浆从盾壳和洞门的间隙处流失,以及盾尾通过洞门后背衬注浆浆液流失,在盾构机始发时需安装洞门临时密封装置,临时密封装置采用折页压板,密封原理如图 6.29 所示。

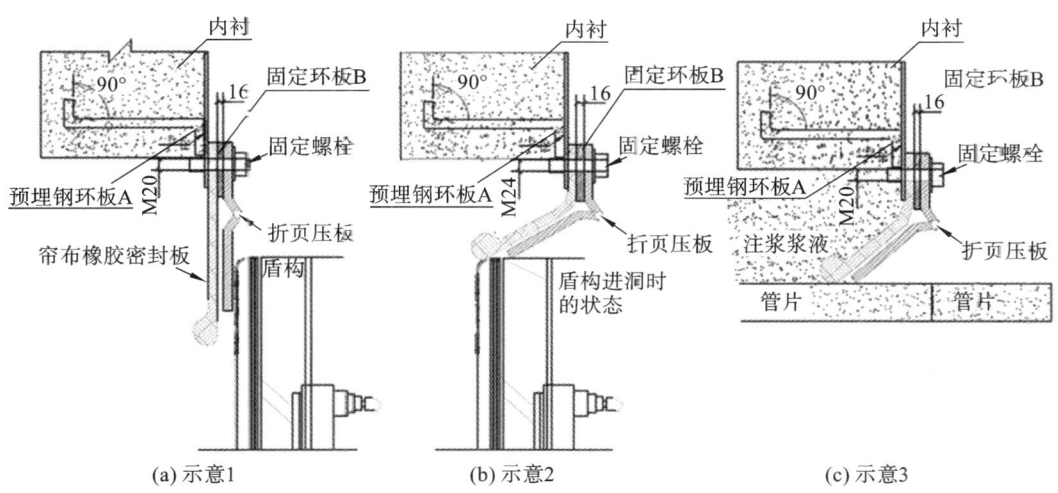

(a) 示意1　　　　　(b) 示意2　　　　　(c) 示意3

图 6.29　盾构机始发洞口密封原理(单位:mm)

### 6. 钻水平探孔

为观察端头加固止水效果,在盾构机始发破除洞门之前需要钻水平探孔,从而初步了解洞门内部地层情况及含水情况。水平探孔共 9 个,每个探孔深 2～2.5 m,孔径为 60 mm,插入镀锌钢管并焊接法兰盘,在钢管末端安装球阀。

若观测无明显渗水,则允许盾构机始发。如果水平探孔有明显流水,则对洞门进行注浆,浆液为水泥浆和双液浆,必要时增设降水井来降低地下水位,注浆完成后 2 d 再补充钻孔检查止水效果。补充钻孔的位置根据前期探孔的水流大小确定,水平探孔可兼作补强注浆孔。补强注浆和补充探孔的工序直至最后一个水平探孔无明显渗水才能停止,确保盾构机始发的安全。

**7. 负环管片拼装**

管片经检验合格后,使用 30 t 门式起重机将其平稳地吊往井下,每次吊运 2~3 片,地面指挥人员确认井下无人站立和行走后,方可指挥司机进行运作,同时按下报警器,示意有重物进入施工井口。

第一环管片拼装时,由于顶部三块管片处于悬空状态,需要采取固定措施,因此习惯称第一环管片拼装方式为"空拼"。根据管片安装顺序,将须安装管片位置的千斤顶缩回,空出管片拼装位置。在盾壳底部放置垫板并保证千斤顶后的负环管片不会从垫板上滑落。将管片旋转至正确的位置上,并在盾壳内对管片采取临时固定措施,穿上螺栓并拧紧(只拧环向螺栓)。

依次拼装 A2 管片、A1 管片、A3 管片(负 9 环~负 6 环管片上部不拼),如图 6.30 所示。安装 A1、A2、A3 管片时在盾壳内采取临时固定措施,防止管片下垂。

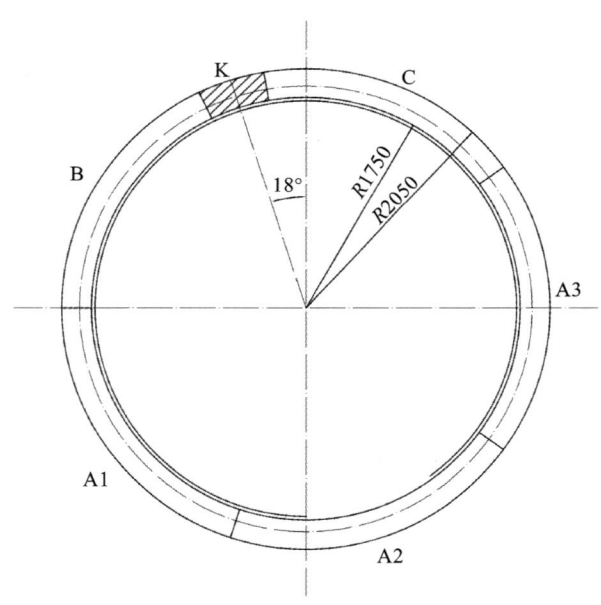

**图 6.30 管片示意图**

注:A1、A2、A3、B、K、C—管片编号

待负 9 环拼装完成后,拆除临时固定设施。所有推进千斤顶同步将负 9 环推出,并与反力架基准钢环对接。千斤顶伸长速度不宜太快(慢慢调控),待负 9 环顶到反力架上

时,对管片周围采取固定措施,在反力架上焊接挡块,固定负 9 环管片。管片起重机继续输送负 8 环管片至安装位置并重复以上步骤,拼装成整环并用纵向螺栓与负 9 环连为一体。

当负环管片脱离盾壳时,每脱出 30 cm,即在基座导轨与负环管片外壁之间的空隙内打入木楔以支撑负环管片。当负环管片脱出盾尾 1/2 时,用钢丝绳环向捆扎负环管片,钢丝绳两端固定在基座上。

### 8. 安装延长管线

由于受始发井净空的影响,盾构机后配套台车无法全部下井安装始发,需进行分体始发。先将盾构机及连接桥、1♯～4♯台车下井安装,其余台车则需放置在地面井口通过延长管线连接。采用 2 m³ 的小斗配合卷扬机进行出土,满足临时出土要求。

当盾构机掘进拼装完成 20 环,满足放置 5♯～7♯台车的条件时,拆除延长管线,将剩余台车吊下井并连接好管线,恢复皮带机系统后正常掘进。在安装延长管线前,在每一条延长管线上均贴好标签。管线延伸现场如图 6.31 所示。

图 6.31　管线延伸现场

### 9. 洞门注浆封堵

为了进一步增强洞门处的密封效果,防止地下水、土进入盾构井,提高洞门处的安全性,当盾构机盾尾处出浆口进入洞门密封装置 1500 mm 后,需对管片外壁与洞门钢环之间的环形间隙予以注浆填充封堵。

（1）同步注浆。

一般盾构机始发掘进至盾尾通过防水帘布并完全进入土体后(一般从第 5 环正环开

始),立即开始同步注浆封堵洞门。同步注浆一般采用单液浆。

（2）双液注浆。

待盾尾通过防水帘布完全进入土体,并继续推进2～3环后,启动二次注浆系统向洞口密封处的环形间隙注双液浆,直至注浆压力达到2 bar(1 bar＝10⁵ Pa)。压力不宜太大,注入速度不宜太快。安排专人在洞门处观察,发现漏浆立即停止,停5 min后继续注入,如此反复几次,直到压力满足要求为止。

## 6.3.3 盾构机试掘进

盾构机始发后,为了更好地掌握盾构机的各类参数,需要设置一定长度(一般为100 m左右)的盾构施工试验段。在试验段施工时,需要密切注意地面变形与施工参数之间的关系,并对推进时的各项技术数据进行采集、统计、分析,争取在较短时间内掌握盾构机推进的施工参数设定范围。

### 1. 试掘进参数

（1）土仓压力实际设定值。

始发端头采用搅拌桩＋地下连续墙进行加固,加固范围为纵向10 m。此区域掘进时土仓压力值拟取0.3～0.5 bar。

盾构机出加固区,在保证尾盾密封安全的条件下,逐步提高土仓压力设定值至理论计算值(0.5～0.8 bar),并根据地面监测情况进行调整。

根据地面监测情况,结合土仓压力理论计算值,小范围调整土仓压力设定值。

（2）盾构推力的选定。

根据工程经验,盾构机在始发阶段反力架提供的设计反力值控制在1000～6000 kN,穿越围护桩时推力控制在9000 kN以内,切入加固体时推力控制在6000～8000 kN,试掘进期间推力控制在8000～10000 kN。

（3）盾构机始发试掘进参数。

盾构机始发试掘进的主要参数见表6.1。

表6.1 盾构机始发试掘进的主要参数

| 施工阶段 | 盾构推力/kN | 刀盘转速/(r/min) | 推进速度/(mm/min) | 扭矩/(kN·m) | 刀盘顶部土仓压力/bar |
|---|---|---|---|---|---|
| 穿越围护桩 | ＜9000 | 0.5～1.0 | 3～5 | 1000～1500 | 0～0.3 |
| 切入加固体 | 6000～8000 | 1.0～1.2 | 10～20 | 1500～2000 | 0.3～0.5 |
| 0～100环 | 8000～10000 | 1.0～1.5 | 20～30 | 1500～2000 | 0.8～1.3 |

（4）盾构机始发推进参数。

①同步注浆。

根据计算和经验,同步注浆浆液倾析率(浆液静置沉淀后上浮水体积与总体积之比)应小于 5%,注浆压力取值为 1.5～2 bar,每环注浆量为 2.5～3.3 m³。

同步注浆速度与掘进速度匹配,按在盾构机完成一环掘进的时间内完成当环注浆来确定平均注浆速度。当注浆压力达到设定值,注浆量达到设计值的 95% 以上时,即可认为达到了质量要求。同步注浆示意图如图 6.32 所示。

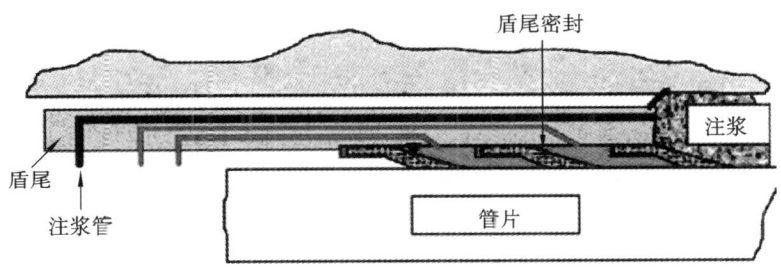

**图 6.32　同步注浆示意图**

②二次注浆。

二次注浆采用水泥-水玻璃双液浆,水泥采用 42.5 级普通硅酸盐水泥。双液浆配合比和注浆性能指标见表 6.2、表 6.3。

**表 6.2　双液浆配合比**

| 浆液名称 | 水玻璃 | 水灰比 | 稳定剂 | 减水剂 | A、B 液混合体积比 |
|---|---|---|---|---|---|
| 双液浆 | 35 °Bé | 0.8～1.0 | 2%～6% | 0%～1.5% | 1：1～1：0.3 |

**表 6.3　注浆性能指标**

| 注浆方式 | 性能指标 | | | | | |
|---|---|---|---|---|---|---|
| | 稠度/cm | 比重/(g/cm³) | 结石率/(%) | 凝胶时间/h | 1 d 抗压强度/MPa | 28 d 抗压强度/MPa |
| 二次注浆 | 12.5～13.0 | 1.43～1.55 | >97 | <4 | >0.3 | >4.5 |

## 2. 管片安装

管片安装流程如图 6.33 所示。

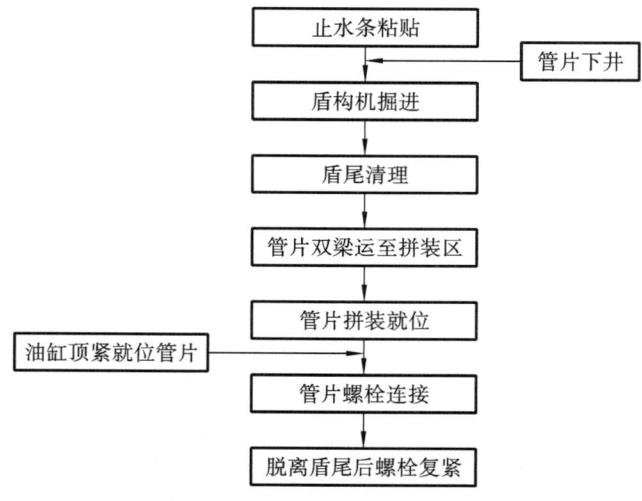

**图 6.33 管片安装流程**

### 3. 盾尾油脂压注

盾尾油脂压注如图 6.34 所示。

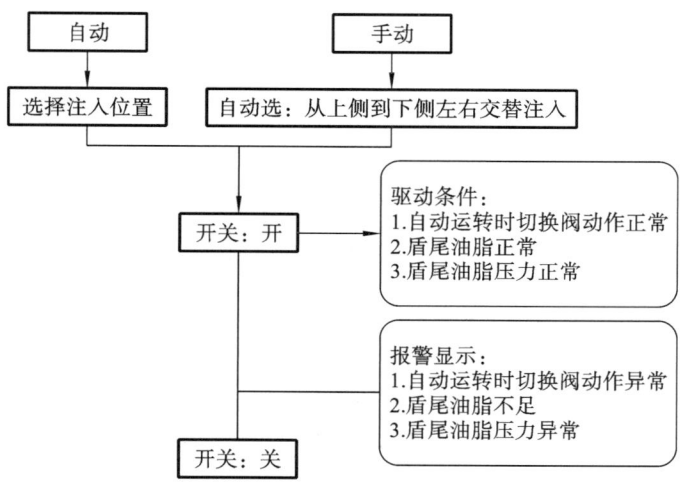

**图 6.34 盾尾油脂压注**

### 4. 试掘进渣土改良及渣土运输

本工程区间始发试掘进通过的地层主要为中粗砂层、局部淤泥层,在掘进过程中通过盾构配置的专用装置根据施工实际情况适当向刀盘开挖面、土仓内注入泡沫剂与水等进行改良。

每个始发场地配置 1 台 32 t 门式起重机用于吊装出土,盾构井结构仅做底板、端头侧墙以及其他必要的侧墙,正常掘进时始发井前段、后半段均可用于渣土垂直运输、管片下井吊装及砂浆、轨道等辅助材料的转运等。

### 5. 试掘进结束

当盾构机完成试掘进,盾构掘进推力小于管片与围岩之间的摩擦阻力后,即开始进行反力架、负环管片拆除。

## 6.3.4　盾构机到达

### 1. 盾构机到达施工具体参数

盾构机到达分刀盘至加固区掘进阶段、加固区至顶到围护桩掘进阶段、破围护桩掘进阶段和破围护桩后掘进阶段。在这四个阶段中,应采用不同的施工参数。

(1) 刀盘至加固区掘进阶段。

必须注意盾构机掘进参数的选择,保证盾构机接收前盾构姿态良好。在即将接收之前,速度提前一环降低到 20 mm/min 以下,推力为 8000~9000 kN,扭矩为 1500~2000 kN·m,刀盘转速为 1.0~1.5 r/min,土仓压力保持在 1.0~1.3 bar。

(2) 加固区至顶到围护桩掘进阶段。

掘进时刀盘转速控制在 1.0~1.5 r/min,掘进速度控制在 10~20 mm/min,刀盘顶到连续墙前最后一环掘进时速度降至 5~10 mm/min,推力控制在 6000~8000 kN,扭矩为 1500~2000 kN·m,土仓压力保持在 0.5~0.8 bar。

(3) 破围护桩掘进阶段。

推进速度为 3~5 mm/min,推力小于 9000 kN,扭矩为 1000~1500 kN·m,刀盘转速为 0.5~1.0 r/min,土仓压力逐步降至零。

接收时姿态控制:为了防止出洞时盾构机"磕头",要求盾构机机头高于轴线 2~3 cm,左右偏差在 ±2 cm 之内,呈略抬头向上姿势。

(4) 破围护桩后掘进阶段。

刀盘破除完围护墙后已暴露在外,停机对刀盘前方渣土进行清理,清理时注意对洞门密封的保护。清理完毕后,继续推进,此时刀盘不转动,推进速度为 5~10 mm/min,盾体驶上接收托架,最后借助夹环临时管片,使盾尾完全脱离洞门钢环。

### 2. 盾构机到达施工注意事项

盾构机抵达围护桩后立即停机,在满足拼装条件的情况下立即完成拼装,然后打开铰接位置径向孔,对该位置注入聚氨酯,范围为 360°,共 3 个径向孔,每孔注入 60~100 kg 聚氨酯,形成止水环,达到阻隔盾体前方来水的目的,注入顺序为由下向上、两侧对称。

对脱出盾尾的 3 环管片进行二次注浆,形成止水环。浆液类型为水泥-水玻璃双液浆,水泥浆水灰比为 0.6～1.1,水泥浆与水玻璃的体积比为 5∶1～10∶1,初凝时间为 60 s 左右,注浆压力控制在 0.2～0.4 MPa(以注浆压力瞬间值不大于盾尾和铰接密封的额定压力值为标准),注浆范围为 360°,注浆由下向上、两侧对称进行。

在最后 1 环管片拼装完成后,拉紧洞门临时密封装置,使帘布橡胶密封板与管片外弧面密贴,通过管片注浆孔对洞门进行注浆填充。最后 3 环管片采用特殊管片,在原二次注浆孔基础上增加注浆孔数量,确保全环注浆效果。在钢环上预留注浆管,作为补注浆孔或排气孔,进一步保证到达端洞门封堵效果,如图 6.35 所示。

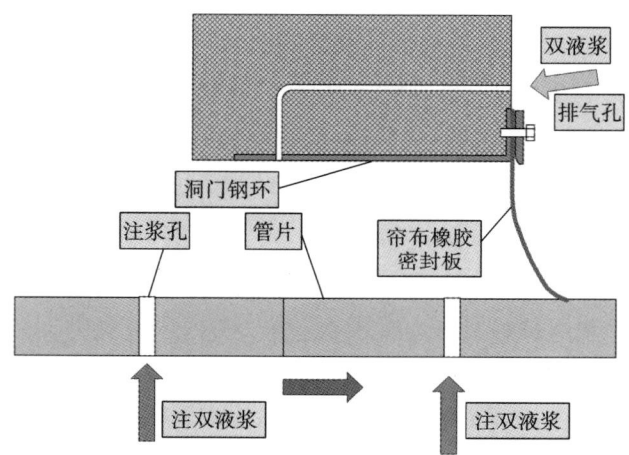

**图 6.35  到达端洞门封堵注浆示意图**

## 6.3.5  洞门施工

本工程盾构隧道洞门施工主要分零环管片拆除和洞门圈梁混凝土浇筑两大环节。

**1. 零环管片拆除**

零环管片即连接正环与负环的整环管片,零环管片与正环管片的接缝一般位于车站主体结构侧墙处,在盾构隧道施工完毕、洞门施工前需拆除。

根据零环管片位置,若能直接拆除,则可利用吊车或手动葫芦将管片分块拆除;若零环管片无法直接拆除,则需利用混凝土切割锯在不拆除连接螺栓的情况下切割整环零环管片,然后将切除下来的整环管片利用吊车整体吊出车站。

**2. 洞门圈梁混凝土浇筑**

对切割后的零环管片外露端面、管片外弧面及车站主体结构预留洞门内弧面进行清理,然后在三个面上分别粘贴两道缓膨型遇水膨胀止水条;按照设计预设环形注浆管,注浆管沿洞门圈内弧面布置,以备洞门浇筑完毕后注浆止水;完成防水施工之后,人工绑扎洞门圈梁钢筋;采用手拉葫芦配合人工进行模板、拱架及支架安装,模板由洞门内圈环形模板和洞门端头封头模板组成;模板安装和固定好之后,即进行洞门混凝土浇筑;模板拆除需等混凝土强度达到设计强度的 50% 以上方可进行,以防模板拆除过早造成洞门圈梁顶部开裂;拆模后洞门圈梁混凝土养护时间不得少于 14 d。洞门圈梁混凝土强度达到设计值后观察洞门是否有漏水现象,若有漏水即从预埋注浆管进行注浆堵水,直到不再漏水为止。

## 6.3.6　复杂条件下盾构隧道施工技术

### 1. 盾构机过岩溶区域技术措施

(1) 合理确定岩溶地段的处理范围。

在满足隧道正常运营所要求的地基承载力基础上,溶(土)洞的处理范围应根据岩面以上土层性质、岩体的特性、溶(土)洞的填充情况等综合判断:当工程处在岩溶区段时,为了保证施工期间的安全和使用期间的正常运营,所有勘察资料揭露的工程影响范围内的溶(土)洞必须处理;隧道底为灰岩时,结构轮廓外放 1 m 后,隧道底板以下 2 m 内的溶(土)洞必须处理;当隧道底为较稳定的隔水层(例如黏土、粉质黏土)时,若隔水层厚度不小于 2 m,则隧道底下的岩溶地段一般不做处理,若隔水层厚度小于 2 m,且最上层溶(土)洞顶板厚度小于 2 m 或厚跨比小于 1,则隧道结构轮廓外放 3 m 后,岩面以下 2 m 内的溶(土)洞必须处理;当隧道底至岩面为砂层或无较稳定隔水层时,若最上层溶(土)洞顶板厚度不小于 2 m,则隧道底下的岩溶地段一般不做处理,若最上层溶(土)洞顶板厚度小于 2 m 或厚跨比小于 1,隧道结构轮廓外放 3 m 后,岩面以下 2 m 内的溶(土)洞必须处理;结构轮廓外放 1 m 后,隧道底板以下高度大于 2 m 的空洞且距离上层溶(土)洞距离较近时[连续溶(土)洞或串珠状溶(土)洞],应结合溶(土)洞的厚跨比和塌落拱高度确定,一般宜处理。

(2) 对于岩溶地段应加密勘察及探测。盾构机在岩溶地段掘进时,应利用超前地质探测功能,探测刀盘前方的溶(土)洞或障碍物,便于及时制定和采取有效处理措施,提高盾构机掘进的安全性。

(3) 盾构机在岩溶地层掘进时,应配备超前注浆系统功能。施工中以低推力、低转速、低贯入度为原则,严格控制各项参数,加强轴线控制。

(4) 盾构机通过岩溶地层时,若地层含水量大,应及时建立气压平衡,防止大量失水造成地表沉降,同时保证足量同步注浆,并及时进行二次注浆(双液浆),对地下水通道进行封堵,稳固管片。

（5）地质钻孔、溶（土）洞探孔一定要封堵密实。

## 2．盾构机过硬岩凸起等复合地层技术措施

盾构隧道施工中穿越硬岩凸起等复合地层时，存在超挖，姿态偏差大，刀具磨损大，岩块较难带出土仓，容易堵塞螺旋机、刀盘和土仓，纠偏难度大，盾构机易旋转等问题。在此类地层中掘进采取的主要技术措施如下。

（1）在上砂下岩地层中掘进时的应对措施。

①当条件具备时，在地面对掘进段软弱层土体进行预加固。

②盾构机掘进过程中适当放慢掘进速度，使盾构刀盘能对正面坚硬岩层进行充分破碎。为保护盾构机及刀具，不宜追求太高的施工进度。在此类地层掘进必须控制掘进参数，推力不宜太大，刀盘转速控制在 1.0 r/min 左右，刀具贯入量控制在 5 mm/r。同时掘进期间要经常、有计划地检查刀具、刀盘状况。

③合理利用盾构铰接千斤顶，改变刀盘倾角以加强对硬岩部位的切割，提高盾构机掘进过程中的轴线控制能力。

④调整盾构机推进油缸的油压。推进油缸油压在硬岩区域较在软岩部位适当加大，以控制推进油缸的合力作用点、抵消上抛力，控制好轴线位置和隧道坡度。

⑤采用土压平衡模式，密切注意出土量，注意控制每环的出土量在额定的范围内，否则会造成地面坍塌或沉陷。

⑥在刀具的布置上，合理配备边缘滚刀数量和刀间距，增强刀具边缘的破岩能力；同时，利用安装在刀盘上的超挖刀，在掘进方向发生偏差时对岩层进行超挖，及时纠正偏差，确保盾构机前进方向与隧道设计轴线一致。

⑦在掘进过程中，尽量避免在土仓上部地层条件差的地段换刀。当必须在这样的地段频繁更换刀具时，根据在当前地层中刀具的磨损情况与线路前方的地质情况，准确定出更换刀具时所处的位置，提前对该位置地层进行加固处理，加固体达到强度要求后，再采取压气作业进行刀具更换，确保当盾构机到达此位置进行刀具更换时安全顺利。

⑧停机时需及时封闭土仓保持压力，并避免长时间停机，防止开挖面失稳，出现坍塌现象。

（2）在上泥下岩地层中掘进时的应对措施。

①当条件具备时，在地面对掘进段软弱层土体进行预加固。

②在掘进过程中采取分别向刀盘和土仓内注入泡沫的方法进行渣土改良，必要时可向螺旋输送机内注入泡沫，泡沫的注入量为每立方米渣土 300～600 L。

③通过调整刀具配置、增加刀具高度差、拉开各类切削刀具的高度差等方式，为开挖

面破除下来的渣土留出足够的出渣空间,可有效减少渣土在刀盘中心滞留的时间,减小盾构机掘进时挤压黏土形成泥饼的速度。

④刀盘内部布置搅拌棒,特别是在刀盘外圆内侧,用以提高土仓下部土体的流动性,从而使进入土仓的土料更加便利地通过螺旋输送机运输出去。

⑤盾构机掘进速度不宜超过 20 mm/min,在刀盘扭矩不大的情况下,可以适当加快刀盘的转速,减少大块黏土产生的数量。此外,刀盘旋转切削时,要经常进行正反向切换,不要长时间向同一方向旋转。

⑥在盾构机掘进时加强对掘进参数的观察,注意刀盘扭矩、推力和出渣量的异常变化,当发现出渣量异常减少时,要及时对土仓和刀盘实施循环清洗,对土仓隔板的温度也随时进行人工探测。

⑦对于刀盘表面的少量泥饼,可以用泥浆或高压水清洗。同时高速空转刀盘,借助离心力使泥饼脱离刀盘。或者使用工业除垢剂、漂白剂破坏黏土土质性状,通过刀盘注水或清洗系统将工业除垢剂或者漂白剂注入刀盘处。在经过一段时间浸泡后,转动刀盘搅拌,经过搅拌,可显著清除刀盘表面结块的泥饼。

在地质条件较好的地方,比较容易实现气压或者常压开仓,在保证安全的前提下,可由操作人员采取高压水切割泥饼或者其他机械方式清除泥饼。

## 6.3.7　盾构双向掘进水平运输施工技术

### 1. 施工工艺流程

本工程由于工作井尺寸有限,在长度方向上无法满足盾构机整体始发的要求,因此采取双向盾构掘进,涉及分体始发问题。本工程首先采用一股道分体始发一端盾构机;待正常掘进后,布置双股道,然后始发另一端盾构机;待正常掘进后,布置三股道,实现双向掘进。有限空间内盾构机双向始发流程如图 6.36 所示。

下面从大里程盾构机分体始发(一股道)、小里程盾构机分体始发(两股道)、小里程盾构机后配套台车下井(三股道)、双向正常掘进(优化布置三股道)四个阶段进行具体阐述。

(1) 第一阶段:大里程盾构机分体始发(一股道)。

本工程先分体始发大里程盾构机,盾体、设备桥及 1#~4# 台车下井。50 m 深工作井可始发前 10 环,放置 1 台渣土车,使用卷扬机为其提供动力,满足渣土、管片等材料的运输需求。在 4# 台车的位置提前改造皮带机以缩短皮带机出土路径,确保盾构机作业时能正常出土。剩余台车在地面分两排依次相连,第一排按照 5# 台车→6# 台车→7# 台车→8# 台车→9# 台车→10# 台车→11# 台车→12# 台车的顺序排布,第二排按照 17

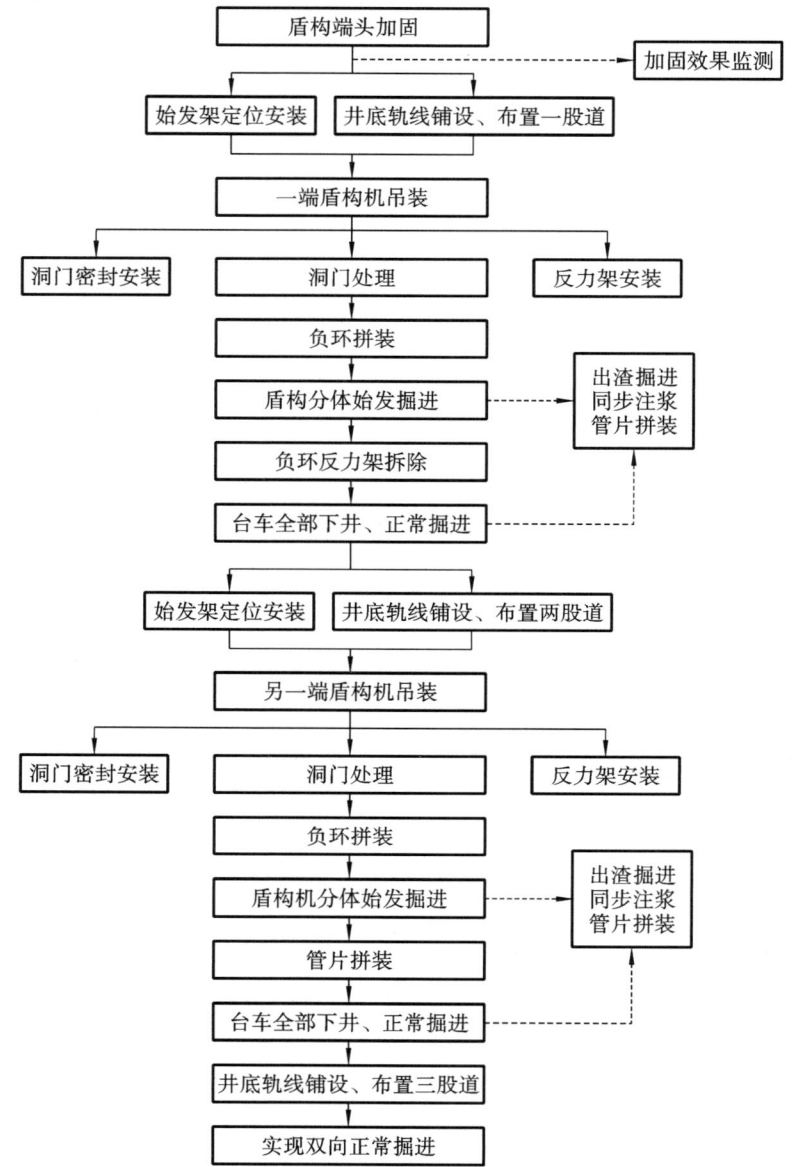

**图 6.36 有限空间内盾构机双向始发流程**

♯台车→16♯台车→15♯台车→14♯台车→13♯台车的顺序排布。随着盾构机推进,延长管线连接各节台车。大里程盾构机分体始发(一股道)布置如图 6.37 所示。

大里程盾构机正常掘进 120 m 后,将地面第二台盾构机配套的台车按编号顺序依次吊装下井,在工作井增设斜向道岔,方便电瓶车正常行驶,完成大里程盾构机分体始发全过程。同时准备第二阶段小里程盾构机分体始发的工作。

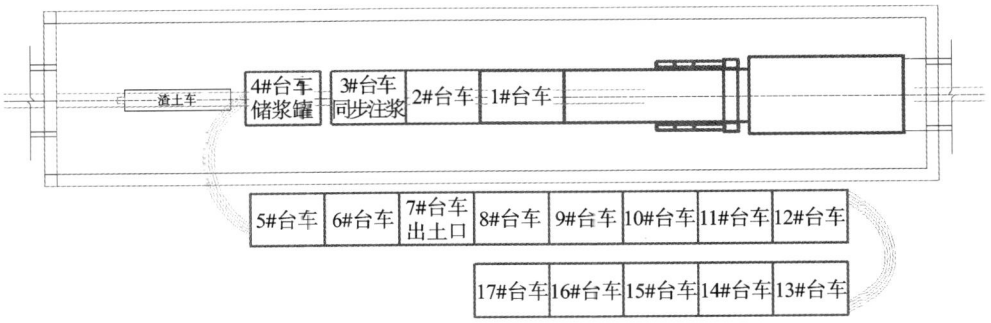

**图 6.37　大里程盾构机分体始发（一股道）布置示意**

（2）第二阶段：小里程盾构机分体始发（两股道）。

分体始发小里程盾构机，盾体、设备桥及 1♯～4♯台车下井，50 m 深工作井可始发前 10 环，放置 1 台渣土车，可将电瓶车行驶进大里程盾构机掘进完成的隧道内为渣土车提供动力，满足渣土、管片等材料的运输需求。4♯台车油管连接盾构机后配套台车，与大里程盾构机分体始发类似，将剩余台车在地面分两排布置，随着盾构机依次推进，通过延长管线连接各节台车。小里程盾构机分体始发（两股道）布置如图 6.38 所示。

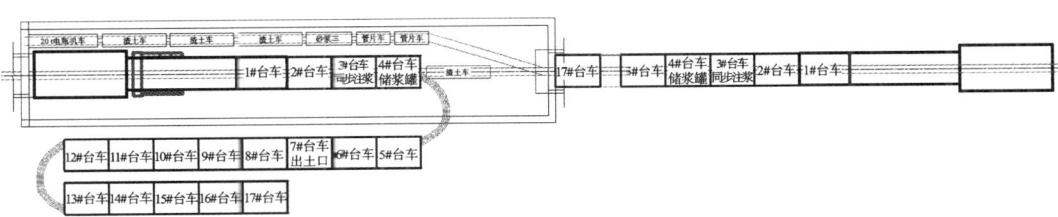

**图 6.38　小里程盾构机分体始发（两股道）布置示意**

（3）第三阶段：小里程盾构机后配套台车下井（三股道）。

组织小里程盾构机掘进施工，待小里程盾构机及前端下井台车进洞，大里程盾构机掘进超过 220 m 时，将小里程盾构机剩余台车放入大里程盾构机已掘进完成的隧道中，释放始发工作井地面空间。此时可以布置三股道，保证双向盾构掘进的工效。小里程盾构机后配套台车下井（三股道）布置如图 6.39 所示。

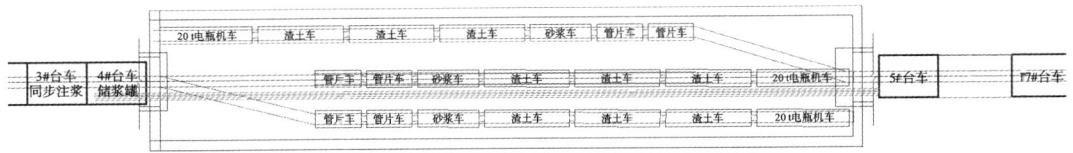

**图 6.39　小里程盾构机后配套台车下井（三股道）布置示意**

（4）第四阶段：双向正常掘进（优化布置三股道）。

小里程盾构机完成 120 m 隧道掘进及盾构机分体始发，将后配套台车一次性拖进小里程盾构机已掘进完成的隧道内，重新布置道岔轨道，优化布置三股道，实现双向正常掘进。为确保整体工期，盾构机正常施工工效达到每天 8～10 环。考虑单洞布置了两个整车编组，工作井设置三道电瓶车轨道，配备四台长 37.5 m 的编组电瓶车。三股道分别在两侧设置单独供一条隧道掘进使用的道岔轨道，中间设置共用轨道，以满足左右线电瓶车错车要求。工作井两侧分别安装单独的楼梯，同时设置无障碍人行通道，确保施工安全。双向正常掘进（优化布置三股道）布置如图 6.40 所示。

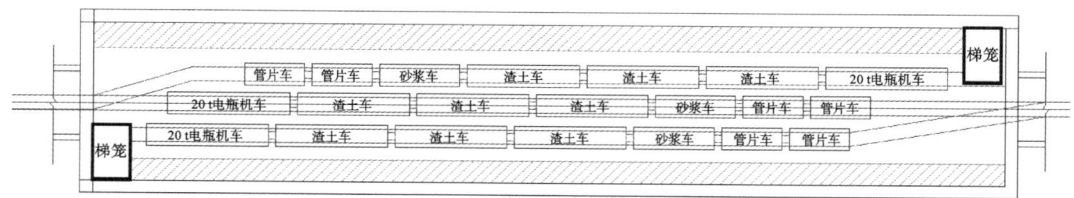

**图 6.40　双向正常掘进（优化布置三股道）布置示意**

### 2. 施工操作要点

（1）三股道双向掘进操作要点。

由于在三股道中两侧设置单独供一条隧道掘进使用的道岔轨道，中间设置轨道供双向隧道共用，满足电瓶车过渡使用需求。因此，为保证双向盾构掘进的施工进度，合理进行施工组织非常重要。

在电缆盾构隧道单班的掘进过程中，一台电瓶车提供掘进服务，另一台电瓶车在工作井洞口备车。考虑 3 台渣土车和 2 台管片车需门式起重机垂直吊装，吊装时长为 35 min，加上放浆时长 10 min，单列车备车时长合计 45 min。

本工程将中间股道用于过渡，掘进完成的电瓶车先开到中间股道上，侧面股道上的电瓶车开进隧道内为掘进服务，再将中间股道上的电瓶车开到侧面股道上备车，如此通过中间股道的过渡可以实现双向各两个满编列车互不影响。

（2）始发工作井尺寸设计要点。

电缆隧道设计外径 4.1 m，内径 3.6 m，管片厚度 0.25 m，市场上可选择的盾构设备比较有限，满编列车主要配置 1 个电瓶车组、3 台渣土车、2 台管片车和 1 台浆车，总长度为 35～40 m，加上 10～13 m 长的道岔，工作井极限长度在 50 m 左右。在工作井宽度方向上，渣斗吊装的宽度需求约为 1.4 m，考虑到股道间距应满足人员操作宽度 0.5 m 的要求，双向两列满编、四股道布设的极限宽度为 8.1 m，双向两列满编、三股道布设的极限宽度为 6.2 m。在同时满足建筑空间需求的情况下，始发工作井采用三股道布置较四股道节约了 1.9 m 的宽度。

**3．施工注意事项**

（1）虽然相较于整体始发，分体始发具有始发难度大、初期掘进效率低、对设备要求高等缺点，但其凭借占地面积小、节省工程投资等优点，在城市繁忙地段、土地资源紧张地段用于盾构始发施工具有很大优势。在工程实践中，需结合工程情况、设备性能，选择最佳的分体始发方案。

（2）始发工作井空间狭小，务必提前策划好三股道的道岔布置方案，使侧方股道可以独立进行备车工作。

（3）在双向掘进施工中可以在始发井中部进行必要的隔离，实现每边隧道都可以进行独立作业。

（4）双向掘进过程施工组织相对复杂，特别是对调度的要求比较高，相关部门一定要做好教育、交底工作，理解清楚中间股道的过渡作用，避免电瓶车长时间占用股道造成施工交叉。

（5）工作井内设备众多，但空间有限，要做好操作手的教育培训，保证安全。

## 6.3.8　带压开仓换刀施工技术

本工程盾构隧道主要穿越淤泥质土、中粗砂、粉质黏土、淤泥质粉细砂、强风化碳质灰岩和微风化碳质灰岩复合地层。

本工程工作井穿越上软下硬不良地层时，容易损坏刀具，涉及在上砂下岩地层开仓换刀。为提升带压开仓换刀施工的成功率，采用地面注浆加固＋洞内构造泥膜的方式进行，洞内采用衡盾泥辅助土压平衡盾构机进行带压开仓施工，具体施工内容如下。

**1．准备工作**

（1）人员准备。

配备气压作业主管、操仓员、进仓作业人员、医护人员、特种作业人员等，相关人员应当证件齐全。进仓作业人员应持有带压作业培训合格证，操仓员应持有操仓资格证。开仓前应与可治疗减压病的医院签订协议，开仓期间的现场医护人员应具备现场应急处置能力。

（2）设备准备。

气压作业前除应按常压作业检查外，还应检查并确认相关设备运转是否正常，包括人闸系统、气压调节、自动保压系统、应急备用电源和应急保压气源设备等。

（3）WSS 注浆加固。

本工程选用 ZLJ－1200 钻注一体机进行开仓点地面加固，采用 WSS（无收缩）注浆加固技术,通过注入 AB 液(水玻璃和磷酸混合液)和 AC 液(水玻璃和水泥浆混合液)两种浆液对地层进行加固(和止水)处理。

AB 液采用水玻璃溶液与磷酸溶液配置而成,有比较好的止水效果,可以调整固结的时间,混合液固结后不会收缩,不会污染地下水,是一种绿色环保材料。AB 液强度低,可以防止补充注浆时将盾构机"裹死",一般用在刀盘四周。AC 液采用水玻璃溶液与水泥浆配置而成,固化后强度较高,也能够通过控制水玻璃掺量调整固结时间,控制地层沉降,用于盾构机上方的砂层加固。

**2. 构建衡盾泥泥膜护壁**

(1)浆渣置换。

本工程所处地层为上砂下岩地层,土仓内砂粒含量较多,需进行"洗仓"。通过注入高浓度膨润土浆液,置换土仓中的渣土,确保土仓内渣土清洗置换干净,同时防止土仓内渣土固结后"抱死"刀盘。

(2)衡盾泥配置。

在进行衡盾泥配置之前,应与材料厂家技术人员进行沟通,按照要求的技术参数进行配置。A 液拌制应当采用单独的剪切泵,厂家技术人员驻场检查搅拌效果。塑化 A 液黏度至少达到 400 dpa·s 才可以和 B 液混合。衡盾泥配置现场如图 6.41 所示。

配合比如下:A 液为 A 粉:水=1:2;B 液配合比由厂家根据工程实际确定;衡盾泥配合比为 A 液:B 液=15:1。A、B 料混合后搅拌时间严格控制在 5 min,衡盾泥不超过浆液搅拌轴的 2/3。

(a)A液拌制情况　　　　　　　　(b)A、B液混合

图 6.41　衡盾泥配置现场

(c) 塑化后的衡盾泥

续图 6.41

　　材料配制时采用高速立式搅拌筒,容积约 1.3 m³。衡盾泥专用高压搅拌设备,即剪切泵,如图 6.42 所示。A 液搅拌完成后泵送至盾构机台车上的同步注浆罐,B 液采用滴漏法与 A 液在注浆罐内混合,每次 1~2 m³,混合至果冻状后方可注入。

(a) 立式搅拌筒　　　　　　　　　　　　　　　(b) 剪切泵

图 6.42　立式搅拌筒及剪切泵

　　(3) 泥浆置换。

　　衡盾泥配制完成后,进行泥浆置换(图 6.43),注入衡盾泥材料,对土仓内的渣土进行置换。通过底部超前注浆预留管注入衡盾泥,顶部平衡管放出开挖土仓内的膨润土浆液,直到开挖土仓注满衡盾泥为止。

　　泥浆置换时,注浆压力值设置为 2.5 bar,实时监测土压的变化,实时调整仓压,注意事项如下。

　　①保持土仓上方压力在 1.8~2 bar,防止压力波动过大扰动地层。

**图 6.43 泥浆置换**

②当压力大于 2.2 bar 时,需暂时停止注浆 30 min;注意压力变化,如果 30 min 内压力降低到 1.8 bar,则恢复注浆。

③注入一定量衡盾泥之后,土压趋于稳定,压降较小,需打开螺旋输送机闸门排出部分渣土,但应保证排出的渣土与注入的衡盾泥大致相当,做好相应记录。

④螺旋输送机排出的渣土含有膨润土后,需缓慢转动刀盘,转速控制在 0.1~0.3 r/min。需根据注入点位选择刀盘旋转方向,并保持至泥浆置换全部完成。

⑤泥浆置换时需要使浆液注入量等于渣土排出量,直到螺旋输送机排出的渣土中含有 95% 及以上的衡盾泥为止。本工程在施工中共计置换 9 罐衡盾泥,每罐衡盾泥施工配合比为 1000 kg 水∶520 kg A 料∶100 kg B 料。

(4) 分级加压。

为了使浆液可以充分填充砂质地层,应当分阶段阶梯性加压,使浆液慢慢渗入地层,防止扰动开挖面。排土压气前需要做加压试验:从 1.35 bar 升至 2.15 bar,需要分 4 个阶段,即 1.35~1.55 bar、1.55~1.75 bar、1.75~1.95 bar 和 1.95~2.15 bar,各阶段加压 0.2 bar。各阶段动态注入过程需维持 2 h 且刀盘要低速转动半圈 3 次,转速控制在 0.1 r/min 左右,从而确保浆液均匀地充填砂质地层。

当注浆压力达到 2.15 bar 时,进行 12 h 的动态保压注入试验,至少维持 2 h 内压力下降不超过 0.2 bar,才能进行排土压气施工。在施工过程中应当安排专人准确记录压力的变化、每次补注的时间和注入量等数据。

当加压到第 3 阶段的时候,需要松开盾构机的铰接,通过注浆的压力形成反向作用力,使盾构机后退 4~7 cm,边退边增加浆液的注入量,确保填满盾构机刀盘和开挖面之间的空隙。盾构机每后退 1 cm 要稳压 30 min，保证土压浮动范围为 ±0.01 MPa。期间持续进行地面监测，若有沉降超限等异常情况，需第一时间进行分析并制定应对措施。盾构后退过程中不可以转刀盘，避免对开挖面造成扰动。

（5）浆液置换。

分级加压结束后，应在带压状态下完成仓内的浆液置换。作业人员进行自然降压，待压力无法下降后，再进行排渣降压，置换过程中严禁转动刀盘，同时避免螺旋输送机出土产生负压，损坏成型的泥膜。待螺旋输送机口排出的渣土基本为砂＋衡盾泥后系统自动保压，压力稳定在 1.6 bar。

### 3. 带压开仓换刀

（1）压力平衡计算。

在进行带压开仓前，需要进行压力平衡计算，确定土仓内的压力值。根据地质勘察资料和盾构机掘进参数，计算出土仓内外压力差，确定开仓时的压力值。同时，考虑到地层渗透性和地下水位变化等因素，对压力值进行动态调整。

（2）开仓换刀作业。

在开仓过程中，需要密切监测土仓内外的压力变化、地层变形和地下水位变化等情况，确保施工安全。

在开仓后，进行刀具更换和障碍物清理工作。根据刀具磨损情况和地质条件，选择合适的刀具，遇上软下硬地层宜选用耐冲击性更强的整体式滚刀，使盾构机能够一次性顺利掘进更长距离，降低在该地层再次开仓的概率。

（3）闭仓及后续施工。

在完成刀具更换和障碍物清理后，进行闭仓作业。在闭仓过程中，同样需要密切监测土仓内外的压力变化、地层变形和地下水位变化等情况，确保施工安全。

根据上软下硬地层地质条件和掘进参数，调整盾构机的掘进速度和推力等参数，采用高转速、低贯入度模式进行掘进，降低刀具磨损。

# 第 7 章
## 城市轨道交通无砟轨道施工

# 7.1 无砟轨道概述

无砟轨道是城市轨道交通系统的重要组成部分,其作为整体结构铺设在路基之上,直接承受车辆荷载等作用,并对车辆运行起着导向作用。

无砟轨道的各个组成部分必须具有足够的强度和稳定性,承受来自车辆的纵向和横向作用力,保证车辆按照规定的速度、方向不间断地运行。

无砟轨道需要良好的耐久性及适量的弹性,以确保车辆安全、平稳、快速运行,并保障乘客乘坐舒适性。

城市轨道交通均采用电力牵引,故要求轨道结构具有良好的绝缘性,以减少杂散电流。根据环境保护对沿线不同地段的减振、降噪要求,无砟轨道应采用相应的减振结构。

从形式上看,全线无砟轨道结构宜统一形式,采用统一的零部件,并要求外观整齐、维修工作量少,且方便施工。从技术角度出发,无砟轨道的主要技术参数应根据车辆类型、设计速度及设计原则来确定,轨道结构部件的选用应经济合理、结构简单、质量均衡、弹性连续、结构等强、匹配合理,并满足运营需求、减少维修量,具备足够的强度,良好的稳定性、耐久性、绝缘性和适量弹性等。在考虑城市景观与道路交通混行的同时,兼顾绿化与硬化铺装的通用性和互换性,便于养护维修和降低养护成本,并尽量统一轨道设施类型。轨道结构应采用成熟、先进的技术,便于各零部件的制造,提高轨道的可靠性。

在轨距方面,直线地段轨距采用标准轨距 1435 mm;在曲线地段,轨距应按规定加宽;在小半径曲线地段,轨距可不加宽。

对于水平位置的设计,要求直线地段两股钢轨的顶面保持在同一水平面上,其正线误差不得大于 4 mm;对于曲线地段,为保证行车安全和乘客舒适,曲线地段外侧轨道需按规定设置超高。对于平面曲线的设计,为使车辆能平稳地由直线进入圆曲线或由圆曲线转入直线,应在直线和圆曲线之间按规定设置缓和曲线,以适应逐步加宽轨距和设置超高的需要。

无砟轨道由钢轨、轨枕、扣件、道床、道岔及其他附属设备等组成。

## 7.1.1 钢轨

### 1. 钢轨的概念

钢轨指两条直线形、呈平行分布、安装在轨枕或路基之上、由钢铁材料制成的金属构筑物。钢轨断面形状为工字形,由轨头、轨腰、轨底三部分组成。工字形钢轨受力好、省材料,具有最佳的抗弯性能。

**2. 钢轨的分类**

不同的城市轨道交通线路对钢轨的强度、稳定性、耐磨性及铺设形式有不同的要求,因此钢轨也有不同的种类和规格。一条线路上应该选择使用哪一种钢轨,需要考虑经济及技术等方面的因素。

(1) 按钢轨的断面形状分类。

按断面形状不同,城市轨道交通所使用的钢轨有如下三种。

①耐磨槽型钢轨。耐磨槽型钢轨轨头呈凹槽状,多用于现代有轨电车和轻轨铁路。在铺设时,路面与钢轨轨面一般在同一平面。

②双头钢轨。双头钢轨轨头和轨底大小、形状一样,这种钢轨在 19 世纪应用很广,但目前很少应用,在英国还能见到。

③平底钢轨。平底钢轨就是我们通常所指的工字形钢轨。这种钢轨目前在世界范围内广泛应用。

(2) 按钢轨的质量和强度分类。

按钢轨的质量和强度不同,城市轨道交通所使用的钢轨有如下四种(钢轨的类型和强度以"kg/m"表示,数值越大表明其所能承受的荷载也越大):43 kg/m、50 kg/m、60 kg/m 和 75 kg/m。为了提高线路的通过能力,国内外城市轨道交通有选用重型钢轨的趋势,50 kg/m 和 60 kg/m 的钢轨较为常用。

目前,我国铁路和城市轨道交通主要采用的钢轨材质为 U75V 和 U71Mn。与中锰钢轨(U71Mn)相比,含钒微合金钢轨(U75V)有以下优点。

①含钒微合金钢轨由于硅含量较高,且加入了微量的钒,其硬度、耐磨性更优。铁路运营实践表明,与中锰钢轨相比,含钒微合金钢轨在小半径曲线上的耐磨性能提高 60% 以上,使用寿命是中锰钢轨的 1.5～2 倍。

②含钒微合金钢轨的抗拉强度、屈服强度和拉伸性能均优于中锰钢轨。

③含钒微合金钢轨的耐磨性较好。

④由于含钒微合金钢轨硬度高,不易磨耗,车辆运行速度小于 200 km/h 时,钢轨平顺性优于中锰钢轨,有利于减振、降噪。

⑤能较好地满足小半径曲线地段的钢轨对磨耗的要求。

综上所述,虽然含钒微合金钢轨比中锰钢轨造价高,但其耐磨性好,且使用寿命长,可以减少现场的养护维修工作量,降低运营成本,延长维修周期,一般推荐正线、辅助线均采用含钒微合金钢轨。

### 3. 钢轨的连接安装

轨道上钢轨与钢轨之间的连接安装方法主要有以下两种。

（1）传统的连接安装方法。

传统的连接安装方法是把 20 m 左右一节的钢轨固定在轨枕上，各节钢轨之间的接头（称为"钢轨接头"，也称为"接缝"）通常使用鱼尾板和螺栓接合。接头处轮轨动力作用大，养护维修工作量大，且钢轨接头是轨道结构的薄弱环节之一。

接头的接合形式按接头相对于轨枕的位置可分为悬空式和承垫式两种。悬空式指钢轨接头位于两条轨枕之间，悬空对接；承垫式指钢轨接头位于轨枕的正上方，由轨枕起承垫作用。若按两股钢轨接头的相互位置来分，可分为相对式和相错式两种。相对式指两股钢轨的接头左右平行对齐；相错式指两股钢轨的接头左右错开，不在一条平行线上。我国一般采用相对悬空式的接合方式。

鱼尾板是一块长约 60 mm 的钢板，两端有四个或六个螺栓，用来扣在钢轨的小洞上。钢轨之间留有间隙，宽约 6 mm，称为"伸缩接缝"。钢轨上用于穿鱼尾板上螺栓的小洞呈椭圆形，这样钢轨就可以在不同的天气状况下有伸缩的空间。

无论是钢轨的伸缩接缝还是钢轨上的椭圆小洞，对行车安全都是非常重要的。因为每当温度改变 1 ℃，钢轨就需要承受 16 kN 的压力或拉力，继而产生变形，如果没有膨胀的空间，就会造成行车事故的发生。虽然这种连接安装方法可以解决轨道的热胀冷缩问题，但是路轨上预留的伸缩接缝会使列车在行驶中发出很大的噪声，且不适宜高速列车行驶，乘客也会觉得行车不平稳。

（2）较新的连接安装方法。

较新的连接安装方法是持续焊接钢轨，将原本一节一节的钢轨焊接成无缝钢轨或长钢轨。由于减少了接缝，于是路轨的强度增加，摩擦力减小，维修工作量相应较少，车辆行驶更顺畅平稳，更便于高速度行驶，而且减少了噪声。城市轨道交通系统的轨道结构中已经大量采用此种连接安装方法。

持续焊接的钢轨仍然可以在需要的地方设置接头，但这些接头多数都不呈平面，而是呈斜面，即将钢轨末端的接口处制成斜切面，使接头处的可伸缩长度增加，以满足长轨所需要的伸缩量，车轮经过时振动及噪声也会大大减少，这种接头被称为"伸缩接头"。

### 4. 钢轨的功能

钢轨是轨道的组成部分，其功能是直接承受车轮传递的车辆荷载等，并引导车辆的运行方向。此外，在城市轨道交通系统中，钢轨还兼有电路功能。

除上述功能外，钢轨有时还起到安全保护作用，这时钢轨被称为"护轨"。常用的护轨有防脱护轨、桥上护轨和道岔护轨等,具体如下。

（1）防脱护轨。

当车辆高速转弯时,外侧的轮缘会对相应钢轨产生极大的压力,为防止钢轨负荷过重,在内弯的轨条处会装设一段钢轨,使另一边的钢轨分担车辆转向时所产生的离心力,通常附加的钢轨会比正常的钢轨高一些,以加强保护效果。

（2）桥上护轨。

桥上护轨是在钢轨两侧分别装设的两段钢轨,以防止车辆在桥上或高地出轨时继续向外冲。

（3）道岔护轨。

道岔护轨是在道岔区为防止车轮在岔心处进错路线而安装的护轨,如图 7.1 所示。

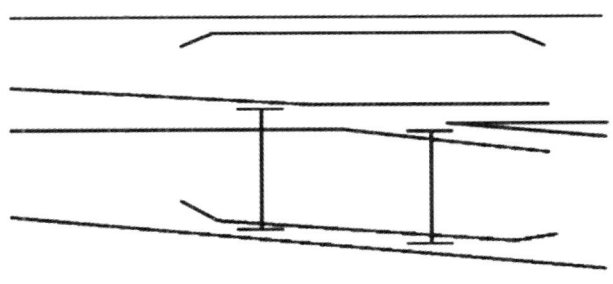

**图 7.1　道岔护轨**

**5. 钢轨的损伤与维修养护**

钢轨损伤指钢轨在使用过程中产生折断、裂纹、磨耗,以及其他影响和限制钢轨使用性能的损伤,具体内容如下。

（1）钢轨折断指钢轨全断面至少断成两部分、裂缝已经贯通整个轨头断面或轨底断面、钢轨顶面有较大的掉块。钢轨折断后将直接威胁行车安全,应及时更换。

（2）钢轨裂纹指钢轨部分材料产生分离形成的裂纹。

（3）钢轨磨耗指小半径曲线上钢轨的侧面磨耗和波浪磨耗。垂直磨耗一般情况下属正常的磨耗。

（4）其他损伤,包括钢轨接触疲劳损伤、钢轨产生纵向疲劳裂纹而导致剥离、轨头因内部存在微小裂纹或缺陷而产生内部损伤、轨腰螺栓孔裂纹等。

虽然现代钢轨的质量、耐久性和可靠性都非常好,但钢轨的日常养护仍是十分重要的。除要及时更换、调换部分或全部钢轨外,还要对钢轨进行整修,包括磨修和焊修,以修补轨端的不均匀磨耗、掉块或擦伤;定期对钢轨进行打磨,以消除和延缓钢轨表面接触疲劳层的剥离掉块,改善钢轨的平面及纵面状况。钢轨打磨主要分为三类,即修理性打磨、预防性打磨和钢轨断面廓形打磨。

## 7.1.2 轨枕

### 1. 轨枕的概念

轨枕是承垫于钢轨之下,将钢轨所承受的压力和应力分散传递到道床上,同时又能有效地保持钢轨轨距和方向几何形位的基础轨道部件。

轨枕要有必要的坚固性、弹性和耐久性,能固定钢轨,有抵抗纵向和横向位移的能力;能阻止钢轨因车辆行驶而被拖动,保持钢轨的轨距和方位;当车辆经过时,可以适当变形以缓冲压力,在车辆通过后还应能尽量恢复原状。

### 2. 轨枕的分类

(1)按制造材料分类。

轨枕按制造材料分为四种,具体如下。

①木枕。

木枕的制造材料为木材,制造木枕的木材须经过特殊加工和防腐处理。

木枕的优点:木材的弹性和绝缘性较好,受周围介质温度变化的影响小,质量小,加工和在线路上更换简便,并且有足够的位移阻力;比其他轨枕更能吸收车辆行驶时所产生的重力而不易断裂;其使用寿命一般在15年左右。

木枕的缺点:木枕容易腐蚀,而且木枕上的道钉孔会因使用日久而松弛,木枕的强度始终不足以承受长轨带来的巨大应力,加上其寿命远远不及钢筋混凝土轨枕,所以通常只应用于临时轨道或需承受较大震荡作用的道岔。

②钢筋混凝土轨枕。

钢筋混凝土轨枕由钢筋和混凝土浇筑而成,按结构形式可分为整体式、组合式和短枕式。整体式轨枕整体性强、稳定性好、制作简便,在线路上广泛使用;组合式轨枕由两个钢筋混凝土块组合而成,整体性不如整体式轨枕,但钢杆承受正负弯矩的能力比较强,在一些国家取得了很好的使用效果;短枕式轨枕又称"半枕式轨枕",主要用在整体道床上。

钢筋混凝土轨枕的优点:使用寿命长、稳定性强、养护工作量小,损伤率和报废率比木枕要低得多;在无缝线路上,相比木枕,钢筋混凝土轨枕的稳定性高、自重大,更能有效地防止钢轨爬行,增加轨道的稳定性,更适用于高速线路。钢筋混凝土轨枕在城市轨道交通线路上已经得到了广泛应用。

钢筋混凝土轨枕的缺点:造价高,而且笨重,搬运不便;若轨道交通线路上常有重载车辆行驶,轨枕容易断裂。

③钢枕。

钢枕是由钢材铸造而成的,金属消耗量大,造价不菲,也笨重,所以没有广泛应用。

④塑料轨枕。

塑料轨枕由回收的聚乙烯制造而成,目前只在一些国家处于试用阶段。塑料轨枕的耐腐蚀性是木枕的 3 倍以上,在加工时更容易使其表面变粗糙,安装在路基上不会滑动,而且安装方便,可以直接使用与木枕相同的设备和紧固件。当然,塑料轨枕的成本高于木枕,一旦成本降下来,将会得到迅速推广。

(2) 按构造分类。

轨枕按构造可分为三类,具体如下。

①横向与纵向轨枕。

横向轨枕与钢轨垂直间隔铺设,是一种常用的轨枕;纵向轨枕的基本设计思路是将现有的横向放置的普通轨枕旋转 90°,沿钢轨纵向布置,两股钢轨下的轨枕依靠横向钢筋或钢棒连接,用以保持轨距、方向等轨道几何形位,使轨枕与钢轨共同承受车辆荷载造成的弯矩,以减轻钢轨的负荷。但在使用过程中发现,纵向轨枕连接部位由于受轮轨的作用力较大,除轨枕易破坏外,保持轨道的几何形位也存在较大困难,因此未能推广应用。

②短轨枕与长轨枕。

短轨枕是在左右两股钢轨下分开铺设的轨枕,常用于混凝土整体道床;长轨枕相较于普通轨枕长度要长,多用于道岔和安装有第三轨支架的路段。

③宽轨枕。

宽轨枕的长度与普通轨枕基本相同,只是宽度约增加一倍。一根宽轨枕上设两组扣件。宽轨枕经常和长钢轨配合使用。

宽轨枕扩大了轨枕在道床上的支撑面积,减小了轨道的总下沉量,并能使车辆通过时的道床振动加速度有所下降,从而大大提高轨道的承载能力及稳定性,适用于运量大、轨道下部基础差的线路;同时,宽轨枕能保持道床的整洁和排水畅通,减少维修、养护工作量。

(3) 按铺设位置分类。

轨枕按铺设位置不同分为普通轨枕、道岔区岔枕和桥枕三种。而轨枕又因应用范围和铺设位置不同,长度也不同。在我国,普通轨枕长度为 2.5 m,道岔区岔枕和钢桥上用的桥枕长度为 2.6~4.85 m。

①普通轨枕适用于区间线路,主要是钢筋混凝土轨枕。

②道岔区岔枕。相较于区间线路的轨枕,道岔区的岔枕在形状、长度和抗振方面有

特殊的要求,如长度较长、弹性较好等。由于岔枕上至少要安装四条钢轨,不同地点的岔枕长度和扣件螺栓孔位置均不一样,所以对于岔枕的要求也不尽相同。岔枕多采用木枕。

③桥枕。桥枕是专门为在高架桥上使用而制造的轨枕。桥枕上需要设置护轨,因此多为特型的钢筋混凝土轨枕。它们的性能稳定、使用寿命长、维护工作量小,只是铺设时略显复杂。

**3. 整体道床轨枕的种类**

整体道床常用轨枕类型有钢筋混凝土短轨枕、预应力混凝土长轨枕及双块式轨枕等,具体内容如下。

(1)钢筋混凝土短轨枕。

钢筋混凝土短轨枕所用混凝土强度等级为 C50,短轨枕底面设楔形坡,以便道床混凝土振捣密实,轨枕底部伸出钢筋钩,加强轨枕与道床的连接。钢筋混凝土短轨枕具有结构简单、设计及施工灵活、运输堆放方便及成本低等特点。

(2)预应力混凝土长轨枕。

预应力混凝土长轨枕在工厂预制,其混凝土强度等级为 C50 或 C60,轨枕立面预留横向孔,以便道床纵向钢筋穿过,加强轨枕与道床的连接。预应力混凝土长轨枕具有结构强度高、稳定性好及施工精度高等特点,但造价稍高,且由于为预应力混凝土结构,随着时间推移会产生收缩变形,轨枕与道床之间会产生裂缝。

(3)双块式轨枕。

双块式轨枕由两块钢筋混凝土短轨枕和中部及底部桁架钢筋连接组成,桁架钢筋有利于加强轨枕与道床的连接。双块式轨枕施工便捷、精度高,与道床构成整体结构,但其制造、养护成本高,且运输及堆放比较麻烦。

# 7.1.3 扣件

**1. 扣件的概念与构成**

扣件是用于连接钢轨与轨枕的零件。

扣件由钢轨扣压件和轨下垫层两部分组成。主要包括:①弹性扣件,用来把钢轨紧扣在轨枕上;②承托物,作用是把扣件固定于枕木上;③弹性垫板,使钢轨与枕木之间互相绝缘,避免钢轨漏电,并且能够增加轨道弹性。

**2. 扣件的作用**

扣件的主要作用是将钢轨固定在轨枕上,以保持轨距,阻止钢轨的横向、纵向移动,并能提供适当的弹性。

由于线路情况与轨枕不同,对于扣件性能(如扣压力、弹性和可调性等)的要求也不尽相同。一般扣件应具备如下性能。

(1)足够的扣压力。这是钢轨和轨枕连接的重要保证,通常要求扣件纵向阻力大于道床的纵向阻力。当然扣压力也不宜过大,否则会使扣件弹性急剧下降,影响扣件的使用寿命。

(2)适当的弹性。适当的弹性可减小荷载对道床的压力及车辆振动加速度,延长部件的使用寿命。扣件的弹性主要由橡胶垫板和弹条等部件提供。

(3)一定的可调性。扣件应具有一定的水平和轨距调整量。当曲线地段的轨距需要加宽或钢轨磨耗使轨距扩大时,都需要通过扣件对轨距进行调整;当进行线路维修时,也需要通过扣件来调整两股钢轨的水平度。

(4)可靠的绝缘性。由于轨道电路的需要,并为防止杂散电流的出现,在钢轨与轨枕连接的过程中要有可靠的绝缘性能。

**3. 扣件的种类**

线路的环境条件不同,所需扣件的种类也有所不同。按结构不同,扣件可分为弹条式扣件、扣板式扣件和弹片式扣件。

(1)弹条式扣件。

弹条式扣件主要由螺纹道钉、螺母、垫圈、弹条、轨距挡板、挡板座及弹性垫板等零件组成,为弹性扣件,其结构如图 7.2 所示。采用弹条作为钢轨扣压件,既利用了材料的弯曲变形及扭转变形性能,又不存在断面削弱问题,其结构形式比较合理。弹条式扣件具有压力大、弹性好、扣压力损失较小,能较好地保持轨道几何形位等优点,现已成为我国城市轨道交通线路建设中使用的主要扣件。但它也有设计和制造较复杂的缺点。

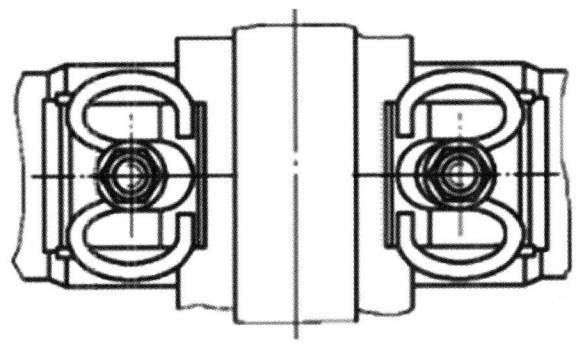

**图 7.2　弹条式扣件结构**

（2）扣板式扣件。

扣板式扣件主要由扣板、螺纹道钉、弹簧垫圈、铁座及绝缘缓冲垫片等组成，为刚性扣件，其结构如图 7.3 所示。其优点是零件少、构造简单、调整轨距比较方便；其缺点是用弹簧圈作为弹性元件，弹性不足，扣压力较小，在使用过程中容易松动。目前已逐渐被弹条式扣件所替代。

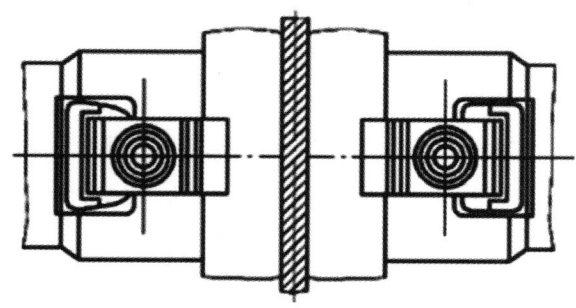

图 7.3　扣板式扣件结构

（3）弹片式扣件。

弹片式扣件主要由螺纹道钉、螺母、平垫圈、弹片、轨距挡板及弹性垫板等零件组成，为弹性扣件。弹片式扣件采用拱形弹片扣压钢轨，并用轨距挡板代替铁座以调整轨距和传递横向推力给轨枕挡肩。拱形弹片用弹簧钢制成，弹片的一端扣压轨底顶面，另一端则支撑在轨距挡板上。由于拱形弹片的强度不足，容易变形甚至折断，其使用已不多。

除上述分类外，扣件按其本身弹性可分为刚性扣件和弹性扣件；按轨枕有无挡肩可分为有挡肩扣件和无挡肩扣件；还有其他类型的特殊扣件，如专门用于轨距和水平调整量较大场景的调高扣件、用于板式无砟轨道或整体道床等新型轨道的特殊扣件等。

## 7.1.4　道床

### 1. 道床的概念与作用

（1）道床的概念。

道床指路基、桥梁或隧道等下部结构之上，钢轨、轨枕之下的碎石、卵石层或混凝土层，它是钢轨或轨道框架的基础，如图 7.4 所示。

道床的断面形状一般为上窄下宽的梯形，主要涉及道床顶宽、道床厚度和道床边坡坡度三个尺寸。道床顶宽指道床表面沿与线路垂直方向量取的总宽度；道床厚度指自钢轨正下方轨枕底起量至路基表面的尺寸；道床边坡指道床顶面与侧斜面交线至路基面间的斜面，其坡度用同一轨道断面边坡线上任意两点间高度差与水平距离之间的比值表示。

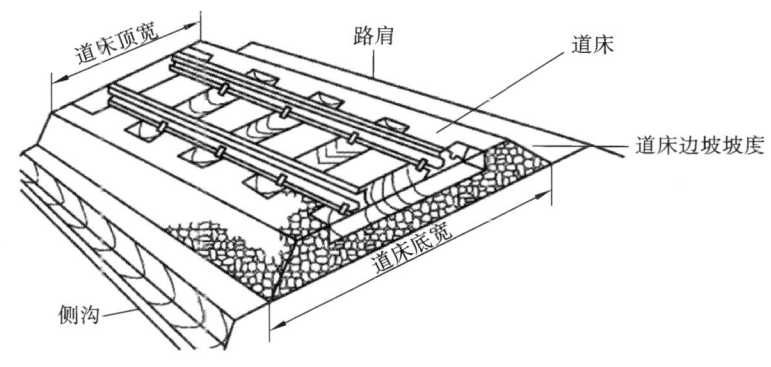

**图 7.4　道床断面**

（2）道床的作用。

道床的主要作用是支撑轨枕，把来自轨枕上部的巨大荷载均匀地分布到路基上，以减少路基的变形。道床依靠本身和轨枕间的摩擦起到固定轨枕位置、阻止轨枕纵向或横向移动的作用。

道床的具体作用：①分压，将来自轨枕的巨大荷载分散并传递给路基，使路基所承受的应力均匀；②约束轨道框架，提供道床阻力以约束轨道框架，保持轨道的方向和高低等几何形位；③增弹减派，提供轨道所需要的弹性和阻己，衰减车辆通过时产生的振动，避免过大的动作用力传到路基等下部结构上；④排水，道床所使用的透水性材料，可提供良好的排水性能，对减轻轨道冻害及提高路基的承载能力有着重要的作用；⑤方便维修、养护，轨道在车辆行驶过程中产生的不平顺及方向不良可以通过一些道床维护方法加以整治。

**2. 道床的种类**

道床一般分碎石道床、整体道床、沥青道床及新型道床等几类，具体如下。

（1）碎石道床。

碎石道床又称为"有砟道床"，是一种比较常见的道床形式。碎石道床通常指在轨枕下面、路基面上铺设的石砟（道砟）垫层，由具有一定粒径、级配和强度的硬质碎石堆集而成，在次要线路上也可以使用级配卵石或粗砂。

碎石的主要作用是把车辆荷载平均分布到路基上，并防止轨道因行车荷载而产生位移。碎石的块与块之间存在着空隙和摩擦力，使得轨道具有一定的弹性，能吸收车辆运行带来的冲击和振动，使车辆运行比较平稳，大大改善车辆和钢轨、轨枕等部件的工作条件。碎石也有容易排水和方便调校轨道位置等优点。但碎石轨道容易因行车而产生位移，且容易滋生杂草，所以碎石道床的保养、维护成本较高。

（2）整体道床。

整体道床又称"混凝土整体道床"，也称"无砟道床"，是现代城市轨道交通中常用的道床形式。整体道床指在坚实基底上直接浇筑混凝土以取代传统道砟垫层的轨下基础，常用于隧道内和无砟桥梁上。

整体道床的优点：整体性强，纵向、横向稳定性好，具有较高的可靠性；其高平顺性和均匀的轨道弹性使轨道交通工具的乘坐更显舒适；整体道床坚固、稳定、耐久，使用寿命长；维修工作量较少，维修成本较低；表面整洁；建筑高度较小，减少隧道净空，节省投资，综合经济效益好。此外，无砟轨道上的无缝线路不会发生胀轨跑道，高速行车时不会有石块飞溅而造成伤害；发生紧急事件时，救援车辆可以直接上道等。

整体道床的缺点：造价高昂，且要求较高的施工精度、使用特殊的施工方法；在运营过程中，一旦出现问题，整治非常困难，如一旦发生基底沉陷，修补极为困难。

整体道床又可分为无枕式整体道床和轨枕式整体道床两种，具体如下。

①无枕式整体道床。

无枕式整体道床也称"整体灌注式道床"，其建筑高度较小，主要采用就地连续灌注混凝土基床或纵向承轨台。一些国家和地区修建城市轨道交通隧道时常采用这种道床。这种道床结构简单，减振性能较好，但冲击振动要比轨枕式整体道床大。此外，施工时需采用刚度较大的模架，施工较为复杂。

②轨枕式整体道床。

轨枕式整体道床可分为短枕式整体道床和长枕式整体道床两种。

a. 短枕式整体道床。轨道建筑高度一般为 5500 mm 左右，道床厚度一般不小于 1600 mm，并设有中心排水沟。这种道床稳定、耐久，结构比较简单，施工方法简便，进度较快。这种道床经过多年的运营使用，状态良好。天津地铁就铺设了这种道床。

b. 长枕式整体道床。这种道床设有侧向水沟，一般长轨枕预留圆孔，让道床纵筋穿过，加强了与道床的连接。它适用于软土地基隧道，可采用排轨法施工，施工快。上海地铁铺设了这种道床，使用状况良好。

（3）沥青道床。

沥青道床指为了改善普通碎石道床的散体特性而加入乳化沥青或沥青砂浆使其稳定的一种道床。沥青道床大致可分为沥青灌注式道床、沥青混凝土面层式道床和沥青垫层式混凝土道床。

①沥青灌注式道床。

沥青灌注式道床保留了原有碎石道床的形式，只是在石砟的缝隙中灌注适当的沥青混合材料或乳化沥青水泥砂浆，使道床固结，如图 7.5 所示。

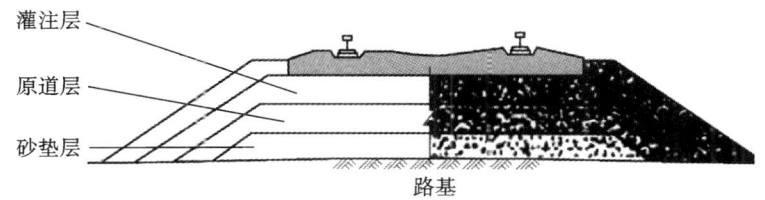

**图 7.5　沥青灌注式道床**

②沥青混凝土面层式道床。

沥青混凝土面层式道床又称"铺装道床"，类似于公路沥青路面的道床结构。道床分为基层和面层两部分，基层用砂石铺筑，面层采用搅拌热沥青混凝土辗压成型，承受轨枕作用并隔离地表水。在沥青面层与轨下部件底面之间，一般需设置一个水泥砂浆调整层，以便调整轨下部件的水平、高低和方向等。

③沥青垫层式混凝土道床。

沥青垫层式混凝土道床是指在混凝土整体基础上铺设一层含有沥青材料的垫层，垫层上面再铺设轨下部件，如宽轨枕或轨道板等，如图 7.6 所示。此种道床多用于隧道内、高架桥上或石质路基上。

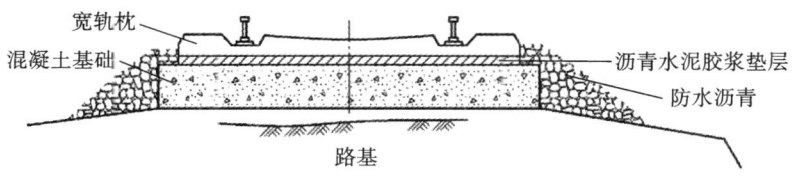

**图 7.6　沥青垫层式混凝土道床**

沥青道床整体性强、弹性好，能增加线路强度，延缓轨道下沉，使道床稳定性有很大的提高，从而大大减少线路的维修工作量。其缺点是对沥青材料的性能要求比较高，并需配合使用能大幅度调整轨距及轨面高低的扣件，以适应养护工作的需要。

（4）新型道床。

随着城市轨道交通的发展和城市对环境要求的不断提高，原有的一些道床形式已经不太适应需求，于是各国开始不断研制和改进道床结构，出现了一些可以适应新发展、满足新需求的新型道床，如减振浮动道床，如图 7.7 所示。

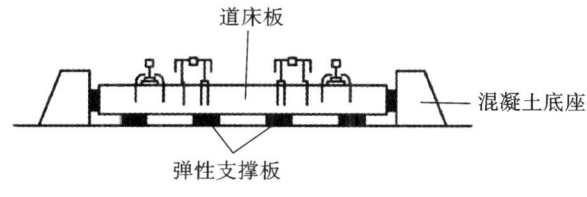

**图 7.7　减振浮动道床**

减振浮动道床由弹性支撑板、橡胶垫板、道床板、混凝土底座及配套扣件构成,是具有减振作用的道床形式。其工作原理是以线圈弹簧或弹性支撑板托起整个轨框结构,以阻绝振动的传递,使轨道的振动减少,从而达到隔振、减振和降低噪声的目的。

德国、英国、美国、日本、韩国和新加坡等国家的大多数城市轨道交通都采用了这一新型道床结构,其减振、降噪的效果已得到普遍的认同。随着城市轨道交通的发展,弹簧浮置板减振道床也在我国的北京、上海、广州和香港等地得到推广应用。

**3. 道床的病害与维修**

由于车辆荷载的反复作用,轨道道床特别是碎石道床很容易产生病害,如道床变形、道床脏污、道砟粉化、道砟坍塌、道床翻浆及道床板结等。

道床病害对轨道工作性能有较大的影响,如影响道床承载能力、降低道床弹性、降低道床的排水性能和抗冻性能等;道床病害也直接影响路基的工作性能,如导致路基出现大量不均匀沉降等。当道床病害发展到一定程度时,就必须进行整治,如进行道床清筛等。整治道床病害是碎石道床轨道的主要养护、维修工作之一,如捣固、清理、更换及补充道砟等。现在道床的维护工作多数是由自动化的工程车辆来完成的。

# 7.1.5 道岔

**1. 道岔的概念**

道岔是使车辆从一股道转入另一股道的线路连接设备,通常在车站、车辆段和停车场大量使用。

由于道岔具有数量多、构造复杂、使用寿命短、限制车辆速度、行车安全性低和养护维修投入大等特点,它与曲线、接头并称为"轨道的三大薄弱环节"。

**2. 道岔的构成**

道岔是个大家族,最常见的是普通单开道岔,主要由转辙器、连接导轨、辙叉及护轨三部分组成,如图 7.8 所示。

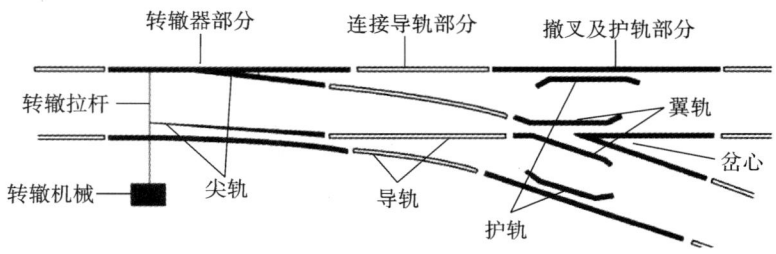

**图 7.8  单开道岔的构成**

（1）转辙器部分。

转辙器部分主要包括转辙机械、尖轨、转辙拉杆等。

①转辙机械：用来控制轨道变线连接的设备。按其动力类型可分为电动和手动两种；若按操纵方式分类，则有集中式和非集中式两类。

②尖轨：两条可以水平移动的钢轨，可分为直线型和曲线型两种。尖轨用于引导车轮进入导轨，依靠尖轨的摆动，将列车引入正线或侧线方向。尖轨与基本轨的贴靠方式主要有贴尖式与藏尖式两种。

③转辙拉杆：一根用来控制尖轨转换位置的拉杆，并与转辙机械相连，以实现尖轨的摆动。

（2）连接导轨部分。

连接导轨部分指引导车轮进入辙叉的一组或多组轨道。连接导轨分直线导轨和曲线导轨两种。

（3）辙叉及护轨部分。

辙叉是用来引导车轮准确地进入岔心的一组钢轨，由岔心（岔心又称"辙叉心"，是用来连接两边轨道的钢轨）、翼轨（翼轨是在内侧轮轨紧邻岔心处设置的钢轨，翼轨与岔心间形成必要的轮缘槽，引导车轮行驶）和连接零件组成。辙叉按平面形式分为直线辙叉和曲线辙叉两类；按构造类型分为固定辙叉和活动辙叉两类。直线式固定辙叉又分两种，即整铸辙叉和钢轨组合式辙叉。活动辙叉有可动心轨式辙叉、可动翼轨式辙叉及其他消灭有害空间的辙叉。

护轨设于固定辙叉的两侧，用以控制车轮的轮缘，使之进入设定的轮缘槽内，防止与岔心碰撞。

**3. 道岔的组合形式与种类**

（1）道岔组合的基本形式。

道岔组合的基本形式有三种，即线路的连接、交叉、连接与交叉组合。常用的线路连接可采用各种类型的单开道岔和复式交分交叉道岔；交叉采用直角交叉和菱形交叉；连接与交叉的组合采用交分道岔和交叉渡线等。

（2）常用道岔的种类。

①单开道岔。单开道岔是主线为直线，侧线向主线的左侧或右侧分支的道岔。这种形式的道岔最为常见。

②双开道岔。双开道岔又称"对称道岔"，呈 Y 形，即与道岔相衔接的两股道向两侧分岔。

③三开道岔。三开道岔可同时衔接三股道，由两组转辙机械操纵两套尖轨组成。

④交分道岔。交分道岔又称"多开道岔"或"复式交分道岔"。交分道岔呈 X 形,实际上相当于四组单开道岔和一副菱形交叉的组合,它起到了两个道岔的作用,且占地较少。在连接几条平行线路时,相较于单开道岔,交分道岔连接的长度缩短得更为显著,而且车辆通过时弯曲较少、走行平稳、速度较快,瞭望条件也较好。交分道岔的缺点是构造复杂、零件数量较多、维修较困难。

⑤交叉渡线。交叉渡线是将复式交分道岔的 X 形的上面两点和下面两点分别连接起来,由四组单开道岔和一组菱形交叉组合而成。它不仅能连接较多的方向,而且占地不多,所以经常在车站采用。

⑥菱形交叉。菱形交叉由两组锐角辙叉和两组钝角辙叉组成,但没有转辙器,所以股道之间不能转线。

**4. 道岔的扳动方式**

道岔的扳动方式主要分为电动和手动两种,具体如下。

(1)电动扳动。

电动扳动是依靠电动机的动力来推动转辙拉杆,从而扳动尖轨的扳动方式。这种设计的好处是转辙工作可以由计算机或人工遥距控制,并能借助联锁电路监控道岔的开通方向,使车务控制更为自动化和安全。

(2)手动扳动。

手动扳动是利用人力借助杠杆去扳动尖轨的扳动方式。正因为这种设计操作不便,所以只会在车次极为稀疏的非主要路轨使用,在城市轨道交通系统中这种形式几乎已不再使用。

# 7.2　无砟轨道的类型

## 7.2.1　板式无砟轨道

### 1. 板式无砟轨道的优点

板式无砟轨道的优点如下。

(1)轨道结构高度小,自重轻,造价低,组装、施工进度快。

(2)适宜工厂化、机械化生产,劳动强度低。

(3)采用乳化沥青砂浆作为轨道板与混凝土基础板的隔离层和调整层,便于对轨道施工中产生的误差进行控制和调整,也便于修复。

因此,板式无砟轨道被广泛应用于城市轨道交通系统中的路基、桥梁、隧道和跨桥过渡段。

### 2. 板式无砟轨道的类型

板式无砟轨道一般分为普通型和减振型两种。普通型板式无砟轨道由钢轨、扣件、预制混凝土轨道板(简称"轨道板")、水泥沥青(cement asphalt)砂浆调整层(简称"CA 砂浆调整层")、混凝土凸形挡台(简称"凸形挡台")及混凝土底座(简称"底座")等部分组成。凸形挡台周围采用树脂材料充填,扣件垫板上设置充填式垫板。减振型板式无砟轨道的结构组成除在轨道板底面设置有橡胶垫层外,其余与普通型板式无砟轨道相同。

### 3. 板式无砟轨道的基本构造

板式无砟轨道的基本构造包括轨道板、底座、凸形挡台、CA 砂浆调整层、板下橡胶垫层和充填式调高垫板,具体如下。

(1)轨道板。

轨道板的形式、尺寸既要考虑使轨道受力均匀,又要兼顾在制造、装载运输及施工时的可操作性。轨道板的宽度首先要满足结构及制造工艺要求,其次要考虑传递车辆荷载的有效范围,并尽可能减少传递到板下结构的荷载应力及作用在板上的弯矩。轨道板的宽度减小,则板的横向正弯矩减小,纵向弯矩及横向负弯矩增大。

轨道板的厚度主要由结构强度及配筋要求决定,在结构强度允许范围内,一般板的厚度取 190 mm。考虑到方便铺设及维修,在板两端的中部设置半圆形缺口,以便配合设在底座上的凸形挡台。

(2)底座。

底座是板式无砟轨道的支撑基础,其主要功能有:①修正在板式无砟轨道施工前下部基础的变形与施工偏差(如桥梁上拱、路基沉降);②满足曲线地段板式无砟轨道超高设置需求。

底座宽度的设计应在保证结构强度的前提下,考虑板式无砟轨道施工设备和机具的使用需要,底座宽度一般为 2600～3000 mm。其厚度和配筋应根据下部基础的变形(如桥梁的跨中挠度、路基承载力以及不均匀沉降等)条件来确定,厚度根据具体铺设区段的基础支撑条件计算确定。由于缓和曲线地段的超高是逐渐变化的,每个底座单元的高度应根据超高变化合理设置。底座伸缩缝对应凸形挡台中心位置,宽度为 20 mm 用沥青板填充。

曲线超高在底座上设置,缓和曲线及圆曲线范围内的底座厚度根据实际设计超高计算确定。根据我国板式无砟轨道的设计经验,要求底座的最小厚度为 100 mm,特别是曲线地段的内侧轨道,其下部基础的施工有偏差,为保证 CA 砂浆调整层的厚度,很容易造成底座厚度不足,这点除了在设计中给予考虑,在下部基础施工过程中也应严格控制顶面高程偏差。

（3）凸形挡台。

凸形挡台作为板式无砟轨道的重要组成部分,其主要功能是限制轨道板的纵、横向位移。设计采用圆形截面,外形必须与轨道板相匹配。凸形挡台顶面应与板顶面基本保持在同一高度,既能保证板端面受力均匀,又不凸出过高,凸形挡台高度一般为 250 mm。凸形挡台周围采用弹性好、强度高的树脂材料替代 CA 砂浆。底座内应预设连接凸形挡台的钢筋。凸形挡台的结构配筋应考虑线路最大纵向力、横向力,以及与底座间的连接要求。

凸形挡台是板式无砟轨道的限位装置,直接承受线路的纵向力和横向力。为便于现场施工,板式无砟轨道底座与凸形挡台所用混凝土的强度等级应一致。

（4）CA 砂浆调整层。

通常采用 CA 砂浆作为调整层填充材料。该材料兼具水泥砂浆的强度、耐久性与沥青砂浆的弹性,具有良好的施工性,可以满足充填轨道板与底座空隙的要求。在满足结构受力的前提下,普通型和减振型板式无砟轨道的板下 CA 砂浆调整层厚度分别为 50 mm 和 40 mm。

（5）板下橡胶垫层。

在无砟轨道与有砟轨道过渡段及特殊减振区段,应采用减振型板式无砟轨道。减振型板式无砟轨道在钢轨下部轨道板底粘贴橡胶垫层,在线路中部轨道板底设泡沫聚乙烯中空材料,其厚度均为 20 mm。

（6）充填式调高垫板。

当板式无砟轨道应用于轨面标高渐变的缓和曲线与竖曲线地段时,采用最小厚度为 2 mm 的轨下调高垫板难以实现对板长范围内不平顺轨道的精细调整,必须有与板式无砟轨道相配套的充填式调高垫板,以满足快速线路的高平顺性要求。

充填式调高垫板在日本新干线板式无砟轨道结构上得到广泛应用。日本山阳新干线中大量采用板式无砟轨道,并研制出一种内腔充填树脂（PV101 型）的囊袋式无级调高垫板,用来精确调整轨面的标高。其安放位置:①直结 4 型不分开式扣件插入轨下垫板与轨道板之间;②直结 5、7、8 型分开式扣件插入轨下垫板与铁垫板之间。

**4. 板式无砟轨道的设置要求**

（1）路基上板式无砟轨道的设置要求。

在路基面构筑的混凝土支撑层上,直接构筑底座与凸形挡台。支撑层的厚度和宽度应根据结构承载能力、荷载传递特性及道床厚度确定。通常,路基上支撑层的宽度为3200～3800 mm,厚度根据支撑条件来计算确定,但不得小于 300 mm。每隔两个板单元设一个横向伸缩缝,宽度为 20 mm,用沥青板填充。

由于板式无砟轨道底座直接构筑在混凝土支撑层上,因此过渡段区域的混凝土支撑层内应预埋与底座间连接的钢筋。

为防止地面水渗入路基,对混凝土支撑层两侧的路基面应采取沥青混凝土封闭或其他防水措施。在施工过程中,还应注意混凝土支撑层两侧与防水层搭接处的防水处理。

（2）隧道内板式无砟轨道的设置要求。

与路基、桥梁相比,隧道基础为无砟轨道应用提供了较好的承力层。除过渡段外,与路基相比,隧道内板式无砟轨道的设置简单得多。此外,隧道内板式无砟轨道还具有温差小、紫外线强度弱等优点。借鉴日本板式无砟轨道在隧道内的应用经验,以及我国有关隧道内板式无砟轨道的试验,隧道内板式无砟轨道的底座与凸形挡台可直接在隧道基底回填层上构筑。

隧道内板式无砟轨道底座混凝土伸缩缝的设置:洞内每三个轨道板单元(长约 15 m)设置一个混凝土伸缩缝;从洞口向内延伸 200 m 范围内,约每 5 m 设置一个混凝土伸缩缝。为保证与隧道沉降缝变形协调,底座相应在沉降缝处设置伸缩缝。双线线路中心积水可通过底座内预埋的横向排水管与外侧水沟相连来排出。排水管的直径及设置间距则根据隧道具体水文情况确定。

（3）桥梁上板式无砟轨道的设置要求。

可以认为轨道沿路基纵向是不移动的,但是桥梁却由于受制动力、牵引力和温度荷载的影响会产生纵向位移。无砟轨道在与桥梁进行力的传递时,桥梁上部结构和轨道上部结构的过渡区会因为端部的扭转及下部的变形在轨道上出现向上的力。

高架桥梁板式无砟轨道的底座直接在桥面上构筑,为保证无砟轨道结构与梁体的连接可靠,实现梁体与无砟轨道道床间结构变形的协调,在混凝土底座范围内的桥面应设置一定数量的连接钢筋。连接钢筋的数量应根据无缝线路纵向力的大小及无砟道床与桥面间的摩擦力大小来确定。

根据桥梁无砟轨道技术条件的要求,应尽量减小梁端转角和变形对扣件系统的影响,必须控制轨道板、道床板结构端部与第一个扣件节点中心的距离大于 250 mm。

## 7.2.2　双块式无砟轨道

双块式无砟轨道的道床采用混凝土现场浇筑,便于施工,道床板与底座的宽度设计一致,适合在各种环境条件下铺设。

**1. 双块式无砟轨道的组成**

双块式无砟轨道由钢轨、扣件、双块式轨枕、道床板及底座(路基和隧道区段可不设)五部分组成。

**2. 双块式无砟轨道的设置要求**

(1) 路基上双块式无砟轨道的设置要求。

①在路基基床结构的表层(级配碎石层)构筑混凝土支撑层。混凝土支撑层的宽度一般为 3200～3800 mm,厚度一般不小于 300 mm;伸缩缝采用 20 mm 厚的沥青板进行填充,伸缩缝间距为 10 m 左右。

②道床板直接在混凝土支撑层上构筑。在过渡段区域(如路桥、路隧等),混凝土支撑层内应预埋连接道床板的钢筋,以增强结构的整体性。

③混凝土支撑层两侧的路基面采用沥青混凝土封闭或其他防水措施。

(2) 隧道内双块式无砟轨道的设置要求。

①隧道内道床板直接在隧道基底回填层上构筑。

②由于隧道内温度变化小,道床板混凝土伸缩缝的间距可适当增大;在隧道洞口附近 200 m 范围内,温度变化较大,伸缩缝间距应缩小。隧道内的道床板每隔三个板单元设一个横向伸缩缝;在距隧道洞口 200 m 范围内,每隔一个板单元设一个横向伸缩缝。伸缩缝的位置应结合隧道内沉降缝确定。

(3) 桥上双块式无砟轨道的设置要求。

①桥上双块式无砟轨道设有底座,直接在桥面上构筑,并通过梁体预埋钢筋与桥梁相连。

②在桥上双块式无砟轨道底座单元的端部设置凹槽,以限制上部道床板的纵、横向位移。凹槽尺寸应根据桥上无缝线路纵向力、横向力的最大值计算确定。混凝土支撑层两侧的路基面应采用沥青混凝土封闭或其他防水措施。

③底座与道床板之间应设置隔离层。

## 7.2.3 长枕埋入式无砟轨道

长枕埋入式无砟轨道适用于道岔区,其组成和设置要求如下。

**1. 长枕埋入式无砟轨道的组成**

长枕埋入式无砟轨道由钢轨、扣件、轨枕、道床板及混凝土支撑层等部分组成。

**2. 长枕埋入式无砟轨道的设置要求**

(1) 在路基基床上构筑混凝土支撑层,其内应预埋与道床板连接的钢筋。

（2）道岔道床板的宽度、钢轨支点间距根据上部道岔结构尺寸确定。

（3）道床板表面应设横向排水坡。道岔区的混凝土道床宽度相对较大，表面排水坡度应根据道床板在道岔区的具体位置确定。

（4）道床板所用混凝土强度等级不低于 C40。

（5）道床板扣件、垫板与混凝土道床板的连接应稳定、可靠。

（6）道床板长度宜为 4000～6000 mm，板间设 20 mm 的伸缩缝，用沥青板填充。伸缩缝宜避开牵引点、钢轨接头至少 1.2 m。道床板表面设置横向排水坡。

（7）道岔区范围内的轨道刚度应合理匹配。目前，我国道岔区使用的轨下胶垫刚度较大（100～150 kN/mm），而区间无砟轨道线路使用的轨下胶垫刚度为 30～50 kN/mm，两者差异较大。在轨下胶垫刚度难以降低的情况下，必须设置轨道刚度过渡段。因此，道岔前后端与区间轨道之间应设置至少 30 m 的轨道刚度过渡段，分级过渡。

（8）无砟道床的结构设计应考虑电气设备的安装要求。对转辙机械区段的道床，为满足转辙拉杆净空的要求，必须在设计上预留相应的空间，预留槽的宽度、该处的轨枕间距、轨枕宽度及最外层钢筋混凝土保护层的厚度等，应根据转辙拉杆的设置需求而定，同时要考虑满足相关规范的要求。

# 7.3　无砟轨道的施工

## 7.3.1　无砟轨道基本施工工序

### 1. 板式无砟轨道基本施工工序

板式无砟轨道的基本施工环节是轨道板铺设与 CA 砂浆灌注，而这两方面的工作都与施工现场的具体条件密切相关，同时也取决于可利用的施工工期，以及施工单位的机具、材料等。

### 2. 双块式无砟轨道和长枕埋入式无砟轨道基本施工工序

双块式无砟轨道和长枕埋入式无砟轨道的铺设安装方法有螺栓支撑调节法和钢轨支撑架法两种。

（1）螺栓支撑调节法。

①钢轨、轨枕及配套扣件系统在轨排场组装成轨排，用平板车运输至施工地点，利用两台小型门式起重机吊运，与已铺或已施工的轨排相接。

②利用轨枕上预埋的带螺纹的套管及调节螺栓支撑起轨排，然后立模。

③利用基标、直角道尺、万能道尺调整轨道；利用轨排两侧轨枕与模板间的侧向支撑来调整轨排平面位置；用轨枕上的调节螺栓调移轨排高度；通过粗调、精调、微调三级调整，来确定轨排的方向和高低。

④全面检查模板支撑、轨距、标高及水平位置等，全部合格后即可就地浇筑道床混凝土。

⑤待道床混凝土强度达到 5 MPa 时拆除模板，拧下调节螺栓以重复使用。对调节螺栓形成的孔洞，采用同等强度等级的混凝土充填密实。

（2）钢轨支撑架法。

①将钢轨、轨枕及配套扣件系统按设计的支撑间距组装成轨排，用平板车运输至施工地点后，采用两台小型门式起重机吊运至特制的钢轨支撑架上。

②利用钢轨支撑架精密调整轨道的方向、水平位置。

③就地浇筑混凝土道床，待混凝土具有一定强度后拆除钢轨支撑架，以重复使用。在无砟轨道铺设安装时，可并行的工序应尽可能安排同时进行，需要顺序施工的工序应尽量减少时间间隔，以加快施工进度。轨排一次组装长度宜为 100 m。

## 7.3.2 无砟轨道基础施工

### 1. 基本要求

（1）桥梁基础。

①桥梁徐变上拱。自无砟轨道铺设后，梁体产生的残余徐变上拱值不大于 7 mm。

②梁体横向水平挠曲。水平挠曲变形不大于梁体计算跨度的 1/4000，且相邻梁跨水平挠曲变形引起的钢轨相邻支点的横向相对位移不大于 1 mm。

③墩台沉降控制。自无砟轨道铺设后，墩台的均匀沉降不大于 20 mm，相邻墩台的沉降差不大于 5 mm。

（2）隧道基础。

隧道基底承载力不应小于 0.2 MPa，仰拱混凝土和填充混凝土强度不应低于 C20。应严格控制基础顶面标高及表面平整度。隧道基础施工允许偏差应满足表 7.1 的要求。

表 7.1　无砟轨道隧道基础施工允许偏差

| 序号 | 项目 | 允许偏差 |
| --- | --- | --- |
| 1 | 基础顶面高程 | +0 mm<br>−20 mm |
| 2 | 基础表面平整度 | 凹陷深度不大于 4 mm/m 或低洼长度不大于 50 mm |

（3）路基基础。

路基基床底层与表层填筑应按规定进行检测。路基施工后沉降应不大于 30 mm，不均匀沉降应不大于 20 mm/20 m。由建设、设计、施工及监理单位共同核对路基基础施工记录和影像资料，对路基施工工后沉降作出评估，满足设计沉降标准后方可进行无砟轨道施工。

**2. 基标测设**

在混凝土底座施工前，应采用起闭于 GPS（global positioning system，全球定位系统）点（B 级）的四等导线的测量精度对线路中线进行贯通测量，并且建立独立、完整和精准的基标控制网。采用二等水准测量精度，对高程进行系统复测。

（1）基标的位置。

按设计要求在无砟轨道施工范围内埋设基标。基标分为控制基标和加密基标两种。对控制基标，原则上在直线段每 100 m 设一个，在曲线段每 50 m 设一个；对特殊地段、曲线控制点、线路变坡点及竖曲线起、止点均应增设控制基标。对加密基标，在直线段每 6 m 设一个，在曲线段每 5 m 设一个，加密基标间的偏差应在相邻两控制基标内调整。基标桩可设置于线路中心、水沟、电缆槽、接触网电杆或挡砟墙上。

对于板式无砟轨道，在混凝土底座和凸形挡台施工完毕后，宜在凸形挡台上重新沿线路中线方向设置控制基标，并在每个凸形挡台上设置加密基标。方向基标和水准基标宜设置在同一位置。对于双块式无砟轨道，在道床板混凝土施工后应及时在道床板表面埋设控制基标。对于长枕埋入式无砟轨道，基标可设在距线路中心 1700 mm 处，采用可调式基准器；曲线地段基标设在曲线外侧。

无砟轨道铺设完成后，应对控制基标进行复测，根据复测结果调整控制基标，调整后的控制基标精度应符合设计要求。在无缝线路施工时，应利用调整后的控制基标精细调整轨道几何形位。

（2）基标的放样。

基标放样常用极坐标法，要求如下。

①放样时应置镜于导线点且不得转点，前视边长度不得大于 150 m。

②两测回定点，一测回检核，测站限差要求同精密导线。检核水平角校差不大于 6″，距离校差不大于 2 mm。

③基标高程从水准基点引出，按精密水准方法往返观测。

④基标允许误差。控制基标：方向允许误差为 6″，高程允许误差为 ±1 mm，直线段距离允许误差为 1/5000，曲线段距离允许误差为 1/10000。加密基标：直线上偏离控制基标方向的误差为 ±1 mm；曲线上采用偏角法测量，在偏角方向线上允许误差为

±1 mm;相邻基标间距离允许误差为±2 mm;相邻基标间高程允许误差为±1 mm。

⑤基标测设和施工测量应符合施工测量规范的有关规定。

### 3. 底座及凸形挡台混凝土施工

(1) 在底座及凸形挡台钢筋网绑扎前,应将底座、凸形挡台及道床板范围内的基础混凝土表面凿毛,用高压水或高压风冲洗干净,并将水排干。

(2) 底座及凸形挡台混凝土采用的水泥、砂、石及水等原材料和施工要求应符合有关规范的规定。

(3) 在底座施工前,应先沿线路中心线进行桥面、路基面或隧底面高程检测,且高程按精密水准要求往返测量,闭合于水准基点;然后根据实测高程和相应轨面设计高程推算混凝土底座实际厚度。底座实际厚度的允许偏差值,桥上为±10 mm,路基为±10 mm,隧道为 0～20 mm。

(4) 底座及凸形挡台混凝土应连续浇筑。混凝土浇筑时,应在浇筑地点随机取样制作试件。对同一配合比,每50 m³ 混凝土或每班组制作一组试件,并与底座及凸形挡台混凝土同条件养护。试件的强度应符合《铁路混凝土强度检验评定标准》(TB 10425—2019)和设计文件的有关规定。

(5) 板式无砟轨道底座及凸形挡台的尺寸允许偏差应满足设计要求。根据凸形挡台上的水准基标测量底座顶面高程,允许偏差也应满足设计要求。

(6) 在双块式无砟轨道底座混凝土施工完成后,其尺寸允许偏差应满足设计要求。当双块式无砟轨道底座混凝土养护期满后,在其表面铺设隔离层,在凹槽的竖直侧面粘贴弹性垫层。

(7) 在轨道板强度符合要求后方可吊运,必须按设计吊点位置起吊。起吊应平起、平落,吊运应匀速前进。

(8) 轨道板在两凸形挡台之间大致就位后,应根据凸形挡台上的方向和水准基标采用专用机具精确调整对位。轨道板位置的允许偏差应满足设计要求。

(9) 在轨道板下灌注 CA 砂浆。在凸形挡台周围灌注树脂。在板底 CA 砂浆固化、轨道板支撑螺栓撤除后,灌注凸形挡台周围的填充树脂。凸形挡台与轨道板之间的间隔缝宽度不得小于 30 mm。

凸形挡台周围填充树脂施工应符合如下技术要求。

①灌注前,应将填充间隙中的垃圾、尘土和浮浆等异物处理干净,除去水、油类物质,保证施工面干燥、清洁。

②树脂 A、B 材料及配制后的填充材料应符合板式无砟轨道施工对树脂材料技术条件的要求。

③树脂应在混合后 20 min 内注入。

④树脂应缓慢、连续注入,防止带入空气及水分,保证灌注密实。

⑤在相同材料、相同配合比的情况下,每作业班次随机取样,制作两组强度及弹性模量试件。

⑥在树脂材料注入的过程中,应用塑料薄膜覆盖凸形挡台周围的轨道板,溢出、漏泄树脂应立即擦除,不得残留脏污。

⑦树脂灌注施工应避开明火,隔离热源。

### 7.3.3　CA 砂浆的配制与灌注

CA 砂浆的配制与灌注技术是板式无砟轨道施工的关键技术之一。

**1. CA 砂浆概述**

CA 砂浆即水泥沥青砂浆,由乳化沥青、水泥、砂、水及外加剂等拌和而成。CA 砂浆属于水泥系和沥青系中间领域的注入材料,是利用沥青的弹性和水泥的刚性组成的半刚性胶泥。CA 砂浆的强度主要由水泥砂浆体系提供,而弹性主要由沥青体系提供。但从微观上说,CA 砂浆的性能绝不是两种材料性能的简单叠加,而是各组成成分之间相互作用、相互影响的结果。

CA 砂浆垫层是板式无砟轨道的中间垫层,除了要具有一定的强度和适宜的弹性,还应具有良好的稳定性和耐久性。为了填充轨道板与混凝土基床板之间的间隙,CA 砂浆应具备适当的注入流动性。由于水泥和乳化沥青一经混合就开始发生反应,黏度逐渐增大,因此 CA 砂浆的可使用时间有限。CA 砂浆的流动性受温度、配合比以及搅拌设备和工艺的影响,故 CA 砂浆必须在现场进行混合、搅拌、注入等。为保持已调整定位的轨道板不产生移动,一般采用自流式灌注,而不是压力注入。

为了满足灌注施工需要,CA 砂浆未固化物应有适当的黏度并可保持一定的时间,使其能够灌满板下的空间;CA 砂浆还应具有较好的施工环境适应性,以满足在不同季节、气候环境下施工的要求;CA 砂浆的固化速度应满足后续工作需要,从灌注到固化的不同时期应有不同的强度指标,固化后各组成成分应保持混合时的均匀状态,不能分离。初步固化后应有一定程度的膨胀,以完全充填空间;同时提供一定的预应力,防止在四角的支撑螺栓卸下后轨枕板下沉。

**2. CA 砂浆的原材料、配方和配制**

(1) CA 砂浆的原材料。

①水泥。

为了获得较好的早期强度和环境适应性,应该使用高强和早强水泥,一般采用强度等级为 42.5R 的普通硅酸盐水泥或快硬硫铝酸盐水泥。

②乳化沥青。

乳化沥青是 CA 砂浆的关键原料,应具备较好的稳定性,在与水泥、砂混合后应有适宜的破乳速度,同时沥青乳化后不能过多地损失原有性能。

③聚合物乳液。

加入聚合物乳液是为了改善 CA 砂浆的耐久性等性能。聚合物乳液必须具有与乳化沥青、水泥相容的特性,不能对 CA 砂浆的流动性产生过大的影响,其采用的乳化剂必须与乳化沥青所用的乳化剂相容,以防止产生凝聚、结块等现象。聚合物乳液应具有优良的综合性能和经济性,可起到改性、防水和黏结等作用。

④细集料(砂)。

砂的粒径分布对 CA 砂浆的分离度影响很大。当细度模数过小时,为获得合适的流动性所需的水量较大;当细度模数过大时,则砂易产生沉降。细集料的最大粒径应小于2.5 mm,细度模数为 1.4～2.2。砂应保持洁净、坚硬和耐久,不应含有泥土和有机质等有害杂质,含水量也应控制在较小的范围内。

⑤混合材料。

使用混合材料的目的是防止砂浆材料分离,增加流动性,防止收缩。混合材料是有一定膨胀性的水泥混合料。混合材料应具有较好的分散性和膨胀性,主体成分为硫铝酸钙系矿物。

⑥铝粉。

铝粉作为 CA 砂浆尚未凝结前的膨胀剂,与水泥和水混合后发生膨胀反应而使 CA 砂浆完全充满所处的空间,并形成一定的膨胀应力,以克服拆除支撑后由于预制板的自重造成的轻微下沉,同时使 CA 砂浆与预制板的结合更加紧密。铝粉以薄磷状粉末为好,铝的活性成分含量应较高,细度应较小,尽量减少大气泡产生的数量,以免对强度和抗冻融性产生不利的影响。

⑦消泡剂。

采用消泡剂的目的是消除搅拌过程中产生的大气泡。

⑧引气剂。

加入引气剂是为了在 CA 砂浆中引入一定量的、均匀分布的微小独立气泡,提高尚未凝固的 CA 砂浆的和易性,减少材料的分离,而且能增强固化后的 CA 砂浆的抗冻融性。

(2) CA 砂浆的配方。

根据使用环境的不同,CA 砂浆的配方可分为温暖地区配方和寒冷地区配方,两者的区别主要表现在对抗冻融性的要求上。对温暖地区使用的 CA 砂浆,较少考虑产品的耐寒性,在配方中不添加或少添加聚合物乳液;对寒冷地区使用的 CA 砂浆,考虑到低温冻融的影响,添加聚合物乳液以提高产品的低温性能,同时通过添加引气剂和消泡剂、控制搅拌速度和时间,以及在 CA 砂浆中引入一定数量的微小气泡,提高砂浆的抗冻融性能。

（3）CA 砂浆的配制。

CA 砂浆的配制应在精确计量的基础上按基本配合比进行。在现场配制时,应根据原材料、施工温度、施工机具设备、拌和工艺等具体条件,在基本配合比的基础上做相应调整。

### 3. CA 砂浆的灌注

板式无砟轨道 CA 砂浆调整层的厚度在一般区段不得小于 40 mm;在板底粘贴橡胶垫层区段,厚度不得小于 30 mm,且不得大于 100 mm。CA 砂浆的施工应符合以下技术要求。

（1）用于配制 CA 砂浆的乳化沥青、水泥、细砂、水及外加剂等原材料,以及配制后的 CA 砂浆的技术性能必须符合规范规定。

（2）在现场拌制 CA 砂浆前,应根据具体工点的温度、湿度及原材料的性能等条件,通过现场试验修正基本配合比,满足设计要求后,方可拌制、灌注。

（3）配制 CA 砂浆所用的各种原材料应精密称量,误差应控制在 1% 以内。CA 砂浆的拌制必须严格按照标准拌制工艺进行。

（4）在铺设轨道板前,CA 砂浆注入袋应按要求平铺、折叠、固定牢靠。在轨道板铺设、调整及侧向支撑固定好后,打开 CA 砂浆注入袋,且不得有褶皱。

（5）CA 砂浆搅拌好后放置在缓冲灌注罐中,灌注罐的搅拌速度应为 30 r/min。

（6）拌制后的 CA 砂浆应在规定时间内灌注完成。

（7）CA 砂浆的灌注宜在 5～25 ℃ 的温度下进行。

（8）CA 砂浆灌注时,应将灌注罐注入口与 CA 砂浆注入袋口牢固连接,由专业施工人员控制阀门注入。

（9）每块轨道板下的 CA 砂浆应一次灌注完成。

（10）在纵坡及曲线地段,应从较低一侧注入口灌注 CA 砂浆,且 CA 砂浆注入袋必须固定牢靠。

（11）注入作业结束时,CA 砂浆注入袋四周边缘应饱满圆顺。

（12）当 CA 砂浆强度指标达到 0.1 MPa 后(可承受轨道板重力),应及时撤除支撑螺栓。

（13）同一配合比的 CA 砂浆,每班次制作两组强度及弹性模量试件,以备验收。

### 7.3.4 道床板混凝土施工

在路基与隧道内道床板底层钢筋绑扎前,应将道床板范围内的基础面清扫干净,排除积水。对于桥上道床板,可直接在底座的隔离层上绑扎钢筋。在混凝土浇筑前,应将轨枕混凝土表面充分润湿。

在道床板混凝土浇筑前,应复测轨排几何形位、保护层厚度,且由专业人员检测长轨排的绝缘性能,符合要求后(每一块道床板单元的钢筋网架绝缘指标均需有检测、确认和签字记录)方可进行混凝土浇筑。

在浇筑过程中,应加强轨枕底部及其周围混凝土的振捣,随时监测轨排几何形位的变化。当道床板混凝土浇筑并振捣密实后,道床板表面需按设计要求做好横向排水坡整平、抹光及标高复核工作。当道床板混凝土施工完成后,其尺寸允许偏差应满足设计要求。当道床板混凝土初凝后,应及时松开所有钢轨扣件。当道床板混凝土强度达到 5 MPa 时可拆除支撑架,当混凝土强度达到设计强度的 75% 时方可承重。

### 7.3.5 道岔区无砟轨道施工

道岔区无砟轨道采用轨枕埋入式结构,其主要施工内容如下。

**1. 道岔预组装、调试及运输**

每组道岔在出厂前均需进行厂内预组装。当调试并组装完毕后,要严格检测道岔各部分尺寸和几何形位,消除超限点位;同时应安装电务转换和锁闭装置,进行道岔工务和电务系统的联合调试。当预组装、调试合格后,对道岔各部件作出对号标记,拆解后包装发运。如果道岔较短(如 12 号道岔),可在厂内预铺后分段直接装运,不再分解成散件,避免重复预铺。道岔运输应符合相应技术条件的规定。

**2. 道岔的现场组装、吊装及调整**

在施工现场建立道岔组装平台,进行道岔预铺组装。将道岔轨排分段运至铺设地点,用大型起重机和道岔专用吊具整体吊装。

采用平移小车抬轨梁使道岔轨排轨向及高低达到粗调精度。采用方尺调整道岔始端与尖轨尖端,调整尖轨、心轨和顶铁,同时与调整轨距和支距相结合,经反复调整直至满足设计要求为止。精调起平后的道岔,高低、水平不超过设计限值;滑床台板坐实坐平,精确控制垫板与台板的间隙不超标;精确安装道岔尖轨、可动心轨道岔转辙机构,进行工电联调;使用轨检小车检测道岔方向、高低、水平及轨距等几何形位指标,对超限点做局部精细调整。

### 3. 道岔区道床混凝土施工

道岔区无砟轨道道床混凝土施工工艺的特殊要求如下。

(1) 施工前,检查模板加固、混凝土泵送和捣固设备的状态,确保混凝土浇筑施工能够顺利进行。道岔位置应由调整螺栓牢固保持,在混凝土初凝后,调整螺栓应及时取出。为保证道岔的铺设精度,道床应隔块浇筑。

(2) 当道岔区与区间轨道高度不一致时,应在区间混凝土支撑层上调整。

(3) 施工期间应封闭作业,自道岔精调后至道床浇筑完 2 d 内,严禁行人和施工车辆行驶。

## 7.3.6　过渡段施工

过渡段施工后的沉降差应符合设计要求,下部结构物和上部轨道结构的过渡点应相互错开施工,主要施工内容如下。

### 1. 桥上有砟轨道与隧道内板式无砟轨道间的过渡段施工

过渡段长度一般为 45 m,其中有砟轨道长为 20 m,板式无砟轨道长为 25 m,即在与隧道相连的第一跨桥上 20 m 有砟轨道范围内,采用长度为 2.6 m 的过渡段轨枕及配套的弹性分开式扣件。在与隧道相邻的 9 m 范围内,有砟轨道道床厚度由 250 mm 逐渐过渡到桥上道床设计厚度 350 mm。从隧道口开始向内延伸的五块轨道板底粘贴 20 mm 厚微孔橡胶垫板,微孔橡胶垫板应符合相关技术要求。对应隧底回填层在轨下位置按 400 mm 间距埋设门形连接钢筋,钢筋伸出部分与混凝土底座内钢筋相连。桥上设置 50 kg/m 钢轨作为过渡段辅助轨,延伸至隧道内板式无砟轨道上 4.8 m,且要求辅助轨在 25 m 过渡段范围内采用 50 kg/m 新轨,辅助轨弯折后与基本轨的中心间距为 520 mm。

### 2. 路基上双块式无砟轨道与有砟轨道间的过渡段施工

过渡段总长度一般为 45 m,其中双块式无砟轨道长为 25 m,在该范围对应轨下位置的混凝土承载层基础上按 400 mm 间距预埋门形连接钢筋,钢筋伸出部分与道床板内钢筋相连。有砟轨道长为 20 m,采用长度为 2.6 m 的过渡段轨枕,基本轨扣件采用弹条 Ⅱ 型扣件。路基上双块式无砟轨道的混凝土支撑层延伸至有砟轨道的长度为 15 m,板厚由 300 mm 递减至 210 mm,与此相对应,过渡段内道砟厚度由 210 mm 逐步变为 300 mm。过渡段设 60 kg/m 的辅助轨及配套扣件,辅助轨长度为 25 m,延伸至双块式无砟轨道内 4.8 m,辅助轨与基本轨的中心间距为 520 mm。

### 3. 不同无砟轨道间的过渡段施工

不同无砟轨道间的过渡段与基础结构物的过渡段应错开设置。减振型板式无砟轨道与普通型板式无砟轨道及框架式板式无砟轨道连接处，通过采用不同净刚度的轨下弹性垫板过渡，过渡长度为每边 15 m。板式无砟轨道与双块式无砟轨道间直接连接，不设置过渡段。

### 4. 道岔区与区间无砟轨道的过渡段施工

按设计规定，通过调整道岔区前后扣件弹性垫板的净刚度来实现刚度过渡。

## 7.3.7　长轨排的组装及架设

当双块式轨枕、钢轨及扣件等轨道部件进场时，必须按相应技术条件及有关标准进行检验。应采用无损伤、顺直及合格的新钢轨组装轨排。扣件锚固螺栓拧紧扭矩为 700 N·m，T 型螺栓拧紧扭矩为 300 N·m。轨排组装经检查合格后方可使用。

当进行轨排组装时，应根据设计图样要求正确安放扣件。轨枕应与轨排中线垂直，轨枕间距允许偏差应符合设计规定，并应采取必要的加固措施，保证轨排在吊装、运输中不发生变形。轨排采用专用运输车与门式起重机进行吊装运输，当吊运到施工位置后，应对轨排位置进行复测，以基标为基准，调整轨排的方向、高低、水平和中心线位置。当轨排架设时，直线上以左股钢轨为基准、曲线上以内股钢轨为基准来调整轨顶标高和方向，然后再调整右股或外股钢轨。当轨排架设符合要求后，应对所有支撑架的竖直顶丝、水平顶丝和轨卡螺栓进行复检。

在轨排支撑架设计与加工制造时，应充分考虑浇筑混凝土轨排的上浮及变形。支撑架自重不宜太轻，单台支撑架质量应大于 250 kg。

## 7.3.8　无砟轨道工程质量检验标准

### 1. 质量检验项目的划分

无砟轨道工程分分项工程、分部工程和单位工程进行施工质量检验和评定。分项工程按工种和工序划分，其检验项目包括保证项目、基本项目和允许偏差项目；分部工程按一个完整部位或主要结构及施工阶段划分；单位工程按完整工程或一个相当规模的施工范围划分。

### 2. 质量标准

分项工程、分部工程、单位工程的质量检验标准如下。

(1) 分项工程质量合格标准：符合该项目规定的质量要求。基本项目抽验的点应符合相关标准规定的合格要求:允许偏差项目抽验的点中应有 80％及以上的实测值在该项目规定的允许偏差范围内。

（2）分部工程质量合格标准:所含分项工程的质量全部合格。

（3）单位工程的质量合格标准:所含分部工程的质量全部合格。

# 第 8 章

# 城市轨道交通无缝线路施工

# 8.1 无缝线路概述

城市轨道交通工程中采用的轨道结构一般为无缝线路。无缝线路是由多根标准钢轨焊接起来的线路。无缝线路是一种新型轨道结构,也是轨道结构技术进步的重要标志之一。无缝线路因高速行车、运行平稳和便于养护维修的优越性,正日益取代普通线路而被大量使用。

依据地下铁道设计相关规定,地铁隧道内直线地段和曲线半径为 250 m 及以上的曲线地段,应铺设无缝线路。铺设无缝线路时,最小曲线半径必须符合稳定性要求。轨道的横向阻力越大,对保持曲线轨道的稳定就越有利。在地下铁道内铺设无缝线路,不受阳光照射,温度变化小,再加上采用混凝土道床以及扣压力大的弹条Ⅰ型扣件而使轨道刚度加大,扣压力增强,道床的横向阻力可达 120 N/cm 以上。

## 8.1.1 普通线路和无缝线路的对比分析

### 1. 普通线路

(1) 钢轨接头。

普通线路是由许多根标准长度的钢轨或标准缩短轨用夹板连接而成的,为适应热胀冷缩的需要,钢轨与钢轨接头之间要预留轨缝。钢轨接头是普通线路结构不可缺少的组成部分,又是普通线路上的薄弱环节之一,它为线路运营和养护维修带来诸多弊端。线路上钢轨接头的数量是由钢轨的长度决定的,而钢轨长度又受制于制造、运输、铺设、养护和轨缝的允许值等方面的技术要求。其中,轨缝的允许值是主要控制指标:在夏天,当轨温升高时,钢轨接头轨缝必须为钢轨的膨胀提供条件,以减少钢轨内部的温度压应力;在冬天,当轨温降低时,钢轨收缩,钢轨接头轨缝不能过大,必须保证车辆安全通过线路。钢轨越长,接头越少,但需要预留的轨缝就越大,车轮通过轨缝时产生的振动也越大,所以钢轨不能过长。

(2) 接头病害。

多年来,为了改善钢轨接头的工作状态,提高线路的运行质量,延长轨道各部件的使用寿命,工务部门加强了对钢轨接头的养护和维修,并从接头的构造和材质上采取了多项措施。为提高线路质量,人们作出了不懈的努力,但均未从根本上解决问题,接头病害依然存在,主要表现为以下几个方面。

① 淬火钢轨端部的鞍形磨耗:磨耗深度一般为 2.5～6 mm,长度一般为 200～300 mm。

②低接头：这种病害一般发生在捣固不良地段，在曲线内股比较多见。

③钢轨破损：主要是淬火区钢轨顶面剥落、掉块和螺栓孔出现裂纹，这类病害多发生在淬火层分界处和轨端，在曲线外股多见。

④夹板弯曲或断裂：主要是夹板顶部中央出现细小裂纹，之后逐渐扩大。

⑤混凝土轨枕破裂：主要发生在轨下断面。

⑥道床硬结、溜塌、翻浆冒泥：主要发生在铺设混凝土轨枕并有鞍形磨耗的地段。

产生接头病害的原因主要有以下两个。

①钢轨接头承受较大的破坏力，这是由它本身的特点所决定的。因为接头破坏了钢轨的整体性，车辆通过时，相较于其他部分，在接头处产生了更大的挠度。这种情况犹如线路上出现一段很短的不平顺轨道一样，在不平顺的地方会产生较大的冲击力。造成接头承受较大冲击力的因素主要有轨缝（接头处两根钢轨之间的缝隙）、台阶（接头处两根钢轨的端部不在同一水平面上）和折角（低接头）。

②接头上的较大破坏力导致线路病害发生，增加养护、维修工作的难度。养护、维修不当或质量不好，将增加冲击力对接头的破坏作用，由此造成接头破坏力加大和接头病害扩大的恶性循环。

综上所述，普通线路上的钢轨接头不仅对线路设备和车辆设备的使用寿命、乘客的舒适程度等有一定的影响，而且直接威胁行车安全。因此，对钢轨接头的功能应有两个基本要求：一是温度变化时钢轨能伸缩；二是接头构造要坚固稳定。这两个要求对普通线路来说是相互矛盾的，满足了伸缩方面的要求就满足不了稳定方面的要求，否则在构造上将增加难度。过去为解决接头构造问题提出了很多设想，但均未解决钢轨接头的稳固问题。实践证明，只有将一根根短轨焊接为长轨，形成无缝线路，才是彻底解决钢轨接头稳固和平顺问题的根本出路。

### 2. 无缝线路

无缝线路消除了绝大部分钢轨接头及接头的冲击，使行车平稳，降低了噪声，乘客乘坐更舒适；节省了接头材料，如接头夹板及接头螺栓等；减少了维修工作量，节省了维修费用；延长了线路设备和机车车辆的使用寿命；减少了行车阻力，适应车辆高速运行要求。普通线路上的钢轨每隔 25 m 或 12.5 m 有一个接头，随温度的变化（夏天轨温升高，冬天轨温降低），钢轨能伸缩，钢轨内积存的温度应力较小。与普通线路相比，无缝线路的钢轨被焊接成长轨条，仅在长轨两端的伸缩区有一些伸缩量，当温度升高，钢轨不能伸长的时候，钢轨内部将承受巨大的压应力；当温度降低，钢轨不能缩短时，钢轨内部将承受巨大的拉应力。所以无缝线路上的钢轨比普通线路上的钢轨承受的温度应力要大得多。

铺设无缝线路的实践经验证明,无缝线路与普通线路相比,在技术经济上有明显的优越性。根据统计资料,相较于普通线路,无缝线路可节约线路维修费用35%～75%。此外,无缝线路的平顺性好,行车平稳,乘客舒适,非常契合地铁的高速运营需求,因而在地铁中得到迅速发展。从地下无缝线路发展到地上无缝线路,从轨长几百米发展到轨长几千米,地铁线路轨道结构发展跨入了一个新阶段。

## 8.1.2　无缝线路的类型

无缝线路可分为两大类:一类是温度应力式无缝线路;另一类是放散温度应力式无缝线路。

### 1. 温度应力式无缝线路

随着温度的变化,钢轨热胀冷缩。无缝线路虽然在相当长的一段距离之内消除了钢轨接头,但是当钢轨温度发生较大变化时,如果不给这种伸缩留出一定的空间,就会产生巨大的温度应力,造成钢轨的变形和破坏,发生胀轨跑道和断轨事故。

为了解决这一问题,在温度变化不太大的地区,可以采用强有力的联结零件(包括接头联结零件、中间联结零件等)把无缝线路锁定起来,加上轨枕和道床上的加强措施,可以把钢轨的伸缩限制在一个很小的范围内;同时在长轨条的两端加入标准轨,留出一定的轨缝,使长轨条有一定的伸缩空间。依靠长轨条两端的这些轨缝,足以调节长轨条的伸缩量,使无缝线路处于稳定状态。因为在温度变化不大的地区,钢轨的伸缩量不是很大,加入标准轨预留出的轨缝可以满足长轨条在限制范围内的伸缩需求。

由于钢轨不能自由伸缩,在轨温不断变化的条件下,长轨条内部经常积蓄一定的温度应力,这种无缝线路称为温度应力式无缝线路。温度应力式无缝线路是无缝线路的基本结构形式。温度应力式无缝线路的钢轨由一根长轨条及两端各2～4根标准轨组成,标准轨接头采用夹板式接头。

长轨条在用扣件锁定后不能自由伸缩,当轨温升高到一定程度时,限制伸长量传递至最近接头处,由轨缝来调节,轨缝调节后仍不能满足时,传递到后续轨缝继续进行调节。如锁定不良,伸长量太大,可将标准轨缩短,以满足伸长量和预留轨缝的需要。相反,限制缩短量也可通过轨缝调节。如锁定不良,缩短量太大,可换用长标准轨,以满足缩短量和预留轨缝的需要。一般情况下,如果无缝线路处于稳定状态,又按规定预留了轨缝,仅轨缝就可以满足钢轨伸缩的需要,而且不会出现瞎缝和超限大轨缝。之所以要配置2～4对标准轨,是为了留有余地和在中间轨缝中设置绝缘接头。因为两根长轨条之间的2～4对标准轨具有这些特殊作用,所以又称为"调节轨",它所在的范围称为"缓冲区",长轨条不能伸缩的区段称为"固定区",长轨条两端大约100 m范围内随轨温的变化还能够伸缩的区段称为"伸缩区"。

长轨条在使用过程中会随温度的变化产生一定的温度应力。为控制钢轨的伸缩量，要求轨道具有较大的纵向阻力。温度应力式无缝线路结构简单，铺设及维修方便，在轨道交通中广为应用。目前，我们常说的无缝线路均为温度应力式无缝线路。在我国，根据计算，全年轨温变化幅度小于 90° 的地区，均可采用铺设 50 kg/m 钢轨的温度应力式无缝线路，如北京地铁采用的就是温度应力式无缝线路。

**2. 放散温度应力式无缝线路**

放散温度应力式无缝线路又分为自动放散温度应力式无缝线路和定期放散温度应力式无缝线路两种。一般在温差较大的地区，为了消除和减少长轨条内温度应力的影响，可以采用放散温度应力式无缝线路。

（1）自动放散温度应力式无缝线路。

在特大桥和大桥上铺设的无缝线路，随着气候的变化，既有长轨条的伸缩又有桥梁本身的伸缩，两种伸缩叠加，会产生很大的应力，必须随时放散出去，以免对桥梁支座和桥墩产生不良影响。所以，在这些桥上设置温度调节器，即钢轨伸缩接头，并使用特殊的中间联结扣件，不设防爬器，使钢轨在垫板上能随温度的变化而自由伸缩，以自动放散长轨条和桥梁的伸缩力。这种设有钢轨伸缩接头的无缝线路称为"自动放散温度应力式无缝线路"。不过自动放散温度应力式无缝线路由于设备复杂，缺点很多，所以很少使用。

（2）定期放散温度应力式无缝线路。

在温差较大的地区，由于长轨条的伸缩量很大，在运营中单靠调节轨的轨缝来自行调节是远远不够的，长轨条中存在较大的温度应力，使线路难以保持稳定。因而在每年春季和秋季轨温适当的条件下，松开联结零件，放散温度应力，预先使钢轨实现较大的伸缩，而余下的伸缩量能像温度应力式无缝线路那样通过轨缝自行调节；同时调节缓冲区标准轨长度，以保证轨缝不超限。这个过程称为"放散"，这样的无缝线路称为"定期放散温度应力式无缝线路"。

# 8.2　无缝线路长钢轨的焊接

长钢轨的焊接是铺设无缝线路的重要环节，长钢轨几何外形尺寸的平顺和内部质量是保证无缝线路正常运行的关键。实践证明，若钢轨焊接质量不良，将使线路维修工作后患无穷，严重者将危及行车安全。现代焊接技术可使焊接接头的力学性能基本上与钢轨母材相同，这样就可以将标准长度的钢轨用焊接的方法焊接成一定长度的长轨条。无缝线路长钢轨的焊接方法包括电阻焊、气压焊和铝热焊等,具体介绍如下。

## 8.2.1 电阻焊

在无缝线路长钢轨的焊接中主要采用电阻焊,该法焊接质量好,效率高,在世界各地普遍采用。

### 1. 电阻焊原理

电阻焊的基本原理是利用电流通过电阻时所产生的热量连接焊件,再经顶锻以达到焊接目的。两钢轨接触面之间存在着较大电阻,当两条焊接钢轨之间通过电流时,因电热效应,钢轨迅速得到加热。两钢轨的接触面不可能很平,从微观上看仍是凹凸不平的,因此首先接触的是一些凸出点。这些接触点通电后在瞬间被加热到熔化状态,从而在钢轨接触面之间形成多个液体金属过梁。这些过梁在进一步加热的过程中因"爆炸"而破坏,使熔化的金属从钢轨接触面的缝隙中飞溅而出,形成闪光;与此同时,进一步加热钢轨,通过继续加热和连续闪光的作用,钢轨端面的温度逐渐均匀一致,形成熔化金属薄层,防止周围气体侵入。此时,迅速施加顶锻力,迫使焊接面相互挤压,使闪光时形成的火口得到充分闭合,并挤出全部液体金属,将两条钢轨焊接成一体。

### 2. 焊接工艺要求

电阻焊焊接参数较多,具体参数值也因机型而异,但各参数对质量的影响有其共性。这里只简单介绍一些常用的参数,不进行具体分析。

在进行钢轨焊接时,主要通过以下几个参数来控制焊接质量。

(1)伸出长度。

伸出长度指钢轨从焊机钳口伸出的长度。伸出长度过小,电极散热慢,使温度场变陡,加热区变窄,以致塑性变形困难,增加了淬火倾向。伸出长度过大,使温度场变缓,加热区变宽,顶锻时容易破坏焊件的同轴性。一般 50 kg/m 钢轨的伸出长度为(135±1) mm,60 kg/m 钢轨的伸出长度为(138±1)mm。

(2)闪光流量。

焊接钢轨在预热和连续闪光过程中所消耗的钢轨长度称为"闪光流量",其主要作用是清除焊接面氧化物和保证焊接面温度均匀。闪光流量不足,焊道中易残留杂质;闪光流量过大,塑状金属流失,易形成冷焊,使顶锻量减小,焊接面可能出现灰斑。一般 50 kg/m 钢轨的闪光流量为(24±1)mm,60 kg/m 钢轨的闪光流量为(30±1)mm。

(3)闪光初速。

闪光初速指连续闪光前的移动速度,它直接影响钢轨焊接时的预热温度及加热温度。速度慢则焊接时间短,钢轨加热区窄,易导致未焊透;速度快则焊接时间长,钢轨加热区宽,易导致过热或过烧。一般 50 kg/m 钢轨的闪光初速为 1.8～2.1 mm/s,60 kg/m 钢轨的闪光初速为 1.0～1.4 mm/s。

（4）闪光末速。

闪光末速要大于闪光初速。闪光末速适度,可降低钢轨端面被氧化的可能性;闪光末速过大或过小都会直接影响焊接质量。一般 50 kg/m 钢轨的闪光末速为 2.6～2.9 mm/s,60 kg/m 钢轨的闪光末速为 2.1～3.1 mm/s。

（5）焊接时间。

焊接时间包括预热、连续闪光和顶锻的时间。焊接时间过短,会造成未焊透;焊接时间过长,会使加热区增宽,易产生过热和过烧的缺陷。

（6）接触压力。

焊接面的接触压力小,则电阻增大,加热温度场变陡;接触压力大,则接触电阻小。电阻过大或过小都将影响焊接质量。一般 50 kg/m 钢轨的接触压力应达到 50 kN,60 kg/m 钢轨的接触压力应达到 60 kN。

（7）夹紧压力。

为使钢轨在接触或顶锻时不滑移,焊接时夹钳夹持钢轨的夹紧压力,50 kg/m 钢轨应达到 450 kN,60 kg/m 钢轨应达到 580 kN。

（8）顶锻压力。

顶锻压力的大小与钢轨断面的大小和加热状态有关。顶锻压力过小,会产生未焊透、气泡、无光泽、斑点等缺陷。随着顶锻压力的增加,焊接钢轨的冲击性能及疲劳强度将提高,缺陷将减少;但顶锻压力过大,又会影响焊接钢轨的力学性能。一般 50 kg/m 钢轨的顶锻压力应达到 240 kN,60 kg/m 钢轨的顶锻压力应达到 320 kN。

## 8.2.2　气压焊

### 1. 气压焊原理

金属构件的气压焊是利用气体燃料燃烧时产生的热能,将金属构件的焊接端加热到熔化状态或塑性状态,再施以一定的顶锻压力,把施焊的金属构件焊接端连接起来。焊接热源多采用氧-乙炔。其焊接原理是将被焊金属构件的焊接端加热到熔化状态或塑性状态,在顶锻压力的作用下,焊接金属端面的熔体或塑性体原子之间相互扩散、渗透再结晶,使两金属构件融合成一体。

在地铁与轻轨等城市轨道交通工程中,气压焊主要用于焊接连接接头,使用的设备是小型移动式气压焊机。小型移动式气压焊机具有设备简单、体积小和质量小的特点,在工地移动和操作都比较方便,焊接质量接近厂焊水平(气压焊法)。

**2. 焊接工艺要求**

(1) 钢轨接头处理。

钢轨接头处理是焊接前的关键工序,其主要内容是钢轨端部除锈和端面整平。这一工序关系到钢轨焊接的外形尺寸和内部质量,主要关注以下几点技术要求。

①钢轨调直:焊接前必须对钢轨的垂直面和侧面进行调直,调直后用 1 m 直尺检查,其矢度不得超过±0.3 mm。

②钢轨端面的加工:应使钢轨端面与钢轨轴心线垂直,其偏差不得大于 0.25 mm,平直度偏差也不得大于 0.25 mm。

③钢轨的除锈:现场采用轨端打磨机打磨后人工锉光找平的方法进行,加工好的钢轨端面应显现出金属光泽,加工后的端面不得用手摸,或受水、油、烟和灰污染,否则应重新加工。

钢轨端面的除锈与整平是否达到标准要求,直接关系到焊接质量的优劣,对这一工艺流程的质量应从严把关。

(2) 钢轨的焊接。

钢轨的气压焊焊接工艺流程:钢轨固定→钢轨加热→顶锻→焊接接头的整修→钢轨正火。

①钢轨固定:相互焊接的钢轨的接缝要对齐找平,两端面对齐后要相互吻合,缝隙不得大于 0.25 mm。

②钢轨加热:焊接时为获得理想的加热温度,必须对加热器进行多次调试,以确定适当的氧-乙炔压力与流量、加热器的摆动量和频率,以及钢轨的顶锻力和顶锻量等参数,加热孔眼的设置也是通过试验与测试确定的。加热器摆动量的大小和频率的快慢是否合适,直接影响钢轨加热温度是否均匀。

③顶锻:在钢轨焊接工艺中,顶锻是一个重要环节,它直接影响焊接质量。顶锻由顶锻力和顶锻量两个参数来控制。通过顶锻,加热到塑性状态的对焊钢轨产生塑性变形,两钢轨对接面之间的空隙消失,焊接面金属具备分子扩散和再结晶条件,以完成对接钢轨的互焊。

④焊接接头的整修:在顶锻后切除凸出量时,一般均保有一定的残留量,经整修、打磨和调直后,方能使焊缝外形与原轨一致。

⑤钢轨正火:采用专用的正火设备,当轨温降至 450～500 ℃时进行正火处理,以改善焊缝的金属结构和力学性能。

## 8.2.3　铝热焊

### 1. 铝热焊原理

钢轨的铝热焊利用焊剂中的铝在高温条件下与氧有较强的化学亲和力这一特性,从重金属的氧化物中夺取氧,使重金属还原,同时放出热量,将金属熔化,完成施焊流程。

铝热焊是将配制好的铝热焊剂放入特制的坩埚,用高温火柴引燃焊剂,发生强烈的化学反应,得到高温的钢液和熔渣。待反应平静后,将高温钢液注入扣紧钢轨并经过预热的砂型中,将砂型中对接好的钢轨端部熔化,冷却后去除砂型,并及时对焊好的接头整形,两节钢轨即焊接成一体。

### 2. 焊接工艺要求

铝热焊采用大剂量、宽焊缝、定时预热和自动浇注技术,主要用于 50 kg/m 钢轨、60 kg/m 钢轨和 75 kg/m 钢轨的焊接。

### 3. 工艺装备

铝热焊采用的工艺装备主要有砂型设备、砂型原料、砂型成品、热源及预热设备,焊接材料和其他辅助设备(如锯轨机、推凸机、砂轮和大锤等)。

### 4. 工艺程序

铝热焊的工艺流程:制作砂型和坩埚→工地布置→切轨→对轨→扣箱及封箱→坩埚装料及安放支架→预热→浇注→推凸及整修→质量检查→正火。

# 8.3　无缝线路的铺设

无缝线路铺设是城市轨道交通工程施工的重要环节,本节将简要介绍无缝线路的铺设方法、铺设前的准备工作、基本要求和注意事项。

## 8.3.1　铺设方法

根据施工规模和施工现场的条件,对采用的施工机具与施工成本进行比较,选择合适的施工工艺及机具。一般采用过渡轨排法进行施二,即先在铺轨基底利用待焊的 25 m 无孔钢轨拼装过渡轨排,整道作业后换铺长钢轨,最后锁定线路。这种方法能保证轨排的组装质量,加快铺轨施工过度,达到在路线开通运营前完成无缝线路铺设的目的。其优点是施工方便、灵活和成本较低。

## 8.3.2　铺设前的准备工作

（1）了解与轨道施工有关的工程进展情况，核实铺轨进度计划。

（2）调查沿线交通运输条件、地物和地貌情况，选择铺轨基底位置。

（3）搜集沿线温度、轨温资料，建立温度、轨温观测点，以便在不同季节和不同条件下，选择无缝线路锁定的作业时间。

（4）按铺轨进度计划，落实轨道材料和设备来源、材料供应计划及运输、储备办法。

（5）按规定做好线路复测工作。

## 8.3.3　基本要求

### 1. 长轨条的长度

在设有自动闭塞的区段，无缝线路的长轨条长度通常以闭塞区间两信号机轨端绝缘之间的距离作为设计长度，按式（8.1）计算

$$L_{长} = L_{绝} - \frac{(L_{前缓} + L_{后缓})}{2} \tag{8.1}$$

式中：$L_{长}$ 为每段无缝线路的长轨条设计长度；$L_{绝}$ 为自动闭塞区段两信号机轨端绝缘之间的距离；$L_{前缓}$ 为长轨条前端的缓冲区长度；$L_{后缓}$ 为长轨条后端的缓冲区长度。

在小半径曲线或大坡道地段，钢轨容易磨耗或擦伤，钢轨更换周期相对较短，此时可单独设计一段无缝线路。

### 2. 钢轨锁定

铺设无缝线路时，由于单元长轨条较长，很难在同一时间内、同一温度下把长轨条铺入到位并锁定好，因此单元长轨条在实际锁定时，其各截面之间必然存在轨温差。在铺设过程中，锁定轨温的测定应分段进行，取其平均值作为该单元长轨条的锁定轨温。各分段的实际锁定轨温可能有差异，但任何一分段的锁定轨温均不得超出设计要求的锁定轨温范围。

### 3. 位移观测

无缝线路在运营中由于下列原因可能发生长轨条位移。

（1）铺轨时没有及时锁定钢轨，铺设后整修工作又没有及时跟上。

（2）养护、维修作业方法不当，局部线路阻力下降。

（3）在无缝线路区段进行其他施工作业，没有遵守有关无缝线路的技术规定。

为了掌握无缝线路运营中钢轨是否发生了不正常位移，检验无缝线路在长期养护、

维修中是否锁定牢固,以及在各种施工中是否改变了原锁定轨温,应定期对无缝线路钢轨进行位移观测,或进行零应力轨温检测。

对普通无缝线路,每段设 5～7 对位移观测桩;当固定区段较长时,可适当增加。一般固定区段中点设一对,伸缩区始、终点各设一对。

在锁定钢轨的同时,对准线路两侧观测桩基准点拉线,以拉线为基准,在两股钢轨上设好位移观测标记,即零点标记。

**4. 长轨条拉伸**

当在低温条件下铺设无缝线路时,可以采用钢轨拉伸机拉伸钢轨,把长轨条拉伸到设计锁定轨温的允许范围。

## 8.3.4 注意事项

**1. 安排施工的原则**

(1) 若施工期间轨温始终处于该段无缝线路的锁定轨温范围内,则施工方案可与普通线路相同,无须采取特殊措施。

(2) 若轨温处于允许作业的轨温范围内,则应根据相应作业要求,采取与之相适应的施工方案,以确保安全。

(3) 若轨温处于禁止作业的轨温范围内,为保证施工安全,应进行两次应力放散,一次为放高或放低,另一次为恢复设计锁定轨温。根据放散后的轨温条件,再采取相应的措施。

(4) 对某些改变轨下基础工作状态的施工作业项目,应在该段无缝线路锁定轨温下完成,或在采取加强措施后,在轨温低于锁定轨温的条件下完成。在作业后,应有适当措施,以确保该段无缝线路的稳定和安全。

(5) 对处于伸缩区的轨下作业,应采取两次放散应力的方法,并根据轨温变化情况,适当采取加强措施。加强措施主要根据无缝线路稳定性降低的程度和阻力值损失的大小来确定。

**2. 分割无缝线路的施工原则**

无缝线路铺设以后,有时因增设道岔、增设车站或增设轨道绝缘等而需要分割无缝线路,现场称之为"开口"。此时,应按下列原则进行施工。

(1) 无缝线路被分割以后,留下的长度不得小于 300 m。

(2) 无缝线路被分割以后,重焊接头的位置应按有关规定确定。

（3）重新组成的无缝线路，若施工时线路的锁定轨温与设计锁定轨温允许范围不符，应放散应力重新锁定。

（4）除特定工程所需长度外，切割长度还应考虑前后衔接新增缓冲区长度，以及长轨端加焊带眼钢轨长度、焊接顶锻量和预留轨缝等。

（5）切割及加焊时的轨温应与原锁定轨温一致，否则应放散应力重新锁定。

（6）既有钢轨如已磨耗，在接头处应采用与已磨耗钢轨尺寸相近的钢轨，以保持接头轨面平顺。

（7）当改拨线路时，应注意捣实道床，提高道床阻力。

**3. 大坡道、小半径曲线地段铺设无缝线路的要求**

（1）在曲线地段施工时，要处理好钢轨热胀冷缩导致的长度差的影响。

（2）当连续有几个曲线地段时，施工应分段进行，铺好后再焊成一体。

（3）在整修工作中，要加强道床捣固，以提高道床阻力；同时，要按规定拧紧扣件。

（4）缓冲区应避开坡顶和坡底。

（5）铺轨时应做好始端钢轨接头的连接和固定工作。落地钢轨要随时锁定，以防始端钢轨接头断开。

# 8.4　无缝线路的应力放散与调整

无缝线路应力放散与调整是无缝线路的两个大型作业项目，需要人员多，耗费时间长，施工组织应严密，技术要求较高。

## 8.4.1　应力放散与调整的概念

当无缝线路铺设后，到了夏天随着温度的不断升高，轨温也不断升高，实际锁定轨温比设计锁定轨温高，钢轨变长，而无缝线路固定区钢轨因受到限制，不能自由地伸长，这时候钢轨内就产生较大的温度压应力。为了保证运营安全，就要放散钢轨内的温度压应力，使钢轨缩短一些。到了冬天，随着温度的不断降低，轨温也不断降低，实际锁定轨温比设计锁定轨温低，钢轨缩短，而无缝线路固定区钢轨因受到限制，不能自由地缩短，这时候钢轨内产生较大的温度拉应力。为了保证运营安全，就要放散钢轨内的温度拉应力，使钢轨伸长一些。此外，为了保证行车安全，如果无缝线路的温度应力太大，也要释放掉一部分，这些通过钢轨伸缩释放温度应力，并重新确定锁定轨温的过程都称为"应力放散"。应力放散使长轨条长度发生变化，通常采用改变缓冲区钢轨长度的方法来调节。

在自由伸缩状态下,钢轨的长度和轨温呈线性关系,其关系式见式(8.2)。

$$\Delta L = \alpha L \Delta t \tag{8.2}$$

式中:$\Delta L$ 为长轨伸缩量(mm);$\alpha$ 为钢轨线膨胀系数(℃$^{-1}$);$L$ 为单元轨节长度(m);$\Delta t$ 为轨温变化量(℃)。

无缝线路应力放散的条件之一就是松开部分或全部扣件,让钢轨基本处于自由伸缩状态,达到预计的伸缩量后立即锁定,此时锁定轨温也正是需要的温度。有时,通过自由伸缩达不到预计的伸缩量,还可以用人为强制的办法使钢轨发生伸缩,只要伸缩量达到了预计的长度,也就获得了相应的锁定轨温。

应力调整则是对锁定轨温不均匀的无缝线路进行的局部应力放散,它并不改变长轨条的原有长度和锁定轨温。

应力放散的实质是释放积聚在钢轨断面中的温度应力,是一种人为的、有序的释放,而不是像胀轨、跑道或焊缝拉断那样破坏性的释放。

应力放散的过程既然是释放温度应力和重新确定锁定轨温的过程,那么它最终将使无缝线路的锁定轨温由不合理变为合理;使无缝线路承受的温度应力由大变小。通过应力放散,可以杜绝无缝线路发生胀轨、跑道和钢轨折断的隐患,这就是应力放散的作用。

## 8.4.2　不同情况下的应力放散与调整

**1. 实际锁定轨温不在设计锁定轨温范围内,或左右股钢轨的实际锁定轨温差大于 5 ℃**

实际锁定轨温不在设计锁定轨温范围内,可分为两种情况:一种是因为轨道铺设时受到工程进度和设备条件的影响,不得不确定一个比实际锁定轨温偏低或偏高的锁定轨温;另一种是在长期的运营和养护、维修过程中,无缝线路受到外力的干扰,加上违章作业和线路阻力不足,长轨条不正常地伸缩,不得不放散掉一部分应力,使锁定轨温发生变化,超出了设计要求。为了使实际锁定轨温得到修正,必须在轨温处于设计锁定轨温的范围内时,使长轨条基本处于零应力状态,重新锁定轨温。

轨道铺设有一个过程,线路上两股钢轨不可能同时铺设和锁定轨温,加上受到其他因素的影响,两股钢轨的锁定轨温往往很难一致。这种不一致不能超过 5 ℃,如超过 5 ℃,两股钢轨承受的温度应力就明显不一致,从而造成钢轨伸缩和轨道爬行不一致,带来轨枕歪斜、缓冲区轨缝错差等病害。因此,必须对其中一股钢轨进行应力放散,使两股钢轨的锁定轨温相差不超过 5 ℃,以改善其受力状况。

轨道铺设时,可能两股钢轨的锁定轨温是一致的,但在运营和养护维修过程中两股钢轨的实际锁定轨温不一致。如曲线地段的内股和外股,因为未被平衡超高的存在和半径的不一致,其受力难免不均衡,导致锁定轨温的不均衡。一旦这种不均衡超过了规定的限度,也应进行应力放散。

**2. 锁定轨温不清楚或不准确**

因种种原因,轨道铺设后无缝线路的交验资料不全或不清楚;另外,经过多年的运营,难免要对无缝线路进行技术改造、设备更新等,线路状况发生了较大的变化,实际锁定轨温与设计锁定轨温有出入,但又无详细的资料。以上两种情况都使维修、养护作业缺乏重要的依据,即不知道轨温变化度数和温度应力为多少,此时只有放散应力,重新确定一个明确的锁定轨温,才能使后期的养护、维修作业有根据。

**3. 跨区间或全区间无缝线路的两相邻单元轨条的锁定轨温差超限**

当跨区间或全区间无缝线路的两相邻单元轨条的锁定轨温差超过 5 ℃,同一区间内单元轨条的最高、最低锁定轨温差超过 10 ℃,需要做好应力放散或调整的工作。

**4. 铺设或维修作业方法不当,使长轨条产生不正常的伸缩**

这里所说的不正常伸缩,指伸缩超出限制伸缩量,包括人为的强制伸缩。例如,铺轨合龙(在两侧缓冲轨间插入长轨)时,因计划不周,长轨有可能长出一段放不进去或短了一段造成轨缝过大。遇到这些情况时,往往采用强制手段,用撞轨器将长轨撞短或用拉伸器将长轨拉长,然后合拢、锁定。长轨的长度发生了变化,就意味着实际锁定轨温与设计锁定轨温有了出入。100 m 长度强制缩短 1.2 mm,就相当于改变了 1 ℃ 锁定轨温。本来应该将强制伸缩量折算成轨温变化度数,并据此改变实际锁定轨温,但有时却忽略了这一点,依然将锁定时的轨温作为锁定轨温。这样一来,实际锁定轨温就与记录锁定轨温有了差距,有时差距还较大。这个差距只有通过应力放散才能消除。

维修作业方法不当使长轨条产生过量伸缩的情况就更普遍,如冬季低温焊接钢轨、夏季拆开接头螺栓作业等,都势必改变原锁定轨温,使无缝线路的受力状况恶化,因而也必须在合适的轨温条件下放散应力,使锁定轨温恢复正常。

**5. 固定区出现严重的不均匀位移**

当固定区钢轨出现严重的爬行不均时(或局部位移量超过 10 mm),意味着局部应力严重不均匀,或锁定轨温变化大于 ±5 ℃,即在不同的轨段锁定轨温有高有低,如不加以调整,这些轨段就有可能发生胀轨、跑道或折断事故。必须在爬行不均匀的全范围内进行应力调整。

**6. 夏季线路方向严重不良或碎弯多**

方向严重不良或碎弯多都是胀轨的迹象,说明无缝线路承受的温度应力超过了允许应力,已经失稳,正在丧失行车条件。将其作为设备事故处理,固然可以采取浇水降温的方法降低应力,拨回线路,恢复行车,但也只是权宜之计,因为轨温回升后,失稳现象又可能出现。彻底解决的办法只有一个,就是把温度应力放散出去。如果线路失稳是锁定轨温偏低造成的,也需要采取应力放散或调整,使锁定轨温趋于合理或使长轨条内温度应力均匀;如果锁定轨温并不偏低,失稳是由线路阻力不足造成的,则应加强线路养护、维修,以增大线路阻力。

**7. 通过测试发现温度应力分布严重不均匀**

温度应力分布严重不均匀与固定区出现严重的不均匀位移表现并不一样。后者可以通过位移观测桩观测出来,并可用公式粗略计算出锁定轨温的局部变化范围。前者不一定能通过位移观测桩观测出来,因为其涉及的范围可能较小,还没有达到桩距的长度,仅仅潜藏在局部地段的钢轨断面上,而且并没有失稳的严重表现。这种情况虽暂时不至于影响行车,但已形成了胀轨、跑道和钢轨折断病害的薄弱环节,所以也要进行应力调整,使钢轨各断面的温度应力趋于一致。

**8. 因处理线路故障改变了原来的锁定轨温**

这是一种经常发生的、不得已而为之的情况。例如,夏季发生严重的胀轨,有的时候切割一段钢轨,使两端长轨条合拢,再用鼓包鱼尾板和断轨急救器加固后放行车辆,然后做临时处理。这样一来就使锁定轨温提高了,但为了行车的需要,却不得不这样做。再如,冬天发生钢轨折断进行临时处理后,行车恢复了,速度也达到正常,却降低了锁定轨温。诸如此类的事故处理后,都应在合适的时候进行应力放散,使锁定轨温恢复至设计值。

**9. 低温时铺设长轨条造成拉伸不到位或拉伸不均匀**

在低温时铺设长轨条,为达到设计锁定轨温,应用机械拉伸长轨条。但拉伸时没有拉伸到设计位置,或由于各种阻力影响,距离拉伸器近的钢轨拉伸量过大,距离拉伸器远的钢轨拉伸量不足,其不均匀的程度出现上述第 5 条的情况时,要进行应力放散或调整,使锁定轨温正确、均匀。

无缝线路应力放散与调整就是释放温度应力,目的是改变锁定轨温,或使应力均匀一致。作用是避免胀轨、跑道和钢轨折断,保证行车安全。

上述内容可归纳为两大类:①高温季节线路严重失稳,需要放散应力以维持行车,有些大型项目的施工也要先放散应力才能保证施工顺利;②因各种原因造成了锁定轨温不详、不合理或不均匀,也要进行应力放散和调整,以确定一个明确、合理和均匀的锁定轨温。前者是为了保证行车安全,可以把它称为"安全性放散";后者是为了改善无缝线路的受力条件,可以把它称为"稳定性放散"。

## 8.4.3 应力放散的方法

### 1. 解决钢轨自由伸缩问题的方法

应力放散的第一个难题是钢轨的自由伸缩问题。对于运营中的无缝线路,会担心钢轨所受的阻力不足而发生过量伸缩;对于应力放散时的无缝线路,会担心钢轨所受的阻力太大而不能自由伸缩,以获得预期的伸缩量。放散应力时钢轨所受的阻力主要是钢轨底部与垫板之间的摩阻力。为了克服或减轻这种摩阻力,通常采用两个办法,即变静摩擦为动摩擦和变动摩擦为滚动摩擦。

变静摩擦为动摩擦,就是借助车辆的碾压克服钢轨底部与垫板之间的摩阻力,因此有了应力放散的第一种方法——车辆碾压法。变动摩擦为滚动摩擦,就是让钢轨底部在一种特制的圆筒上滚动伸缩,从而让摩阻力大大减小,因此有了应力放散的第二种方法——滚筒放散法。

### 2. 使轨温达到或接近锁定轨温的方法

应力放散的第二个难题是如何使轨温达到或接近锁定轨温。这个机会在每年春、秋季节都有,但变化多端的天气却不会给我们很多合适的时机。倘若有了这样的机会,在放散应力时就能以实际轨温为准。例如,预计放散后锁定轨温为 30 ℃,在实际轨温达到 30 ℃左右时锁定线路就可以了,这就是温度控制法。滚筒放散法就属于温度控制法。但在多数时候,实际轨温是不可能达到或接近锁定轨温的,如果这时必须放散应力,就可以借助轨温和自由伸缩的线性关系来放散应力,也就是说,先计算出达到设计锁定轨温时钢轨应有的伸缩量,用人为强制的方法使钢轨伸长,然后立即锁定线路,其锁定轨温自然是预期值。这样就有了应力放散的长度控制法和撞轨法。

应力放散的方法按性质可分为长度控制法和温度控制法,按施工特点可分为滚筒放散法、车辆碾压法和撞轨法。进行应力放散时,轨温均需在设计锁定轨温范围内,且应兼顾放散长度。

## 8.4.4 位移观测桩的设置

位移观测桩是检查爬行位移量、内应力是否均匀的重要辅助设施,其设置需要满足以下要求。

(1) 位移观测桩必须预先埋设牢固,埋设时不得损坏路基和整体道床。在长轨条就位后或长轨条拉伸到位后立即在轨腰上标注,涂红底白铅油,注明桩号、锁定轨温、埋设日期、桩号与桩号间的长度。标记应明显、耐久、可靠,字体清晰、端正,位移观测桩连线与线路中心线垂直。

（2）每段无缝线路应设立移观测桩 5～7 对,当固定区较长时可以适当增加对数。其中,伸缩区始点 1 对、伸缩区终点 1 对、固定区中点 1 对,其余设置在固定区。

（3）当跨区间和全区间元缝线路单元轨条长度大于 1200 m 时,设置 7 对位移观测桩。具体位置是:单元轨条起点、终点,距单元轨条起点和终点 100 m、400 m 以及单元轨条中点各设 1 对。

（4）当跨区间和全区间元缝线路单元轨条长度小于 1200 m 时,设置 6 对位移观测桩。具体位置是:单元轨条起点、终点,距单元轨条起点和终点 100 m、400 m 处各设 1 对。

（5）单元轨条始、终端位移观测桩与单元轨条焊接接头应尽可能对应,纵向柜差不得超过 20 mm,每单元轨条内的位移观测桩之间的距离应符合要求,沿固定区中点对称布置。

## 8.4.5　施工作业程序

### 1. 施工准备

（1）单元轨条应按照轨条布置图进行划分,一般情况下,单元轨条的长度为 900～1200 m。

（2）位移观测桩的埋设位置应根据单元轨条划分情况确定,并在无缝线路锁定前进行埋设。

（3）对有砟轨道地段,位移观测桩设置在路肩上,位移观测桩与路肩边缘的距离为 600 mm,埋入路基深 600 mm,坑内周围填混凝土并抹平,桩顶与路基面持平。

（4）位移观测桩采用 C30 混凝土制作,中间植入 $\phi 10$ mm 钢筋,露出 10 mm,顶部锯十字形豁口。

（5）位移观测桩外围采用 300 mm×300 mm 砖砌结构,露出路基面 200 mm,用于保护位移观测桩。

（6）U 形结构及地下区间地段的位移观测桩设置在距两侧墙不小于 500 mm 的整体道床上,并应充分考虑有接触轨一侧的情况。高架桥上的位移观测桩应设置在桥梁以外的某一固定参照物上。

（7）对整体道床地段,位移观测桩应设置在走行轨两轨枕之间,高度略低于钢轨轨底。

（8）位移观测桩设置时,在直线地段应与线路方向保持垂直,在曲线地段应与所处位置点的切线方向垂直。

（9）位移观测桩应按从小里程到大里程的顺序进行编号，编号方法为"C-D-乙"，C 为长轨条编号，D 为单元轨节编号，乙为单元轨节内位移观测桩顺序号及上、下行（奇数为上行、偶数为下行）编号，以阿拉伯数字标注（白底红字）。

（10）将埋设位移观测桩的结果填入单元轨节应力放散及锁定作业记录中。

（11）固定端一般为 50 m 左右，将待放散应力的单元轨节的前端与上一单元轨节（已锁定）的后端焊接。

（12）拆除待放散应力的单元轨节范围内及与之焊接的已锁定无缝线路末端 50 m 左右范围内的全部扣件，并按安装要求分别放置于钢轨两侧。

（13）扣件拆除及安装时严禁锤击、敲打，扣件应内外有别，钢轨内侧扣件点红漆加以识别，以防混装。直线地段隔一拆三，曲线地段隔一拆二。

**2. 应力放散及锁定**

单元轨节中的两根长钢轨应同时进行应力放散和锁定，放散方法应根据现场实际情况确定。

（1）原位复焊法。

当锁定轨温明确、钢轨断缝值与断缝两侧标记准确，切除钢轨长度、预留轨缝准确，本单元轨节和相邻单元轨节位移观测值均匀、位移量较小时，采用原位复焊法。

（2）自然放散法。

当实测轨温处于设计锁定轨温范围内时，采用垫聚四氟乙烯块配合采用撞轨器等设备进行应力放散。

（3）综合放散法。

当实测轨温低于设计锁定轨温时，则需要利用拉伸器、撞轨器和聚四氟乙烯块等设备联合作业。通过均匀拉伸单元轨条，使其达到实际锁定轨温时应有的长度，从而满足锁定轨温的要求。作业程序：施工准备→拆除扣件→顶起钢轨、垫聚四氟乙烯块→安装撞轨器→撞轨→测轨温、计算锯轨量和拉伸量→安装拉伸器→设临时位移观测点→拉轨并撞轨→观测位移量→拆除聚四氟乙烯块、钢轨落入承轨槽→组装扣件、线路锁定→反算实际锁定轨温值→设置位移观测桩。

①零应力。

在自然温度的条件下，松开计划放散段全部扣件，在钢轨下垫入聚四氟乙烯块，取出原有橡胶垫，使钢轨能自由伸缩。以 100 m 为单位进行爬行观测，并用撞轨器沿钢轨走行方向撞轨。当钢轨发生反弹现象或曲线地段钢轨位于垫板中间时，即视为处于零应力状态，此时在各观测点下作出拉伸位移的零点标记，以便观测。

②计算拉伸量。

当钢轨放散至零应力状态后,根据设计锁定轨温和现场实际轨温计算出长轨拉伸量。长轨拉伸量按式(8.3)进行计算

$$\Delta L = \alpha L (T_{设计} - T_{现场}) \tag{8.3}$$

式中:$\Delta L$ 为长轨拉伸量(mm);$\alpha$ 为钢轨线膨胀系数,$\alpha = 0.0118 \ ℃^{-1}$;$L$ 为单元轨节长度(m);$T_{设计}$ 为设计锁定轨温(℃);$T_{现场}$ 为锁定作业时钢轨的实际轨温(℃)。

③计算锯轨量。

当结合应力放散整治线路爬行时,锯轨量应为放散量、计划预留轨缝量和放散前原有轨缝之差及整治线路爬行时钢轨位移量三者的代数和,如式(8.4)所示。

锯轨量＝放散量＋(计划预留轨缝－放射前原有轨缝)＋钢轨位移量 (8.4)

如果不结合应力放散整治线路爬行,钢轨位移量一项可不计;如果进行单元轨节之间的应力放散,计划预留轨缝量和放散前原有轨缝量之差可忽略不计,另应加上重新焊接的铝热焊焊接宽度。

④安装拉伸器。

将单元轨节与无缝线路不锯开的一端设为固定端,在锯开的一端安装拉伸器。

⑤观测位移量。

在钢轨拉伸过程中,在各观测点同时观测各点位移量的变化,当拉伸到计算长度后,通知各观测点人员作出记号,此时撞轨器仍继续作业;当观测点在所做记号处出现反弹时(应力放散均匀),停止撞轨,各观测点人员向现场负责人报告所在观测点钢轨的位移量。各观测点的位移量可根据式(8.5)计算。

$$观测点的位移量 = \frac{总放散量}{观测点数} \times 观测点号数 \tag{8.5}$$

在计算应力总放散量时,如考虑线路爬行导致的锁定轨温的变化值,则计算如式(8.6)所示。

$$轨温变化度数 = \frac{爬行量}{长钢轨长度 \times 0.0118} \tag{8.6}$$

⑥拆除撞轨器及轨下聚四氟乙烯块,安装好轨下垫板,使长轨条平稳地落入承轨槽内。

⑦测量轨温。

在单元轨节两端各测取三个轨温值,选取三个轨温值中比较接近的两个轨温值,取其平均值作为该轨节两端的锁定轨温;然后取单元轨节两端锁定轨温的平均值作为本单元轨节的锁定轨温,并做好记录。

⑧锁定线路。

当单元轨节头、尾温度差不大于 2 ℃时,可以认为应力放散是均匀的,此时可以进行锁定。首先把无缝线路尾端 50 m 范围内的扣件全部紧固,此时拉伸器继续保持压力,进行钢轨铝热焊;将作业人员分为 5 组,均匀地分布在已完成应力放散的单元轨节范围内,同时进行扣件紧固作业,每个小组从各自负责范围的两端向中间紧固,采取隔二紧一的原则,当紧固至中间后,再转向两端紧固其余的扣件。

⑨计算实际锁定轨温值。

当锁定线路完成后,应拆除拉伸器,复核长轨条实际长度,换算出对应的实际锁定轨温值。若该值在计划锁定轨温范围内则认为合格,将换算出的实际锁定轨温值填入表内,否则锁定作业重新进行。

⑩设置位移观测桩。

当锁定作业完成后,应立即进行零点标记,以线路两侧观测桩顶端刻画线为基点,拉出一道横线,以横线与线路中心线的交点为基准,在轨头外侧作出明显、耐久、清晰的标记,并在外侧轨腰上标出位移观测桩号。

## 8.4.6　注意事项

(1) 在线路锁定前,应掌握本地区轨温变化规律,根据各施工区段的特点,选定锁定轨温及施工时间,严格执行轨温测量制度,即作业前、中、后都进行测量。

(2) 进行应力放散时,应每隔 100 m 设置一个临时观测点,测量钢轨拉伸前后的位移,将实际位移与计算位移相比较,实际锁定轨温在规范要求的设计锁定轨温±4 ℃范围内,位移差在 2~3 mm 内即认为拉伸均匀。应密切监测应力放散时钢轨的位移是否到位,以及应力放散后钢轨的反弹,确保应力放散均匀。

(3) 锁定轨温应准确、可靠、符合设计规定。测量轨温时,要对钢轨不同位置进行多点测量,取其平均值。

(4) 当应力放散后,两股钢轨应同步锁定。当锁定后,在钢轨轨腰位置设置位移观测点零点标记。

(5) 当线路锁定时,实际轨温应严格控制在设计锁定轨温范围以内,执行无缝线路应力放散与调整的有关规定。

(6) 当无缝线路锁定后,单元轨节左、右股钢轨始、终端的相差量不宜超过 100 mm。

(7) 应沿应力放散方向在焊头的后方不小于 5 m 处安装撞轨器,直线段应每 400 m 左右放置一台,曲线段每 300 m 放置一台。

(8) 铝热焊焊头与轨枕边缘的距离不得小于 40 mm,并用油漆编号(白底红字);采用铝热焊焊接时,拉伸器必须保持压力 5 min 以上。

（9）联合接头与整体道末和碎石道床交界处的距离应大于 4 m。

（10）进行应力放散时，曲线地段外股锁定轨温不得高于内股。

（11）当锯轨时，轨端垂直度偏差不得大于 0.5 mm。

（12）对无缝线路的位移观测，一般月份，每 2 月观测 1 次；冬季的 12—1 月和夏季的 5—8 月，每月观测 1 次。月底将分析报告上报上级三管部门，同时做好 1 月 1 次的钢轨单向、双向伸缩调节器的观测记录。

（13）保证扣件、接头扭矩满足规范要求，缓冲区接头扭矩应达到 900 N·m。

（14）建立健全无缝线路台账，在施工中建立技术、质量保证体系，做到分工明确，责任到人，实行记名施工。

# 8.5　特殊地段无缝线路

特殊地段无缝线路包括桥上无缝线路、大坡道地段无缝线路和小半径曲线地段无缝线路。这些地段的无缝线路，因为受各种附加力的影响，其结构和设计与普通地段的无缝线路有所不同。

## 8.5.1　桥上无缝线路

在桥上铺设无缝线路，可以减小车辆动力作用，改善桥梁运营条件，减少轨道维修工作量，延长轨道部件和桥梁的使用寿命。桥上道床分整体道床和碎石道床，一般在单体桥上采用碎石道床，其他桥上采用整体道床。

### 1. 桥上无缝线路的特点

（1）桥梁和无缝线路处于悬空的位置，空气流通，轨温变化比地面无缝线路要小，因而作用于钢轨断面上的温度应力较小。

（2）无缝线路的轨道框架安装了防脱护轨，高架桥上半径 $R \leqslant 400$ m 的曲线缓圆点、缓圆点前后 50 m（圆曲线部分 20 m，缓和曲线部分 30 m）范围内的内股内侧安装了新型护轨装置，从而使轨道框架刚度增大。

（3）桥上无缝线路的钢轨用扣件连接于桥枕上，而桥枕又通过道床连接于桥梁上，形成了一个紧密、牢固的整体框架。同地面上的普通无缝线路一样，钢轨在轨温变化时产生伸缩，桥梁也不可避免地产生伸缩。此外，桥梁在车辆荷载的作用下，还会发生挠曲，反过来又带动钢轨发生挠曲。桥梁的伸缩应力与钢轨的温度应力叠加，桥梁的挠曲应力与钢轨的动弯应力叠加，使桥上无缝线路的钢轨在承受巨大的温度应力之外，还要承受巨大的纵向附加力,受力状况变得更加复杂。对于有砟桥面,由于梁和轨之间有一个起缓冲作用的道砟层,加上钢筋混凝土梁刚度较大,实际挠曲度较小,伸缩量也较小,所以给钢轨带来的纵向附加力也相对较小。

**2. 桥上无缝线路的铺设要求**

(1) 有砟桥。

①在有砟桥上铺设无缝线路时,可按一般无缝线路处理,但线路接头应在桥头两端 10 m 以外,以避免车辆对桥梁产生过大的冲击力。

②对跨度小于或等于 32 m 的有砟桥,桥全长应在无缝线路固定区内,桥头两端 100 m 范围内按伸缩区锁定。

③有砟桥上应使用分开式扣件。

(2) 无砟桥。

①尽量使固定区位于桥上。

②尽量使桥上长轨条锁定轨温和桥外长轨条锁定轨温保持一致。

③尽量避免在桥上设铝热焊缝。

④桥上主轨不设防爬器是为了钢轨和轨枕不致扣得太紧,减少纵向附加力影响。

⑤采用分开式扣件。

⑥大跨度桥上设置伸缩调节器。

在大跨度桥的无缝线路上安装伸缩调节器,可使桥梁在伸缩和挠曲时对长轨条产生的纵向附加力通过该装置得到放散。从这种意义上说,设置了伸缩调节器的大跨度桥上的无缝线路,其性质已由温度应力式无缝线路变为自动放散温度应力式无缝线路。

伸缩调节器由基本轨、尖轨、大垫板、轨撑、导向卡等组成,设在桥梁活动支座端对应处的轨道上。

综上所述,桥上无缝线路除承受温度应力外,还要承受桥梁伸缩和挠曲传递给钢轨的纵向附加力和挠曲附加力。纵向附加力的大小随温度、梁跨、线桥连接状况、桥头线路阻力、行车密度和支座设置方式等因素的变化而变化,但其分布形式却有一定的规律,即固定支座附近承受附加拉力,活动支座附近承受附加压力。纵向附加力使桥上无缝线路受力增大,受力状况复杂。因而桥上无缝线路有其特殊的结构形式和铺设要求。

# 8.5.2 大坡道地段无缝线路

大坡道地段无缝线路指坡度大于 12‰的无缝线路,其主要特点如下。

(1) 车辆下坡制动或上坡牵引,制动力或牵引力和坡道分力会导致轨道爬行比其他地段严重,使钢轨内应力发生变化,对轨道的强度和稳定性产生不利的影响。

（2）在下坡制动和上坡牵引的瞬间，车轮会对轨面造成擦伤、剥离和磨损等较严重的损伤，从而使钢轨寿命和更换周期缩短。

解决上述问题的根本措施就是提高线路阻力，如固定区防爬锁定、采用加强线路阻力的设备等。为防止轨道过度爬行造成应力集中，在两坡道相交的纵断面处还可设缓冲区。

## 8.5.3　小半径曲线地段无缝线路

实践证明，在半径小于 600 m 的曲线地段铺设无缝线路时，轨道结构稳定，维修工作量少，发挥了无缝线路应有的技术经济效益。但是曲线地段的钢轨随曲线半径减小，磨耗量增大，使用寿命缩短。

考虑到上述因素，在小半径曲线地段采用无缝线路时，应注意以下几点。

（1）当最小曲线半径小于 400 m 时，要根据具体线路的运量、车辆及轨道的变化，以及原轨道的磨耗情况来确定具体的技术措施。

（2）轨道结构要适当加强。钢轨规格不低于 50 kg/m，并尽量采用淬火轨或低合金耐磨轨。

（3）按规定选择、配置轨枕，道床内、外侧肩宽和堆高要按相应规定设置。

（4）对小半径曲线地段，最好单独铺设一节长轨，伸缩区最好设在直线段。

（5）为防止胀轨跑道，应控制残余变形，用 5 m 弦绳测量的正矢不大于 9 mm。

（6）合理设置轨距、超高等几何参数，并采用对曲线地段钢轨涂油等措施，延长钢轨使用寿命。

# 参 考 文 献

[1] 才夺. 新型装配式无砟轨道施工技术在城市轨道交通建设应用探析[J]. 工程机械与维修,2022(3):82-84.

[2] 曹世理. 城市轨道交通线网规划方案研究[J]. 现代城市轨道交通,2022(4):15-22.

[3] 陈东东,陈锦生,常秀娟. 城市轨道交通概论[M]. 重庆:重庆大学出版社,2019.

[4] 陈学振. 城市轨道交通装配式无砟轨道施工技术研究[J]. 工程建设与设计,2022(14):207-209.

[5] 戴子文,戴子龙,李坡. 对城市轨道交通线网规划的思考[J]. 城市交通,2018,16(5):24-29,50.

[6] 单青红. 城市轨道交通工程施工技术要点和管理[J]. 工程建设与设计,2023(11):255-257.

[7] 冯健. 地铁暗挖车站施工过程力学特征分析[J]. 工程机械与维修,2023(5):163-165.

[8] 高井波. 明挖法在地铁车站施工中的应用研究[J]. 建筑技术,2024,55(18):2211-2214.

[9] 顾保南,叶霞飞. 城市轨道交通工程[M]. 3 版. 武汉:华中科技大学出版社,2014.

[10] 何北,弓慧楠. 大坡道无砟轨道长钢轨卸铺施工[J]. 铁路技术创新,2020(6):61-63.

[11] 胡杨. 新发展阶段下轨道交通线网规划分析[J]. 运输经理世界,2023(8):1-3.

[12] 胡争攀. 城市轨道交通工程施工技术要点研究[J]. 石河子科技,2024(5):63-64.

[13] 黄义强,陈璐,张溪. 城市轨道交通规划与管理研究[M]. 西安:西北工业大学出版社,2023.

[14] 贾峰. 轨道安装工程施工技术探讨[J]. 工程建设与设计,2020(20):152-153.

[15] 姜雷雷,胡尚衡,徐教煌. 类矩形盾构隧道施工测控技术研究[J]. 测绘通报,2023(10):177-181.

[16] 李保虎. 城市轨道交通盾构法隧道施工工艺研究[J]. 工程建设与设计,2022(2):124-126.

[17] 李福民,宗传芩,高龙. 对城市轨道交通规划建设的思考[J]. 城市交通,2021,19(2):1-6.

[18] 李建华. 城市轨道交通工程铺轨施工技术研究[J]. 工程建设与设计,2022(2):145-147.

[19] 李江,白国鹏,营升.城市轨道交通隧道与站点主体施工技术[M].延吉:延边大学出版社,2024.

[20] 李强.海河隧道施工中沉管法施工技术[J].工程机械与维修,2022(3):186-188.

[21] 李涛,伏丽娟,高亮彰.城市轨道交通概论[M].天津:天津科学技术出版社,2023.

[22] 张雄飞.城市轨道交通需求分析与线网规划[M].成都:西南交通大学出版社,2020.

[23] 梁志国,段李浩,代科.等.城市轨道交通土建工程施工技术[M].武汉:华中科技大学出版社,2022.

[24] 林艳超.双块式无砟轨道整体道床施工技术分析[J].价值工程,2024,43(5):88-90.

[25] 刘保雷.高架车站高大模架盘扣架施工技术[J].中国建筑金属结构,2021(10):128-129.

[26] 刘海强.超大断面浅埋暗挖地铁车站施工技术[J].中国住宅设施,2024(1):154-156.

[27] 刘剑.城市区域轨道交通规划相关技术研究[J].运输经理世界,2022(9):1-3.

[28] 潘昭宇.多层次轨道交通规划技术体系研究[J].铁道标准设计,2022,66(5):7-14.

[29] 齐悦,邱银桥.无砟轨道铺设施工技术的难点及措施[J].工程技术研究,2020,5(24):87-88.

[30] 孙鹏.城市轨道交通装配式无砟轨道施工技术分析[J].工程技术研究,2023,8(9):72-74.

[31] 卫小伟,卢剑鸿,钱伟强.城市轨道交通概论[M].武汉:华中科技大学出版社,2021.

[32] 魏瑶瑶.沉管隧道施工工艺研究[J].运输经理世界,2022(2):118-120.

[33] 吴良.城市轨道交通车站施工[M].北京:中国铁道出版社,2012.

[34] 吴铭,周丹,欧阳院平.某高架车站上部结构改造设计与施工[J].四川建筑,2020,40(2):52-54.

[35] 姚任行.轨道交通规划方案与比选方法分析[J].工程技术研究,2024,9(13):168-170.

[36] 于景臣,张冰,夏芳.城市轨道交通工程施工[M].北京:中国铁道出版社,2009.

[37] 袁江.城市轨道交通线网规划与设计[M].北京:北京理工大学出版社,2019.

[38] 袁晓萍.城市轨道交通线网规划可实施性探讨[J].交通科技,2009(4):129-131,134.

［39］ 张欣,李立华,郭伟.轨道交通规划与建设［M］.沈阳:辽宁科学技术出版社,2022.

［40］ 孙桐林.现代有轨电车建设施工技术与工程管理［M］.北京:机械工业出版社,2018.

［41］ 朱朴,肖启扬,胡志鹏.城市轨道交通工程设计与施工［M］.天津:天津科学技术出版社,2019.

［42］ 朱顺应,郭志勇.城市轨道交通规划与管理［M］.南京:东南大学出版社,2008.

［43］ 祝津强.无砟轨道底座板施工技术探讨［J］.价值工程,2020,39(13):145-147.